本书受重庆工商大学学术著作出版基金、

重庆市社会科学规划项目"非西方语境的论辩策略分析和评价研究"（2020BS14）、

重庆市教育委员会人文社会科学研究项目"人类命运共同体视域下的后现代主义价值研究"（21SKJD085）资助

基于会话分析的广义论证研究

Research on Generalized Argumentation
Based on Conversation Analysis

杨述超／著

西南财经大学出版社

中国·成都

图书在版编目(CIP)数据

基于会话分析的广义论证研究/杨述超著.--成都：
西南财经大学出版社,2024.9.--ISBN 978-7-5504-6254-0

Ⅰ.H0-05

中国国家版本馆 CIP 数据核字第 2024FH2374 号

基于会话分析的广义论证研究

JIYU HUIHUA FENXI DE GUANGYI LUNZHENG YANJIU

杨述超　著

责任编辑:肖　翀
责任校对:周晓琬
封面设计:墨创文化
责任印制:朱曼丽

出版发行	西南财经大学出版社(四川省成都市光华村街55号)
网　　址	http://cbs.swufe.edu.cn
电子邮件	bookcj@swufe.edu.cn
邮政编码	610074
电　　话	028-87353785
照　　排	四川胜翔数码印务设计有限公司
印　　刷	郫县犀浦印刷厂
成品尺寸	170 mm×240 mm
印　　张	16.75
字　　数	309 千字
版　　次	2024 年 9 月第 1 版
印　　次	2024 年 9 月第 1 次印刷
书　　号	ISBN 978-7-5504-6254-0
定　　价	82.00 元

序

　　2012 年述超考入中山大学，在我的指导下攻读科学技术哲学专业博士学位。本书源自其 2019 年完成的博士论文《基于会话分析的日常论证研究——从广义论证的角度看》。我作序的目的是：说明本书的学术背景和写作动机，帮助读者把握全书的脉络和理解广义论证方法。

　　如所周知，我们处于全球化时代，其主旋律是：文化冲突消解。同时，具有不同社会文化背景的群体间和睦共处，是我国社会发展的目标。而通过论证进行说理，是实现人类和谐的行之有效的手段。为此，我于 2000 年代初开始这一领域的研究工作。2010 年，我发表了《论逻辑的文化相对性——从民族志和历史学的观点看》一文，指出：不同的文化享有不同的逻辑，而不同的逻辑在其所属的文化中具有合理性。2012 年，即述超入学的那年，我应邀在美国加州克莱蒙大学和威斯康辛大学麦迪逊分校做报告，题目分别为《文化相对主义与交流的可能性》和《文化相对主义与文化冲突消解》，提出"多重文化融合论"，阐述了不同文化群体间进行交流、实现理解的可能性和途径。于此同时，为了能够严格描述不同文化群体内和群体间交流和理解的过程，我提出和辩护了广义论证概念。其要点是：隶属一个或多个文化群体的主体，在一定社会文化情景下，为了劝使其他成员对某事或某观点采取某种态度，依据所属社会文化群体规范开展对话，由此生成话语序列。该话语序列就是广义论证，而生成序列中的话语的行动则被称为论证行动。

根据以上定义，论证由论证行动生成，而这类行动涉及他人。根据社会学家韦伯的定义，它属于社会行动范畴。在社会认知心理学的行动分析基础上，广义论证理论指出，论证者的论证行动由四个步骤组成：其一，构建行动的认知语境；其二，在认知语境的基础上确定行动的目标或预期功能；其三，依据认知语境和目标确定行动的具体的语言表达方式；其四，发出话语，实施论证行动。前三步为行动的准备步骤，第四步为具体实施。论证者的行动实施后，其对手将根据该行动带来的新信息修正自己的认知语境，然后按类似的方式实施他自己的论证行动。由此递归扩展生成一个广义论证。由于在论证过程中，某论证者的论证行动会改变另一论证者的认知语境，而该语境对后者的行动目标和实施方式产生影响，这将进一步影响到前一论证者的后续论证行动。值得一提的是，生成论证行动的每一个步骤都是论证主体在其所处特定社会情景中，依据其认知框架和社会文化传统，遵循社会规则完成的。因此，整个论证是在各种社会文化因素、论证主体认知状态和外部情景影响下遵循规则的复杂的动态过程。由于广义论证理论主要探讨论证的生成过程，故我致力于研究导致行动的前三个步骤。因此，广义论证研究的主要任务是，发现和确证论证者在其认知、社会和文化语境下生成论证时所遵循的社会规范。基于广义论证的生成和表达方式，相关研究有两个层面：其一，发现和确证生成论证行动各步骤所遵循的规范；其二，发现和确认论证序列的话语结构和所对应的论证行动的目标结构。

我在 2010 年和 2014 年分别提出广义论证概念和研究方法。在随后的研究中，广义论证理论和研究方法不断地发展。其间，我和我所带领的博士生们在这新的领域开展艰苦的工作。主要进展集中在第一个研究层面。其中，我和述超的同学们分别揭示了古今中外不同文化中发生的论辩事件的规则与结构。如：贵州丹寨"八寨苗"祭祀仪式、藏传佛教寺庙辩经、春秋时期赋诗论证、明代大礼议、广式早茶茶客间争议、马云996言论的线上交锋、保加利亚关于《伊斯坦布尔公约》的全国性辩论等。这些同学工作的特点在于：在描述某领域论证案例的过程和规则的基础上，着重研究关于论证行动步骤的理论问题。他们的工作揭示了某一特定领域中的广义论证规则和模式，丰富和发展了广义论证理论。

在第二个层面上，虽然研究人员能够做出广义论证话语序列的分层过程图，却无法揭示序列中话语之间的关系。其原因在于：具有特定社会文化身份和认知框架的论证主体，在变动的认知语境下生成论证话语序列。若要描述序列中话语之间的关系，就必须阐明上述复杂的社会、文化和认知等语用因素对这些话语及它们之间关系的影响。事实上，从广义论证过程图及其分析不难看出，论证序列的形成受到论证者的认知语境、论证行动目标、论证话语和表达等因素的影响。可惜的是，当时我们没有找到适合于完成这项任务的方法。而彼时，来自俄亥俄大学的常人方法学者利柏曼（Kenneth Liberman）教授让我注意到所谓的会话分析理论。该理论提供一套方法，可将论证原始语料转写为可供分析的文本材料，并从中提取论证序列的规则和层次性结构，展现论证话语的整体组织和设计。我立即将会话分析与广义论证理论进行比较，结果发现：当代主流的会话分析形成了一种专注于语言细节刻画的研究传统，往往将关注点集中于一个或少数几个话语的行为与结构特征，并没有充分考虑语用因素，也忽视了语篇的整体互动结构与功能关系研究。据此，我要求述超按广义论证过程图所示，深入研究论证相关的各种语用因素及其影响，进一步发展会话分析方法，使之满足广义论证理论的需求。

述超在其博士论文和随后的研究中贯彻了上述研究路线。首先，他将广义论证的语境、目的、功能、话语策略和规则分析等要素，与会话的序列组织结合起来，重点展示了论证话语序列的实际（或自然）发生过程。其次，其按递进的方法处理会话的序列组织，从而能够分析大型语篇块的结构、功能和规则，而不是局限于单个话语的行为和结构分析。这些做法推动了会话分析方法的改进和发展，使之能够更为恰当地处理包括论证在内的复杂语境下的会话事件。本序言篇幅有限，以上所述只是本书创新之处的要点。更具理论和应用价值的内容有待读者自行采掘。毋庸置疑，述超的工作已成为广义论证理论不可或缺的组成部分。

广义论证理论是发展中的新生事物。它的各个组成部分，包括本书所表述的理论与方法，都有待于进一步完善。不可否认，创新难。但是，无论如何总得有人走出那一步。希望述超和他的同道们继续努力，完成已经开始的工作，实现自己的学术理想。

最后，感谢我的学生和外校研究人员在这一领域中的辛勤工作，感谢学界同仁，尤其是语用论辩学的创始人范爱默伦（Frans van Emeren）教授的鼓励和支持。当然，广义论证理论中的缺憾由我们自己负责。

鞠实儿

2024 年 8 月于广州

前言

本研究主要关注如何将会话分析的理论和方法应用于广义论证研究的数据处理和分析，从而更有利于提取论证规则，进一步完善广义论证的本土化研究方法论。本研究的主要研究思路是：首先，对比广义论证理论和会话分析的一些基本立场，讨论会话分析在广义论证研究中的应用可行性；其次，基于广义论证理论及其本土化研究方法论，结合会话分析的理论和方法，提出一种有利于论证规则提取且实操性强的广义论证数据处理与分析程序；再次，分别通过一个机构性语境案例和一个日常语境案例的分析，演示这种数据处理和分析程序的具体操作方法和步骤；最后，对比广义论证的本土化研究方法与语用论辩理论的研究方法，比较分析广义论证的本土化研究方法和传统论证研究方法的特点。

具体章节安排如下。

第一章是导论。这一章主要介绍了广义论证理论诞生的理论背景和研究现状，探讨了广义论证理论在论证研究发展潮流中的地位和作用，阐述了广义论证的本土化研究方法论的合理性和可行性，概述了广义论证的本土化研究所取得的成绩和遭遇的挑战，分析了广义论证研究现存问题的可能思路。

第二章是广义论证理论。广义论证理论是论证的描述性研究的最新发展成果，以鲜明的本土化特征著称。第一节是常人方法学与广义论证理论。这一节主要分析广义论证理论与常人方法学的理论联系，便于更加准确地理解广义论证理论的价值和意义。比如，鞠实儿教授曾表示，广义论证是日常说理方法。常人方法学对传统社会科学研究方法的批判为广义论证理论的本土化研究方法提供了依据。这一节将基于常人方法学分析广义论证理论的创立背景，讨论广义论证理论创立的时代背景和思想基础。第二节是广义论证的内涵。广义论证是按规则给出语篇来实现说理功能的方法，实现说理功能是目标，符合社会文化规范是前提。广义论证具有多层次的复合结构，由不同层次语篇块组成复杂的论证结构。广义论证理论坚持描述性的研究方法，要求摒弃客位研究立场，尽力揭示论证的本土化特点。第三节是广义论证的本土化研究方法论。这一节考察了广义论证的本土化研究方法论及其面临的问题。广义论证理论提出了以"五步法"为核心的本土化研究方法论，从低层级语篇块到高层级语篇块的"升阶分析"是广义论证数据处理和分析的基本思想，但有关论证数据的处理和分析的技术方法和程序还缺乏系统研究，本研究希望通过引入和借鉴会话分析来发展和完善广义论证数据的处理和分析方法。

第三章是会话分析。顾名思义，会话分析是对会话活动的分析。会话分析起源于社会学，尤其受到了常人方法学的影响，它既是一门理论学科，也是一种研究方法。第一节是会话分析的内涵。学界对会话分析的理论渊源有社会学和语言学方面的争论，这一节从社会学，尤其是常人方法学的角度考察会话分析，其研究基础是会话的序列组织。会话分析的研究对象是社会秩序，研究目标是揭示人们构建社会秩序的方法。第二节是会话分析的研究方法。会话分析在方法论上坚持彻底的描述性研究方法。通过一套转写方法和工具将录音和视频材料转写为文本材料是会话分析处理数据的重要特征和优势。该方法可最大限度地保留会话互动的实际过程和相关细节。会话分析基本遵循"描述—归纳"研究程序，从典型案例出发，总结归纳出常规的会话模式。第三节是会话分析的核心议题。序列组织的特征是会话分析的核心议题，相邻对的优先性组织和序列组织的扩展结构是序列组织研究的重要议题。这一节主要梳理了相邻对的优先性组织的行为和结构特征，以及关于序列组织的扩展结构的相关研究成果。

第四章是面向广义论证的会话分析。会话分析为广义论证的数据处理和分析提供了解决思路和分析工具。这一章主要探讨如何将会话分析应用于广义论证的数据处理与分析，并提出相关的研究程序和技术手段。第一节是会话型论证模型研究。这一节主要介绍基于北美交流理论的会话分析与广义论证的跨学科研究成果。萨莉·杰克逊（Sally Jackson）和司各特·雅各布斯（Scott Jacobs）对会话型论证展开了研究并提出了会话型论证模型，会话型论证模型体现了会话分析在论证研究中的应用价值，但他们对抽象理论模型的追求制约了其进一步的发展。第二节是会话分析在广义论证研究中应用的可行性。这一节通过对比广义论证理论和会话分析的理论和方法，考察会话分析在广义论证研究中应用的可行性。会话分析和广义论证理论都将人们的互动方法作为研究目标，都基于描述性的本土化方法论立场。会话分析的转写方法可应用于广义论证数据处理，会话序列的组织特征为广义论证的形式结构和功能结构分析提供了资源。第三节是会话分析在广义论证研究中的应用。这一节主要讨论了会话分析在广义论证研究中的具体应用方法。首先，广义论证运用会话分析的转写方法转写和处理数据，将语料按实际发生的时间先后顺序转写成为可供分析的文本，并根据广义论证研究的需要进行编号处理。其次，重点探讨如何运用相邻对的优先性组织和序列组织的扩展结构特征分析广义论证的数据。由于每个层次的语篇块都具有"主相邻对—扩展成分"结构，因此，对每个语篇块的分析都可按照形式结构分析、功能结构分析、论证规则分析的程序进行。形式结构分析主要揭示主相邻对和扩展成分之间的层次结构关系，功能结构分析主要揭示扩展成分与主相邻对的功能关系，论证规则分析主要分析支持或制约论证目标实现的行为规范和功能规范。

第五章是案例分析。这一章通过两个案例演示基于会话分析的广义论证数据的处理和分析方法，展示广义论证理论，尤其是本研究所提出的分析方法在揭示论证的目的性、主体性、社会文化语境敏感性与动态性等方面的突出特点和优势。第一节是日常语境的会话型论证研究。其中的案例来自日常语境，是曾引起社会广泛关注的网络红人罗永浩和王自如之间的一场网络直播辩论。其中的案例所发生的语境并没有严格的机构性制度的规范约束，论证者在这个过程中不断建构语境并采取相应策略来实现或阻碍论证目标的实现。第二节是机构语境的会话型论证研究。其中的案例来自警察执法的机构性语境，广义论证的本土化研究从社会文化语境角度为事件中发生的"反转"提供说明，揭示了论证者遵循机构性语境的重要性。

第六章是论证研究方法的比较。论证数据的处理与分析能力是衡量论证理论价值的重要方面，对比分析广义论证理论与传统论证理论的案例分析能力有助于更加深刻地理解二者的优缺点。这一章主要对比分析广义论证理论和语用论辩理论在案例分析研究中的应用。第一节是语用论辩理论。这一节主要考察语用论辩理论的论证模型及其研究方法。语用论辩理论是当前最流行的规范性论证理论之一，其主要理论模型是批判讨论的理想模型和策略操控理论，以"论证十戒"为核心的规则体系管理论证者的言语行为，为意见的批判检验和达成理性一致意见创造条件。第二节是基于语用论辩理论的案例分析。语用论辩理论对论证实践的研究方法主要为重构论证的分析方法，即基于语用论辩理论的模型对论证实践进行重构分析。这一节基于语用论辩理论的理论模型和重构分析方法对第五章的两个案例进行研究。第三节是比较分析。语用论辩理论致力于提出一种具有普遍合理性的理论模型和分析方法，广义论证旨在揭示论证的社会文化语境依赖性，二者在研究方法上并不完全相斥，可以实现良性互补。

本研究主要涉及论证理论和会话分析两大研究领域，论证理论又进一步涉及逻辑学、论辩学和修辞学三个不同研究领域，会话分析涉及社会学和语言学两大研究领域。跨学科研究是当代学术研究的热门，但许多盲目如笔者的年轻人可能根本没有意识到跨学科研究的挑战性。跨学科研究意味着研究者必须对所涉及研究领域的目标愿景、历史发展、知识体系、研究方法、优势和缺点等一系列问题都要有足够的把握，而这绝不是攻读博士学位的短短几年内所能轻易达成的。时至今日，论证理论和会话分析两个研究领域的许多研究内容依然让笔者感到深不可测。笔者并不希望自己的研究能挑战传统理论和方法，只希望能为论证实践研究提供一些有参考价值的思考和探索。本研究虽然历经十载，但其中涉及知识较多，定有不足和欠缺考虑之处，还望各位读者批评指正，帮助笔者更正错误、提升研究水平。

本书虽然只有笔者一个人的署名，但笔者绝不敢妄称这是自己一个人的智力成果。首先，我要感谢我的博士生导师鞠实儿教授。鞠教授对本研究的选题、论证和分析都做了大量指导工作，为本研究贡献了大量智力成果。如果没有鞠教授的鼓励，笔者可能没有信心完成这项艰巨的工作。此外，中山大学的谢耘教授、曾昭式教授、文学锋教授、何杨教授，以及武汉大学的桂起权教授、湖南师范大学的万丹教授、浙江大学的熊明辉教授、广东外语外贸大学的冯光武教授、中国海洋大学的于国栋教授、厦门大学的黄朝阳教授、暨南大学的陈彦瑾博士等都给予了本研究鼓励支持和批评指正，他们提出了许多宝贵的意见，做出了实质性的智力贡献。还有彼时在中山大学共同学习的袁永锋、张一杰、梁晓龙、陈志喜、张晓琪、陈伟伟、于诗洋、麦劲恒、吴小花、李文巧、潘琳琦、曾欢、贝智恩、刘文和梁翰泽等各位同学也给予了大量帮助，在与他们的讨论中笔者也收获了非常多宝贵的意见。感谢所有老师和同学对本研究的支持和帮助，但笔者对本书内容，尤其是不足之处负有不可推卸的全部责任。

感谢重庆工商大学马克思主义学院各位同事对本研究的支持。

感谢"重庆工商大学学术著作出版基金"、重庆市社会科学规划项目"非西方语境的论辩策略分析和评价研究"（2020BS14）、重庆市教育委员会人文社会科学研究项目"人类命运共同体视域下的后现代主义价值研究"（21SKJD085）对本研究的资助。

感谢西南财经大学出版社的编辑肖舯所做的细致的编辑工作。

感谢所有为本研究提供慷慨支持的机构组织和各位友人。

杨述超

2024 年 4 月于重庆

目录

第一章　导论 / 1

　　第一节　理论背景与研究现状 / 4

　　第二节　问题和解决思路 / 12

第二章　广义论证理论 / 19

　　第一节　常人方法学与广义论证理论 / 21

　　第二节　广义论证的内涵 / 27

　　第三节　广义论证的本土化研究方法论 / 36

第三章　会话分析 / 43

　　第一节　会话分析的内涵 / 46

　　第二节　会话分析的研究方法 / 53

　　第三节　会话分析的核心议题 / 61

第四章　面向广义论证的会话分析 / 91

　　第一节　会话型论证模型研究 / 94

第二节　会话分析在广义论证研究中应用的可行性 / 106

第三节　会话分析在广义论证研究中的应用 / 111

第五章　案例分析 / 127

第一节　日常语境的会话型论证研究 / 129

第二节　机构语境的会话型论证研究 / 155

第六章　论证研究方法的比较 / 187

第一节　语用论辩理论 / 189

第二节　基于语用论辩理论的案例分析 / 203

第三节　比较分析 / 215

第七章　研究总结 / 219

参考文献 / 227

附录 A　话轮转换规则 / 240

附录 B　会话修正机制 / 242

附录 C　转写符号 / 247

第一章

导论

在笔者的妻子怀孕的那段时间，笔者和妻子一起去超市买生活物品，那些推销食用油的销售人员经常竭力向我们推荐价格较为昂贵的食用油。他们告诉我们，那些产品采用的是非转基因原料，油酸含量高，采用的是传统压榨工艺，不会有化学残留，食用这样的油是生出一个健康孩子的必要条件。当我们表示价格有些昂贵时，他们则通常会说，虽然价格看起来是比其他产品贵了些，但如果孩子将来身体好、少生病，就能帮父母节省一大笔开销，这么算就不贵了。他们有时还会举起道德的大旗，向我们说明父母对子女的养育责任，要为孩子的健康肩负起责任。多花点钱购买更好的食用油不经意间就变成了一种道德义务。几个回合下来，我们经常"理亏词穷"，花费往往超出预算。

大到国际交往中的针锋相对，小到菜市场的你来我往，人类社会中的每个人无不时时刻刻身处社会互动，而这些社会互动背后往往是每个国家、每个群体、每个人的特定目的或目标。由于不同主体的认知差异和利益诉求，互动参与者往往存在各种意见分歧，这就需要一定手段协调彼此的不同意见。人们通常认为，在一系列协调社会成员的意见和态度的过程中，最为常见的就是论证（argumentation）[①]。

广义论证（generalized argumentation）理论认为，论证是一种按规则给出语篇、实现说理功能的社会互动方法，广泛存在于各种形式的社会互动活动中。论证是人们日常交际所使用的一种重要方法，人们通过论证来交流信息，协调意见、观点和立场，使社会群体呈现出协调一致性。论证研究能够分析论证者的互动方法策略及其所依赖的社会文化规范，为论证实践的分析和评价提供合理性依据，发现社会互动中存在的问题，提升社会互动质量，努力促成理性的意见一致，从而促进社会和谐进步。

[①] 在论证研究中，"argumentation"一词存在辩论、论辩和论证三种中文译法。"辩论"这一译法容易与"debate"的译法混淆，现在较为少见。"论辩"的译法突出了论证者之间的互动性，在论辩学语境中使用较多。但是在广义论证视域下，"argumentation"既指二人之间的直接互动，也指论证者与潜在受众之间的互动，具有比论辩学语境中的辩论更为广泛的含义。因此，如无特殊说明，本研究均采用"论证"的中文译法。

论证规则作为某社会文化群体共享的社会规范在社会互动中的具体体现,展示了该社会文化群体的文化特性,在该文化中发挥协调意见达成共识的作用,是论证研究的重要内容(鞠实儿,2020:8)。广义论证理论提出了以"搜集论证相关社会文化背景信息、通过田野调查采集论证数据、通过分析论证数据提取论证规则、对候选的论证规则进行合理化解释、通过回归论证实践验证规则"五个步骤为核心的本土化研究方法,为论证规则的提取提供了方法论指导。近年来,广义论证的本土化研究方法论在经验研究中得到了广泛应用,取得了丰富成果,但在第三个步骤的研究中许多技术问题还有待进一步完善,制约了广义论证理论的进一步研究和发展。因此,我们尝试讨论和解决相关的问题。

第一节　理论背景与研究现状

正如莱布尼兹所说,世界上不存在两片完全相同的树叶,因此,世界上也不可能有两个完全相同的社会成员。不同的社会成员有着不同的成长经历和知识背景,对世界的认知难免存在差异。同时,由于不同的社会成员往往存在不同的利益诉求,会进一步加剧意见的分歧和冲突。因此,在日常社会互动活动中,人们需要一种能够不断协调彼此立场和观点的方法,维持社会的和谐一致。一般来说,化解意见分歧的方式有两种:①通过强力推行一种文化构想或已有的文化观念,无视文化差异,达到冲突消解的目的;②依据冲突语境进行协商或交易,保留文化差异,达成共识消除冲突,即所谓和而不同(鞠实儿,2020:2)。相比于第一种借助"暴力"的强力来消除意见分歧的方式,第二种消除意见分歧的方式更具包容性也更具合理性,论证就是管理意见分歧并实现"和而不同"解决方案的最重要的途径之一。

在日常的社会互动活动中，人们通过论证交流信息，思考话语和行动的合理性，不断通过各种方式说服他人采取某种看法、做出某种决定、实施某种行动，协调立场和观点，维系社会群体的协调一致。论证作为维持社会协调一致的一种理性方法，具有重要的理论意义和实践价值，就如弗兰斯·范爱默伦（Frans van Eemeren）所认为的："人们在现实生活的交际过程中，总会以某种方式来证成自己的观点，而观点的证成对于人们相信什么、遵奉什么，以及如何行动，都具有相当的重要性，论证能提高人们的论证水平，为评价和分析他人观点提供恰当的方法和工具，具有极大的理论价值、社会价值和实践价值。"（范爱默伦，2015：70-71）论证研究可以提高社会互动质量，促进人们努力达成理性的意见一致，对维持社会和谐和进步具有重要意义。

当代论证理论不仅继承了古代的三段论逻辑学、古典论辩学和经典修辞学的理论遗产，也吸收了当代哲学、逻辑学、语言学、话语分析、传播学、修辞学、心理学、人工智能和法学等许多学科富有建设性的成果，形成了一个相互联系但内容庞杂的研究体系。当代论证理论虽然形成了以逻辑学、论辩学和修辞学为主线的三条主要研究进路，但令人咋舌的是，论证理论似乎一直没有形成某种形式的统一，也并不存在所谓的学科规范，对许多问题也缺乏基本共识，从后期路德维希·维特根斯坦（Ludwig Wittgenstein）的哲学观点来看，当代论证理论像是一个彼此独立但又存在家族相似的理论簇。

虽然当代论证理论存在诸多分歧，但一个重要的共识是：论证并不仅仅是一种关于思维和推理的学问，更是一门关于社会成员管理意见分歧的方法的学问。论证是协调社会成员的立场与观点并组织实施社会行动的最常见途径，普遍地存在于所有已知人类社会和群体中。鞠实儿指出："论证萌动于社会文化群体成员在交流活动中产生的意见分歧。其典型案例是不同观点之间的论辩和不同利益方之间的谈判等。它的实质是社会群体成员试图借助语篇展开博弈进行说理，即实现如下目标：在一定语境下，协调彼此的立场，对某一有争议的论点采取某种一致态度或有约束力的结论。"（鞠实儿，2020：7）又比如，范爱默伦等人在《论证理论手册》（*Handbook of Argumentation Theory*）中指出的：论证并非仅是个人思维过程的外在表现，更是解决问题的社会过程的表现，是人们开展日常社会活动的一种重要方法。虽然论证并不一定能够消除意见分歧，但却是管理意见分歧的一种有效手段（van Eemeren et al.，2014：2）。在当代论证理论视域下，论证不仅是一种与思维和推理有关的科学或游戏，而且是一种具有现实意义的社会互动方式。具有不同立场和观点的社会成员通过论证的方法来交流信息和进行社会互动，消除意见分歧，达成理性一致，从而使社会群体维持协调一致。

如何对人们的这些社会互动进行研究？对这个问题的不同回答，衍生出了规范性研究和描述性研究两条不同进路。在论证理论中，规范性研究长期以来都占据主导地位，关注具有一般性的抽象论证模式、结构和规则，其研究方法是"自上而下"的，旨在从某些理性原则发展出一些具有普遍性的理论模型和框架。论证的规范性研究主要关注论证模型的普遍合理性，并以此作为分析和评价论证实践的规范性依据。比如，形式逻辑将形式有效性作为分析和评价论证的规范标准，而语用论辩理论基于经典语用学提出了话语和使用的理性标准。论证的描述性研究于20世纪五六十年代开始兴起，关注论证模式、结构和规则的社会文化语境依赖性或本土合理性，其研究方法是"自下而上"的，其研究结论对于分析、解释、评价和提高具体社会文化语境中的论证实践水平具有积极意义。描述性研究主要关注论证的实际情况，一般以论证功能的实现作为分析和评价论证合理性的依据。总体上说，规范性研究关注比较抽象的论证模式、结构、规则，能够分析、解释、评价和提高论证实践水平的理论模型和框架，描述性研究关注文化和语境依赖的论证模式、结构和规则，长于揭示论证实践的本土合理性，二者在研究方法上能够形成良性互补。

近年来，鞠实儿提出了广义论证理论及其本土化研究方法论。所谓广义论证，即某一社会文化群体的成员，在语境下依据合乎其所属社会文化群体规范的规则生成的语篇行动序列；其目标是形成具有约束力的一致结论（鞠实儿，2020：8）。语篇行动序列是指由一个以上的语段或句子组成的语言整体，其组成部分形式上相互衔接，语义上前后连贯。它在交流过程中形成，是实际使用的语言单位，具有交流功能。在广义论证视域下，人们通过语篇行动序列使论证者对有争议的观点或论点采取某种态度，协调立场和观点，消除分歧或达成一致意见。广义论证具有两个方面的重要特征。

第一，广义论证具有说理功能的特征。所谓说理功能，即给出理由促使人们接受或拒绝某一观点或立场，说服是其中重要的说理功能之一。在修辞学的视域下，论证的最重要的功能就是"说服"，通过使用论证策略让受众接受某种观点或立场，即取效性（effectiveness）。比如，鞠实儿曾表示，要用"生效"（effectivity）概念来刻画，它与形式逻辑的"有效"（validity）概念相对应。生效涉及成功交际，具有说服力、与话语相关领域的知识相协调等要素（鞠实儿，2010：39）。近年来，陈清泚考察了广义论证与新修辞学的关系，并从广义论证角度分析了新修辞学路径及其合理性（陈清泚，2022：37-42）。说服是最重要的一种论证功能或说理功能，说理功能与说服功能在很大程度上有重叠，但说理功能不仅仅包含说服功能。论证的功能还应该包含论证的各种社会功能。比如，论证可以澄清问题，暴露潜在的问题，引起社会舆论对话题的普遍关注，培养论证者理性消除意见分歧的愿望和能力，等等。因此，从社会互动的角度看，广义论证的说理功能的内涵更广，应该囊括论证行动所产生的各种互动效果，包括但不限于说服功能。

第二，广义论证是一种遵守社会文化规范的社会互动，社会文化规范是约束论证者行动的论证规则。在传统论证理论中，无论将论证看作思维和推理的科学，还是将论证看作论证者的社会互动，遵守论证规则都一直被认为是论证的一个基本特征。比如，范爱默伦和罗布·格罗顿道斯特（Rob Grootendorst）认为，论证者的言语行动应该受到一系列理性规则的制约和规范，从而有利于意见分歧的理性解决（van Eemeren and Grootendorst，2004：42-67）。论证规则将论证者的行动限制在一定的合理范围之内，是达成理性的意见一致的重要前提。鞠实儿指出：正是具有社会约束力的规范控制论证者的言行，使之满足社会文化群体对合理性的期望，论证才有可能终止于被论证者所属社会文化群体所接受的结果；否则，不受社会文化规范制约的论证将与社会秩序发生冲突，引发更多的争议。而这有违论证活动的初衷（鞠实儿，2020：8）。与语用论辩理论等传统论证理论的看法有所不同，在广义论证视域下，论证是人们开展日常社会活动的一种方法，制约论证活动的论证规则是人们在社会活动中不断习得的社会文化规范，而不是抽象的理性规则①。广义论证理论关注的论证规则是那些被特定社会文化群体所共同认可的社会文化规范，其效力仅限于特定的社会文化群体内部，具有社会文化语境依赖性与敏感性。

从常人方法学（ethnomethodology）的角度看，论证者在社会互动中致力于通过让其他人能理解的方式的来展示自己行动的意义。作为一种社会互动形式，论证行动的意义、功能及其背后的规则在社会文化生活中呈现出来，它们可以为人所理解、所说明。广义论证研究的最终目标是获取本土文化中的合理规则：如果的确存在为社会成员认同并反复使用的论证规则，这些论证规则就应该能为该群体的成员所理解和使用。如果研究者以参与者的角度理解社会成员的互动成就，即语篇行动序列，就可以理解、发现并归纳总结存在于语篇行动序列中的论证规则。研究者若要以参与者的角度理解语篇行动序列，就需要尽力摒弃自己已有的观念，特别关注论证实践的社会文化语境。

鞠实儿提出了一种描述性的研究程序，致力于从社会文化群体的论证活动中找回那些本来就属于该群体的论证方式及其分层结构（鞠实儿，2020：21）。为了使研究结果尽量避免受到研究者个人因素的影响，参照经验科学严格的研究方法和程序，鞠实儿提出了一种致力于准确反映论证实践真实情况的本土化研究方法论，包含搜集社会文化语境信息、田野调

---

① 本研究将广义论证所说的社会文化规范、规则或习俗均看作约束论证实践活动的行动规则，并不对其做进一步区分。如无特别说明，本研究所说的论证规则均指广义论证视域下的社会文化规范、规则或习俗。

查采集经验数据、分析数据并提取候选的论证规则、对候选规则的合理性说明、验证规则五个步骤（鞠实儿，2020：18-20）。这种研究方法又被称为广义论证研究的"五步法"。"五步法"参照了科学研究的描述—归纳的研究程序，要求从经验事实中描述和归纳出论证规则，同时也要求将得到的论证规则放到相应的社会活动中进行检验，从而保证研究结果的准确性和客观性。广义论证的本土化研究方法和自然科学的研究程序非常相似，拥有与自然科学研究程序一样的严格性和重复性，但与自然科学不同，广义论证的本土化研究方法并不致力于理论构建，力图从经验研究中归纳总结或构建一般性的理论，而是始终坚持本土化立场，尽力呈现一个又一个具有社会文化语境依赖性的论证实践的特殊性。鞠实儿曾在多个场合提到，广义论证研究应该是一种关于"原型"（prototype）的研究，其思想受到了后期维特根斯坦的语言游戏和家族相似思想的影响①。如果论证是一类语言游戏，那么这类游戏就具有动态性和多样性，不同类型的论证游戏彼此具有相似性，但也存在差异，我们并不能给它们一个统一的定义或提取出一个具有本质性的特征集合。广义论证研究并不追求普遍性的理论模型，而是希望对各种类型的论证实践展开本土化研究。这种以原型研究为核心的本土化研究方法，有助于研究者摒弃理论成见，对于揭示论证的社会文化语境依赖性具有重要价值。

在广义论证视域下，论证的描述性研究并非反对论证的规范性，描述性研究往往采取一种多元主义的立场理解论证的规范性。论证的规范性是与社会文化语境相关的，不同的社会文化语境有着不同的规范性标准，社

---

① 语言游戏思想和家族相似思想是维特根斯坦后期哲学观的核心。语言游戏思想认为，语言（概念、规则）的意义是在具体用法中体现的，语言活动是语言使用者的一种生活形式，表现的是特定人群的期望、意向、信念和行动方式等。因此，不同的语言游戏有着不同的规则和语言使用方式，这些规则和方式并不是固定不变的，而是随着社会变化而变化的。家族相似思想认为，概念或范畴的成员不必具有该范畴的所有属性，而是彼此具有相似性。这些相似性并不是一个固定的、统一的特征集合，而是由多个不同的相似性构成的一个网络。家族相似思想强调了范畴的动态性和开放性，让我们能更好地理解不同成员之间的共同点和差异点，以及它们之间的关系（维特根斯坦，2005）。

会文化群体自身所认同的规范是分析和评价论证的合理性依据。因此，描述性研究往往采用经验研究的方法，揭示不同文化、不同社会、不同语境的论证规则。从广义论证理论的视角看，传统规范性的论证理论所提出的规范性标准不过是描述性研究所要揭示的众多规范性标准的一部分，只不过传统的规范性标准所刻画的是某些传统主流文化群体所普遍接受的一种或几种论证规范。描述性研究并非是要全面推翻传统规范性研究的所有规范体系或论证规则体系；相反，描述性研究将传统的论证的规范性研究也纳入自己的研究视域下，通过研究其论证实践，揭示其所倡导的理性规则与其所对应的社会文化语境之间的密切关系，分析并合理限定其可适用的领域和范围。

近年来，广义论证理论在揭示论证的模式、结构、策略和规则等的社会文化语境依赖性方面表现出了突出优势，在中国逻辑史、苗族理辞、因明学、网络辩论、政治论辩和思想政治教育等学科和研究领域得到了广泛应用，在揭示容易被主流论证理论所忽视的社会文化特性方面展现了重要价值。

在诸多研究领域中，广义论证理论在中国逻辑和中国古代论证实践的研究中所取得的成果最为卓著。鞠实儿和何杨深入分析了中国逻辑史研究的困境与解脱途径，率先提出并采取"以中释中"的方法研究中国古代论证，并以对春秋时期赋诗论证的研究为例，展示了广义论证理论在春秋时代的赋诗论证研究中的价值，掀起了中国古代逻辑史的"以中释中"的研究潮流（鞠实儿、何杨，2014：102-110）。何杨还进一步回顾和反思了近代以来的中国古代逻辑和论证实践研究，探讨了基于广义论证理论的"以中释中"的中国古代论证实践研究及其价值（何杨，2017：145-156）。在具体的案例研究中，广义论证理论展现了强劲的生命力。王克喜分析了《战国策》独特的论证方法和说理技巧，提出要立足中国传统文化而不是简单使用非西方的非形式逻辑的评估方法评估中国古代论证（王克喜，2015：3-14）。廖晨从广义论证的观点出发，对《鬼谷子·捭阖》中的论证进行了本土化分析，以苏秦的说理实例展现了纵横家"捭阖"的说理方式及特点（廖晨，2017：150-153）。郎需瑞从广义论证角度考察了朱熹的论辩逻辑体系，揭示了其以名、辞理论为基础，以"名义界分""知言穷理"等说理论证规则为核心的"名、辞—辩"的逻辑体系（郎需瑞，2021：88-104）。郭桥基于广义论证的研究思想，分析了"离坚白"之辩，发现《坚白论》中所构建的论辩属于无效论辩，双方的争论其实只仅限于语言层面而不是思想层面（郭桥，2021：70-80）。金立和于翔引入广义论证理论的"以中释中"程序，聚焦两汉社会背景，从语境理解规则、功能规则、表达规则及分块规则出发，系统回答《论衡》的生效性从何而来的问题（金立、于翔，2022a：116-122）。在广义论证视域下，他们有机融合文化解释的方法，围绕功能性、认知机制和认知过程三个维度考察了《论衡》中的推类论证的特点，研究了推类认知的实质是关联性认知方法，揭示了推类认知所具有能动性和弱类比性的特点，而这些特征与秦汉时期的社会文化背景是有密切联系的（金立、于翔，2022b：105-114）。曾欢从广义论证的角度研究了《吕氏春秋》，详细分析了"谕意"、"中理"与"当义"三种论证规则的作用和地位（曾欢，2023：117-134）。相关的经验研究还有很多，限于篇幅，不再一一赘述。

除了应用于中国逻辑与中国古代论证实践研究，广义论证理论在诸多领域的研究中也取得了诸多成果。卢凤鹏基于广义论证理论研究了苗族理辞活动，说明了苗族理辞如何从前提出发促使参与者拒绝或接受某个结论的过程，但该过程却又明显迥异于形式逻辑的论证过程（卢凤鹏，2012：71-72）。胡炳年和陈彦瑾采取广义论证的视角，分析了鲁西南 N 村落针对彩礼金额而进行的"讨价还价"互动过程，从中提取了彩礼说理的典型论证模式（胡炳年、陈彦瑾，2018：113-121）。麦劲恒基于广义论的功能分析思想研究了广式早茶互动中的说理，发现了广式早茶说理中以"谝"为核心的论证模式及其特有的交际功能（麦劲恒，2019：86-97）。陈桑基于广义论证的本土化研究方法研究了玄奘法师所著的《大唐西域记》，发现了其中的七因明论证所受到的信仰与阶级等级的制约，揭示了其"信仰对决"的独特性质（陈桑，2019：82-83）。杨述超和陈彦瑾运用广义论证的本土化研究方法分析了网络名人罗永浩与王自如的一场网络直播辩论，挖掘了直播辩论语境中的论证策略特点，对比分析了中国社会文化语境中的论辩与西方社会文化中的论辩的不同特点（杨述超、陈彦瑾，2023：89-103）。相关研究还有很多，不再一一赘述。

广大研究者使用广义论证的本土化研究方法论对论证实践的研究，揭示了不同领域论证实践的特点，其研究成果证明了广义论证理论的重要理论意义和实践价值。正如何杨所评论的，"以中释中"本土化研究程序为尽量如实描述和分析中国古代论证实践提供了一条新思路和一个新视角，虽然要避开研究者的主观偏见而如实描述社会文化语境并非易事，不过，广义论证的本土化研究表明了一种致力于还原中国古代论证实践本来面貌的态度与努力，有助于揭示中国古人的说理智慧（何杨，2017：151）。广义论证理论或许并不一定就能完全"还原"各种类型的论证实践，但广义论证的本土化研究方法论无疑为论证研究提供了揭示论证实践真实面貌的方向和研究思路。

第二节　问题和解决思路

（一）广义论证研究面临的问题

以"五步法"为核心的广义论证的本土化研究方法论在揭示论证实践的社会文化语境依赖性方面有突出优势。该方法论被经验研究者所运用，取得了一系列丰硕成果。然而，广义论证理论关于论证数据的处理和分析的许多技术性问题仍未得到系统的研究和解决。广义论证理论在经验研究中的扩展也日益暴露出一些尚待解决的问题。比如，对于广义论证的研究来说，最为紧迫的是，对于广义论证的本土化研究方法论的第三个步骤也是最关键步骤——如何处理和分析论证数据，研究者还鲜有专门的系统性研究。这是一个未被深入研究，但又十分关键的重要问题。因此，本研究试图解决这个问题。

根据话语类型的不同，论证大致可以分为会话型论证和独白型论证两种类型。独白型论证是指某个论证者在其他参与者不发话的情况下开展的论证，会话型论证是指两个或两个以上论证者直接通过对话开展的论证。相较于独白型论证，会话型论证的数据更为琐碎且难以处理和分析，会话型论证的数据处理与分析更为紧迫。本研究的研究计划是，首先关注会话型论证的数据处理与分析，在提出一套比较有效的会话型论证数据的处理与分析方法之后，再考虑独白型论证的数据处理与分析。

会话是人类最重要的社会活动形式之一，社会成员通过会话来实现意义共享和行动，从而实现有效交流和互动。会话是人类实现社会化的最重要媒介（Goodwin and Heritage，1990：289）。会话型论证无疑是人们进行社会互动最主要的方式之一。然而，在会话型论证，尤其是非机构性的日常的会话型论证中，论证者的行动受论证者个人风格的影响，往往表现出想什么时候说话就什么时候说话、想怎么说话就怎么说话的特征，缺乏明显的规则约束。从表面上看，日常会话的数据更是内容琐碎，呈现出杂乱无章、无规律可循的局面，缺乏有意义的结构，难于进行研究。对于广义论证的研究来说，如何处理和分析会话型论证的数据，分析其中的论证模式或论证结构，提取出候选的论证规则，是一个亟待解决的难题。

（二）解决思路

基于广义论证的本土化研究方法论，结合会话分析（conversation analysis）的理论和方法，本研究讨论并详细分析了广义论证的数据处理和分析的技术方法和程序，进一步发展和完善了广义论证的数据处理和分析方法。

无论是在菜市场买菜，还是在重要场合的言语博弈，会话都是最常见的互动形式，也是人们开展论证活动最为常见的形式之一。人们不断通过会话来交流信息，进行社会互动，维持社会群体的协调性，实现交流目的。20 世纪 70 年代，哈维·萨克斯（Harvey Sacks）、伊姆雷·谢格洛夫

（Emanuel Schegloff）和盖尔·杰弗逊（Gail Jefferson）共同发表的论文《会话话轮转换组织的一个最简单系统学》（*A Simplest Systematics for the Organization of Turn-taking for Conversation*）标志着会话分析的诞生。基于萨克斯等人所开创的会话分析的理论和研究方法，广大研究者对会话的内在组织进行了广泛经验研究，归纳总结了关于会话序列组织的大量行为和结构特征，为会话型论证的数据处理与分析提供了大量可利用的工具和资源。基于广义论证的本土化研究方法论，本研究试图借鉴和发展会话分析的理论方法，提出一种能够处理会话型论证数据的研究程序，解决广义论证理论在数据处理和分析中所面临的困难。

萨克斯等人的研究表明，人们的日常会话活动并不是随意的，而是需要遵守话轮转换规则①，即一个时间段只有一个人说话的总体特征的，因此，会话的过程可以被转写为一个话轮接一个话轮的话轮序列。进一步的研究表明，会话的序列组织呈现出可分析的行为和结构特征。第一个重要特征是相邻对（adjacency pair）的优先性组织。一般说来，相邻对的前后两个话轮具有条件相关性，第一个话轮限定了第二个话轮的可能回应范围，在这个范围内，某些回应是优先的，而另一些回应则是非优先的，它们通常会表现出一些一般化的行为和结构特征。第二个重要特征是会话的序列组织具有层次性的扩展结构。会话序列并非总是由相邻对简单堆砌而成的，会话者由于各种考量往往会围绕特定相邻对组织和实施一些话语和行为，这些话语和行为也以相邻对的形式出现，被称为会话序列的扩展成分，而被围绕扩展的相邻对被称为主相邻对。序列组织的扩展成分根据其与主相邻对的不同位置，可以分别被称为前扩展（pre-expansions）、插入扩展（insert expansions）和后扩展（post-expansions）。主相邻对和扩展成分共同组成一个有层次结构的序列组织。

通过将广义论证理论和会话分析的研究目标、研究对象、研究方法和具体经验研究等方面进行对照分析，会话分析展现了在论证研究，尤其是广义论证研究中的数据处理与分析的优势，也表现出了一定的局限性，需

---

① 萨克斯等人所发现和总结的话轮转换规则参见附录 A。

要结合广义论证研究的相关需求进一步发展其研究方法。

1. 会话分析在广义论证研究中的优势

会话分析为广义论证研究的数据处理与分析提供了资源，有助于提高广义论证的本土化研究的能力，其优势主要体现在四个方面。

第一，会话分析的转写方法为广义论证研究的数据处理提供了极为可靠的工具，不仅如实保留了论证过程的实际先后顺序，而且尽可能地保留了各种互动细节（尤其是非言语的互动细节），不重构原始数据材料，使得不同研究者可以反复研究数据材料，为客观、准确地理解和分析论证实践活动提供了基础。

第二，会话分析将相邻对作为分析的基本单位，为话语和行为的本土化意义与功能分析提供了依据。根据会话分析的理论，意义和功能的分析单位应该是相邻对而不是孤立的话语和行为，应该从相邻对本身的互动关系理解话语和行动的意义，而不是依赖抽象的外在意义理论进行客位解释。会话分析对序列组织的行为和结构特征进行了大量经验研究，为话语和行为的意义与功能分析提供了可参考的资源和依据。

第三，优先性组织反映了人们在会话活动中的分歧相关性，为论证语篇的意见分歧的识别和分析提供了工具。如果相邻对出现了优先的回应，就说明会话者（论证者）之间可能不存在意见分歧，或是已经就意见分歧达成了一致。如果出现了非优先的回应，就说明论证者之间很可能出现了意见分歧，而且没有就意见分歧达成一致。

第四，会话分析的序列组织反映了人们管理意见分歧的方法，为广义论证语篇块的结构和功能分析提供了工具。会话分析的研究表明：前扩展的作用是，说话人在给出自己的意见、观点或立场之前，往往会先通过一些话语和行为进行铺垫和试探，尽可能地得到优先的回应；插入扩展的作用是，听话人往往会在给出回应前插入一段话语或行为，再根据情况给出回应，而在插入的话语和行为中，会话者通常会对自己的立场进行辩护和说明；后扩展的作用是，如果听话人没有给出优先的回应，说话人就往往会在对方给出回应后继续说话，试图改变对方的意见、观点或立场。并且，序列组织的结构非常灵活，可用于刻画不同社会文化语境中的社会互动。序列组织的行为和结构特征不仅反映了人们管理意见分歧的方法策略，而且为作为旁观者的分析者识别和划分语篇块提供了依据。

会话分析不仅为论证研究提供了可靠的数据处理工具，其对序列组织的行为与结构特征的分析也有助于分析论证者管理意见分歧的方法与过程，可以借鉴和使用会话分析的理论和方法来研究人们在日常会话活动中的论证方法。对于广义论证的研究来说，会话分析的上述成果和分析思路为广义论证研究的话语和行为的意义与功能分析、语篇块的识别与划分、语篇的升阶分析等提供了极具价值的参考依据，为实际案例研究的数据分析提供了便利的操作指引。

2. 会话分析的局限与发展

会话分析作为一种理论或研究方法，自诞生以来就对互动的细节有着精细的刻画和深入研究，形成了一种专注于细节刻画与描述的传统。会话分析的研究的规模和范围往往局限于小型的序列（sequence）[①]，将关注点集中于一个或少数几个话语和行为的结构性特征，分析、评价会话细节的互动效果，进而提出改进方式等。因而，会话分析由于不太关注整个语篇的互动结构、功能关系及其所依据的规则体系，还不能完全满足广义论证研究的需要。本研究不仅尝试将会话分析的理论和方法引入到广义论证的数据处理和分析，还进一步尝试对会话分析的理论和方法在广义论证研究中的应用做一定的发展。

其一，本研究尝试对序列组织的扩展结构进行功能性解释。本研究将论证者在主相邻对中所传达的主要意图作为语篇块的论证目的，将扩展成分的主要功能解释为促进或阻碍语篇块的论证目的的实现。其二，本研究尝试将序列组织的扩展结构用于语篇块的升阶分析。在 L1 层语篇块的分析中，可以直接把由一个主相邻对扩展而来的最小化的序列看作广义论证的 L1 层语篇块。在 L2 层语篇块的分析中，把 L1 层语篇块的主相邻对抽离出

---

① 序列特指以围绕一个主相邻对扩展而来的一段话语或行动序列，其规模较小，包含的话轮的数量往往在十个以下。

来，分析各个 L1 层主相邻对之间的关系，识别各个相邻对的主次关系，划分 L2 层的语篇块。以此类推，对每个层级的语篇块都重复进行形式结构分析、功能结构分析和论证规则分析，最终实现对整个语篇的形式结构、功能结构及其所依据的规则体系有一个整体的把握。

总的来说，相邻对的优先性组织和序列组织的层次性结构展现了人们在日常社会活动中管理意见分歧的方法，也为广义论证研究的语篇块识别与划分提供了参考思路。本研究将会话分析的理论和方法引入广义论证研究的数据处理和分析，并根据广义论证研究的需要进一步发展了会话分析的理论和方法，使那些看似"杂乱无章、内容琐碎、无规律可循"的日常论证数据呈现出可分析的结构性特征，揭示人们的论证策略及其依据的论证规则体系，从而进一步发展和完善广义论证的本土化研究方法①。

① 在公开发表的研究成果中，鞠实儿教授未对会话分析与广义论证的关系做专门说明，但在 2010 年前后，鞠实儿教授已经组织开设了关于会话分析的课程和讨论班，提出了关于会话分析在广义论证研究中应用的看法。在本书的选题和研究中，鞠实儿教授提出了许多独到见解，特别是对如何从目的和功能角度分析话语的意义，以及如何发展会话分析的理论和方法，提出了许多建议，做出了实质性智力贡献，特在此鸣谢。

第二章

广义论证理论

在社会互动活动中，人们需要不断协调彼此的立场和观点。论证是协调处理论证者意见分歧的一种方法。从论证理论的发展历程来看，愈加注重语境化和功能化已经逐渐成为当代论证研究发展的一种新趋势，将论证研究逐渐从传统的"从前提必然得出结论"扩充到对"各个社会普遍存在的说理实践活动"的研究，这构成了广义论证理论创立和发展的背景。广义论证理论是近年来兴起的一种论证理论和研究方法，主张对各种论证实践进行彻底的描述性研究，具有鲜明的本土化特点。鞠实儿提出的广义论证研究的本土化研究方法论，在哲学与逻辑学、传播学、人类学、社会学、历史学等研究中得到了广泛应用，取得了一系列的成果。通过考察广义论证理论的创立背景、内涵和理论主旨，能更加准确地理解广义论证理论的地位和意义。

第一节　常人方法学与广义论证理论

在社会实践活动中，存在两种不同的思维和行动方法。一种是科学的方法，它为科学家所使用。这是一种基于系统的观察和实验、归纳和演绎推理的、形成和检验科学理论的方法，追求具有普遍合理性的论证方式。另一种是日常方法，这是一种普通人在日常社会活动中不断习得和形成的、建立于习俗和经验基础之上的、处理日常事务的方法，着眼于实际的社会互动情况。2000 年前后，鞠实儿带领的论证研究团队与常人方法学发生了思想碰撞，常人方法学代表人物肯尼斯·利伯曼（Kenneth Liberman）曾受中山大学哲学系、逻辑与认知研究所的邀请，在中山大学举办了多场讲座。常人方法学认为日常生活并非是杂乱无章的，而可以通过经验观察的方法予以研究，这种思想为广义论证研究提供了理论背景。

常人方法学是源于社会学，但对人文社会科学的诸多领域都具有深远影响的一项研究。什么是常人方法学？哈罗德·加芬克尔（Harold Garfinkel）提出，常人方法学是一种"对日常生活的有组织、有技艺的实践所创造的权宜性的、不断进行的成就的索引性表达式和其他实践行为的理性特征的一种研究"（Garfinkel，1967：11）。常人方法学认为，如果日常生活①的有意义的、模式化的、有规则的特征是人们必须努力去成就的，那么我们也必须假设，人们有一些处理这些事情的合理方法（Garfinkel，1967：6）。加芬克尔的提议得到了常人方法学家们的积极响应。他们认为，任何人都对有关自己的事实有一种讲究的认知（Mehan and Wood，1975：509），日常活动具有社会—逻辑完整性，对于组织和理解日常事件的任务来说，人们的实践推理和行动的内在方法是充分的（Bogen，1999：23）。常人方法学的首要研究课题是"人们的方法"，即发现特定情景下的人做事情、创造社会生活的有序秩序所使用的方法的集合（Butler et al.，2009：2）。

自20世纪60年代以来，常人方法学的思想在世界范围内得到了广泛传播，不同领域的研究者根据常人方法学的思想研究不同类型的社会活动，在哲学社会科学的许多领域都产生了重大的影响。但遗憾的是，虽然常人方法学有一个单一的起源，但它并没有形成一个统一的学科范式。加上加芬克尔反对理论建构的主张，这使常人方法学长期以来呈现出一种松散的研究现状。常人方法学超越了学科界限，跨越了纯粹的理论性研究和应用性研究，衍生出了许多不同的子领域，而且这种多样性还将继续增加；关于常人方法学的许多基本问题，诸如"关于谈话的常人方法学的和会话分析的研究进路的差异""民族志方法的使用""话语与机构性语境的关系"等的争论也会一直持续。常人方法学中存在多种研究主体，它不是单一的（Maynard and Clayman，1991：386-412）。甚至还有人认为，常人方法学的特点就是不一致性（Atkinson，1988：441）。

常人方法学是一个由大量不同理论和思想所构成的异质性理论复合

---

① 在常人方法学研究中，日常生活具有重要的研究价值；而一种更为彻底的立场认为，日常生活具有基础性地位，各种社会活动都是以日常生活为理解和行动基础的。

体，常人方法学家们似乎对构建共识性理论体系缺乏兴趣。不过，从研究方法上来说，常人方法学家们都认为，社会现象是可解释、可说明的。常人方法学认为，人们的社会活动是可理解、可说明的，因此提出了可说明性的概念。所谓可说明性，加芬克尔说道："当我谈到'可说明的'，也就是说，情景化的实践能够被成员'看到'和'说出来'"（Garfinkel，1967：1）。常人方法学认为，可说明性是人们组织他们的行为的方式，人们会努力让自己的行动为他人所理解。人们的活动的意义要想被他人所感知和理解，人们就必须让自己的活动对于其他人来说是可理解的、可说明的。保罗·滕哈弗（Paul ten Have）认为，可说明性接近于可理解性或可解释性，因为人们应该以一种可理解的方式设计行动，从而使其意义是清楚明白的，或者至少在需要时可以被解释（ten Have，2005：32）。迈克尔·林奇（Michael Lynch）指出：当人们行动的时候，人们这样做是为了让别人知道他在做什么，人们做出某个行动，必然要试图让别人理解他的行动的意义（Lynch，1993：15）。比如，当你站在公共汽车站的时候，你以某种方式站立在那里，你就是在试图让他人能够理解你是在排队等公共汽车，于是，有人过来站在你旁边排队，最终，这些人站在一条线上，一个接着一个直至结束。在各种各样的社会互动活动中，人们需要让自己的活动能够为他人所理解，而这种理解也同样需要以可解释、可说明的方式展现出来。

可说明性不仅使得人与人之间的交流互动得以可能，也使得实际活动的成就对于研究者来说是可理解的、可说明的和可报告的。对于研究者来说，通过分析行动者之间的互动表现，社会活动的意义就是能够为人所解释和说明的。行动者不断建构的行动成就是人们理解他人的行动的意义的基础。对于试图对社会活动进行研究的研究者来说，如果社会活动是人们之间的一种相互协作的成就，即这些成就是通过参与者们彼此一步一步的相互理解、行动上的合作来成就的，那么，这些成就必然体现了参与者们的相互理解过程。加芬克尔明确表示：通过对社会活动的组织的内在机制的研究，就能对人们的日常行动所使用的方法进行研究（Garfinkel，2002：

6）。如果研究者以参与者的身份来理解社会活动的成就，社会活动对于研究者来说就是可理解的、可说明的①。加芬克尔和萨克斯认为，可说明性的基础就在于，无论是人们还是研究者，他们都是自然语言的掌握者，他们都是具有共同的社会活动经验和知识的普通人，社会活动世界为彼此的理解提供了共有的基础。自然语言是人与人进行交流的基础，自然语言使人们的活动成为可观察的、可报告的（Garfinkel and Sacks，1970：342）。无论行动者还是研究者，他们作为自然语言使用者，被认为有理解实际在场话语和行动的逻辑结构的资源和能力（Bogen，1999：83）。在常人方法学看来，自然语言的这种公共属性既使人们的相互理解成为可能，产生可理解的社会事实，也为研究者对研究对象的理解和说明成为可能。日常社会活动的成就是常人方法学的研究所能依赖的唯一资源，常人方法学家需要置身于日常社会活动中，以参与者的视角来理解社会活动的内在组织结构，揭示日常社会活动的本土性特征。

由于社会活动具有上述可说明性的特征，常人方法学要求摒弃传统的外在性的科学研究方法，因为外在性的研究剥离了社会事实与场景的紧密联系，抛弃了参与者的社会视角，难免会对社会活动的合理性产生误解。并且，外在性的研究方法作为一种行动方式进入生活场景，与社会活动产生了反身性的互动关系，将构建新的社会事实。因此，常人方法学提出，我们要以参与者的视角来理解和研究社会活动，要以一种内在性的方法"参与"社会活动，揭示社会活动的合理性特征。加芬克尔指出，常人方法学的研究要求抛弃过多的外在理论预设和科学工具，以普通参与者的视角进入社会活动，要求对社会活动开展一种彻底的本土化研究，仔细考察生活细节之间的内在联系，展现社会活动的融贯性、确定性等理性特征（Garfinkel，2002：246-247）。加芬克尔虽然提出了常人方法学研究的本土化立场和要求，尝试了一些诸如破坏性实验（breach experiment）的研究方

---

① 常人方法学虽然不是一个同质性领域，也没有统一的项目，但是，广大常人方法学家认为，通过研究社会行动序列的内在组织结构来揭示人们的行动方法是常人方法学的一种共同特点（Butler et al.，2009：2）。

法，但他似乎并不对提出系统的研究方法感兴趣。常人方法学家并无意规定一套研究方法，如果常人方法学有什么方法论原则的话，那就是回到现象本身。

常人方法学试图与现实世界的事件本身保持密切联系，并以普通人的视角来看待现实活动，常人方法学的研究方法必然是本土化的。利伯曼认为，常人方法学家仔细考察世俗事务的局部细节，描述一群参与者是如何相互协作并提供他们的社会互动的可理解性，从而可以保持局部事件的意义和有序性，辨认出人们开展实践活动所使用的方法，阻止了使用理想化世界版本来解释现实事件的理论习惯，并且对之保持着高度警惕（Liberman，2011：73）。就如加芬克尔所说，在关于社会事实的研究中，常人方法学要收集和考察秩序的本土性质，研究每个事件的独特的、关联的细节与一般性（Garfinkel，2002：246-247）。根据常人方法学的上述看法，我们需要采取一种描述性的本土化研究方法来研究人们的日常社会活动。

常人方法学从根本上挑战了传统社会科学的实证研究方法。根据常人方法学的研究，规则和行动都是一种索引性符号，其意义需要结合具体的场景来构建。如果将它们抽离出来进行单独研究，其真实意义势必会被误解。利伯曼强调，参与者的场景按照他们自己所想的方式被研究，被研究的人的世界的意义必须被保留，而不是被淹没在当代欧美社会科学家的语言和相关性之中（Liberman，2004：109）。因此，不同于传统社会科学的实证研究方法——"把人们的社会活动还原为因果关系并使之成为人们的普遍行为准则"（迪尔凯姆，2002：4），常人方法学坚持对规则和社会活动进行本土化的研究，不将研究对象与其所在的场景和场景相剥离，拒绝为具体的社会活动提供一种终极性说明。研究者在研究时要抛弃可接受性、价值性、重要性、必要性、特殊性、成功或理论一致性等传统社会学所强调的价值因素，通过反复观察自然发生的数据的记录，尽力根据活动参与者在开展活动当下的真实情况来描述这些活动（Lynch，1997：371）。社会活动本身是研究者所唯一能依靠的东西，研究者不能根据外在的抽象模型和理论来理解和说明人们的社会活动的合理性①。常人方法学从根本上动摇了传统社会科学的实证研究方法，要求研究者从循环往复的社会实践中理解社会活动的意义。

常人方法学为广义论证的本土化研究方法论提供了理论背景。长期以来，规范性研究是论证研究的主流方法，主流论证研究都热衷于提出或建构具有普遍合理性的论证理论模型，并以此来分析和评价论证实践，提高论证实践的质量和水平。常人方法学的研究表明，这种客位视角研究存在的最致命问题便是，这种研究不可能真正理解论证者的行动意义，无论研究多少不同类型的论证实践，其研究结果只会反映理论模型所想要反映的内容，因为这种研究始终是"戴着有色眼镜看世界"。依据抽象模型或框架裁剪论证实践的后果，就好比用一个长方体的箱子去测量猪的形状，那么猪的形状必然永远是长方体的。常人方法学对传统社会科学研究方法的深刻批判，为广义论证的本土化方法论思想的创立和发展提供了肥沃的土壤。鞠实儿曾在多个公开场合表示，我们要抛弃对抽象理论模型和统一研究方法的追求，相反，我们要关注论证实践本身，努力开展"原型"研究，展现了广义论证理论与常人方法学的紧密联系。鉴于常人方法学的理论背景，广义论证理论要求尽力摒弃理论成见的影响，努力揭示论证实践的真实特点，始终坚持参与者的视角理解社会互动的意义，这为广义论证的本土化研究方法论奠定了方法论上的坚实基础。

广义论证理论和常人方法学在方法论上有着高度默契，尤其是常人方法学强调社会行动的语境依赖性与内在合理性，批判传统的客位视角的（etic perspective）外在式研究方法，倡导主位视角的（emic perspective）参与式研究方法，这些思想都这为广义论证理论及其本土化研究方法论的创立提供了丰富的思想土壤。一方面，常人方法学对本土化研究方法的合

---

① 常人方法学并不因此沦为了只关注社会微观现象的一种研究，由于索引性是无止境的，我们不仅可以研究微观社会活动本身的合理性，还可以根据索引性进一步研究特定社会系统的局部结构和运行机制，甚至最终能够挖掘出特定文化或社会的深层思维方式和"世界观立场"。

理性论证为广义论证的本土化研究方法论的创立提供了理论依据；另一方面，鞠实儿所带领的论证研究团队在不断积累经验，为逻辑或论证的本土化研究提供了经验证据。早在《论逻辑的文化相对性——从民族志和历史学的观点看》中，鞠实儿批判了基于主流的形式逻辑研究非主流社会文化论证实践的合理性。比如，以阿赞得人的巫师论证为例，鞠实儿说明了主流的形式逻辑并不能真实反映阿赞得人对其巫师论证的理解，形式逻辑所揭示的逻辑矛盾并不被阿赞得人所认可（鞠实儿，2010：35-47）。在广义论证理论的探索和创立过程中，逻辑和论证的本土化经验研究与常人方法学的理论探索不断交叉和相互影响，最终孕育产生了广义论证的本土化研究方法论。广义论证的本土化研究方法论可以被认为是 20 世纪下半叶以来对传统社会科学方法论的反思的结果，是以常人方法学为代表的本土化研究方法思潮在论证研究中的具体体现。

第二节　广义论证的内涵

论证起源于人与人之间的意见分歧，是管理意见分歧的一种有效手段，是协调社会成员的立场和观点的最常见途径，普遍存在于所有已知人类社会和群体中，是保障这些社会和群体运行的主要手段。广义论证理论提出：论证是隶属于一个或多个社会文化群体的成员，即论证者，在相应社会文化背景下依据所属社会文化群体的规范生成的一个社会互动序列；其目的是劝使论证者对有争议的观点或论点采取某种态度，消除分歧和达成一致意见（鞠实儿，2019：94）。在实际论证过程中，论证者基于一定的目的与他人互动。论证者在给定语境下实施某个行动，构建了新的论证语境，对方在新语境中实施言语行为，循环往复，最终生成语篇行动序列。

鞠实儿带领广义论证研究团队开展了大量的理论和实践研究，广义论证理论的主要思想内涵可见于鞠实儿的四篇具有重要学术意义的文章，分别是 2006 年发表的《逻辑学的问题与未来》、2010 年发表的《论逻辑的文化相对性——从民族志和历史学的观点看》、2014 年发表的《基于广义论证的中国古代逻辑研究——以春秋赋诗论证为例》和 2020 年发表的《广义论证的理论与方法》。其中，2020 年发表的《广义论证的理论与方法》是广义论证理论最新、最系统的论述，是广义论证理论思想内涵最重要的来源。

一、论证的说理功能

传统论证理论主要从前提—结论的角度思考论证的功能，比如形式逻辑进路的论证研究主要考虑从前提到结论的形式有效性。但是，广义论证理论敏锐地发现了这种功能分析的局限性。与图尔敏的思考相似，广义论证理论提出要论证行动在目标实现过程中所发挥的功能，以及各个行动彼此之间的复杂功能关系。在《论逻辑的文化相对性——从民族志和历史学的观点看》一文中，鞠实儿就明确反对将形式逻辑的形式有效性追求作为分析和评价论证的唯一基础，提出了以说理功能为核心的论证分析和评价的基础。"说理"是广义论证理论的一个重要概念。何谓说理呢？根据《现代汉语大词典》的解释，说理的意思是"说明道理；讲理，不蛮横"（阮智富、郭忠新，2009：546）。那么，说理功能就是通过说明道理、不蛮横地讲理的方式来实现某种功能。

根据相关论述，广义论证的说理功能可以从三个层面理解。

说理功能的第一个层面可以从认知角度理解，主要是指论证对论证者的认知态度的改变，与新修辞学所论述的说服功能较为类似。广义论证理论在很早就引入了修辞学的"生效"（effectivity）概念来替代形式逻辑的"有效"（validity）概念（鞠实儿，2010：39）。鞠实儿强调：广义论证理论不仅关心说者说什么，还要关心说者所说是否合乎社会文化规范，是否具有说服力；不仅关心听者是否理解他人所说，还要关心听者是否被说服（鞠实儿，2020：22）。广义论证理论重点强调了对参与者的认知状态的改变，通过论证改变论证者的认知状态来实现说服。广义论证理论对论证者的认知状态的关注，与广义论证理论一直强调的逻辑与认知相结合的思想是紧密联系的。

说理功能的第二个层面可以从行为表现的角度理解，主要是论证对论证者的行为表现的影响。鞠实儿指出，"说理"这种人类最普遍的社会交往活动便可表述为：从属于一个或多个文化群体的若干主体在某个语境下以某种方式通过语言进行交流，其目的是促使活动参与者采取某种立场（鞠实儿，2010：36）。广义论证按规则以博弈的方式展开，促使博弈者形成某种命题态度，以便实现某一目标（鞠实儿，2010：37）。广义论证是指在给定的文化中，主体依据语境采用规则进行的语言博弈，旨在从前提出发促使参与主体拒绝或接受某个结论（鞠实儿，2020：2）。第二类功能与第一类功能有所不同的是，这一类功能重在行为表现而不是认知，关注的重点是论证者最终的行动表现（采取某种立场），而这种立场对社会互动的结果必将产生实际的影响。

说理功能的第三个层面与论辩学所论述的互动功能较为类似，即通过论证来协调社会分歧或纠纷，最终达成较为理性的一致。比如，鞠实儿认为："它（广义论证）的实质是社会群体成员试图借助语篇展开博弈进行说理，即实现如下目标：在一定语境下，协调彼此的立场，对某一有争议的论点采取某种一致态度或有约束力的结论。"（鞠实儿，2020：7）无论是形式论辩学还是语用论辩学，消除意见分歧的理性一致一直以来都是它们所倡导的最重要的论证功能。广义论证理论虽然也重视意见分歧的理性解决，但对理性一致的看法与传统论辩学大为不同。传统论辩学对理性一致的理解是基于其提出的理性规则，而广义论证理论则是将论证所在的社会文化语境的规范作为评判理性一致的依据，这一点将在下一小节进行详细论述。

"说理"是广义论证的第一个重要内涵，是将广义论证与其他类型的社会互动区别开来的一个重要特征，也是广义论证研究的出发点。广义论证理论并不排斥传统论证理论；相反，广义论证理论将传统论证理论所关注和分析的论证功能都纳入了广义论证的说理功能范围，承认它们各自的局部合理性，突破了传统论证理论彼此之间的隔阂。正如鞠实儿曾在多个场合所表示的：广义论证理论本身并不致力于提出某种具体的论证模型。广义论证理论并不希望提出一种迥异于传统论证模型的新模型，而是对各种论证实践进行描述性研究，揭示各种类型的论证实践的实际功能，而不同的传统论证理论在某些特定论证领域也一定存在各自的适用性和合理性。

二、论证的社会文化规范

论证的规则或规范是论证研究的重要对象，是评价论证合理性的重要依据。鞠实儿指出：广义论证理论不仅关心说者说什么，还要关心说者所说是否合乎社会文化规范，以及听者在理解时所使用的规则是否合理（鞠实儿，2020：22）。论证者从属于某一文化，自然享有该社会文化群体所认同的信念和价值观，其行为也会受到相应的社会文化规范的约束。正是具有约束力的社会文化规范控制论证者的言行，其言行才能满足社会文化群体对合理性的期望，论证才有可能终止于某个具有主体间性、被相关社会文化群体所接受的结果。

遵守共同的规则实现说服或达成意见理性一致是论证的一个重要特征，否则，论证将无法与其他依赖武力、欺骗或其他手段达成（表面的）意见一致的社会互动区别开来。论证的规则或规范一直是论证研究的重点，比如，语用论辩理论提出了著名的"论证十戒"的规则体系。与传统的规范性研究的看法不同，分析和评价论证的合理性的规范性依据不是抽象的普适规范，而是为特定群体所共同接受的社会文化规范。"论证规则的本性是制约语篇互动的社会文化规范（包括语言习俗），其功能是规范论证者在不同的情景下的言行"（鞠实儿，2020：20）。与传统的论证理论的论证规则体系相比，广义论证理论的论证规则有两个方面的突出特点：一是广义论证的论证规则具有社会文化语境依赖性；二是广义论证的论证规则具有动态性。

第一，广义论证的论证规则具有社会文化语境依赖性。广义论证理论首先从博弈论的角度对广义论证的规则的社会文化语境依赖性进行了辩护。鞠实儿指出："如果博弈者使用的规则不被他们所属的文化群体认可，博弈的结果将不会被相应的群体所接受，所以也就没有规范性。"（鞠实儿，2010：38）作为一种具有博弈性质的社会互动，论证规则必然是论证群体所内在接受的规范性要求，同时，这些为社会文化群体共同接受的论证规则是实现论证功能的必要前提。鞠实儿指出："控制说理活动的规则是被参与者所属文化群体接受的社会生活准则的一部分；它确保说理活动有序进行，以及说理活动的结果为上述群体所接受；同时，只有满足这些规则的活动才被称为'说理'。"（鞠实儿，2010：36）社会文化规范的群体认同是其能作为论证规则约束论证者的基础，也是论证规则具有社会文化语境依赖性的原因。

论证规范具有社会文化相对性，论证只具有局部合理性。鞠实儿提出："广义论证概念涵盖了包括主流文化在内的各种不同文化的说理方式，而所有这些广义论证方式相对于论证者各自所属社会文化群体均具有局部合理性。"（鞠实儿，2020：2）在广义论证理论看来，传统的规范性论证理论往往所忽视的一个问题是，这些规范性的论证理论可能具有某种社会文化语境中的论证模型的原型，其论证规则在该特定的社会文化语境中具有合理性，但他们往往忽视社会文化语境的敏感性，把这些论证模型及其规则应用于一切论证。广义论证理论并非要驳斥传统论证理论所发现和总结的各种论证规则的可靠性，而是要重新恢复各种论证理论及其规则体系的合理使用范围。在这种理论视域下，任何的抽象论证理论模型及其规则体系其实都是源于某种特定社会文化语境的地方化论证。

我们可以从常人方法学的角度对论证规则的社会文化语境依赖性进行说明。根据常人方法学的分析，规则是一种索引表达式，行动者对规则的意义理解和使用都需要结合社会文化背景和语境，脱离社会文化背景和语境，规则的意义将变得不可理解。所谓索引性，是指这样一种现象："有这样一种表达式，听话人不能够确定其意义，除非听话人能必要地知道或假定这个表达式的使用者的词汇表或目的、话语的情景、之前的会话过程，或存在于表达者与接收者之间的实际或潜在的特殊关系。"（Garfinkel，1967：40）我们可以通过人们对"红灯停"的交通规则的理解来说明规则的索引性特征。对于最为常见的规则"红灯停"，人们必须要结合相应的场景——亮起的红色信号灯、等待通行的人群和机动车、马路或斑马线等因素——来理解这条规则。脱离上述资源，人们将无法理解"红灯停"这条规则究竟意味着什么。并且，对于亮起的红色信号灯、等待通行的人群和机动车、马路和斑马线等的意义理解，需要索引更多的资源，这样的索引是永无止境的。对于论证这种社会互动活动来说，社会文化语境是论证规则的意义来源，是理解论证规则的不可缺少的信息基础，论证者也必然是基于其所在的社会文化语境来理解论证规则的，论证规则必然具有社会文化语境的依赖性。

第二，广义论证的论证规则具有动态性。鞠实儿指出：论证规则的本性是制约语篇互动的社会文化规范（包括语言习俗），其功能是规范论证者在不同的情景下的言行。社会文化的变动引起规范及其习俗的变动，论证的规则也将随之而变动（鞠实儿，2020：20）。论证规则的动态性可以通过常人方法学对反身性的研究来说明。反身性这种特征可以大致被刻画为：这里有一种描述，这种描述可能是它所要描述的环境的一个组成部分，以一种无止境却不可避免的方式，这种描述说明了那些环境，也被那些环境所说明（Garfinkel and Sacks，1970：338）。根据常人方法学的理解，规则与行动之间必然存在着反身性关系：规则既是一种社会行动的积累，也是社会行动的前提和资源；社会行动依规则而行，但也不断构建规则。描述就是构建，人们的理解和实践推理构建了行动的框架，同时人们理解了它。在社会活动中，人们的意义理解和行动与场景之间存在反身性关系，人们的理解和行动依赖于场景，同时构建了场景，社会场景在被理解的过程中被构建。我们可以继续通过人们对"红灯停"的交通规则的理解来说明规则与行动的反身性关系。人们对"红灯停"这条规则的理解构建了人们的行动框架，而人们随后的各种行动——行人在红灯亮起时停止过马路、消防车和救护车在执行任务时闯红灯、出租车司机为了救人而闯红灯等社会活动——反过来也成为人们理解"红灯停"这条交通规则的意义的场景，"红灯停"这条交通规则获得更多的意义。规则和行动相互影响，并且，这种相互影响并不会在某处停止，而是会随着社会活动的进行永远持续下去。因此，作为一种社会互动，论证规则其实是一种被论证者不断构建的行动规范，必然随着论证的发展而不断变化发展。

如果论证规则具有社会文化相对性，并且还会随着时间的变化而变化，是否就会落入相对主义呢？意味着"怎么样都行"？这难道不是反对了论证的规范性吗？鞠实儿在谈到逻辑的文化相对性时曾表示："本文提出的（文化）相对性概念与强（文化）相对主义的最大区别是：它并没有将这种相对性绝对化，而是认为逻辑的文化相对性命题本身也是相对于孕育它的母体——现代文化。"（鞠实儿，2010：47）广义论证理论所提倡的论证的社会文化相对性的实质是一种多元主义的弱相对主义，而不是要摧毁一切规范性的强相对主义。虽然社会文化规范是与论证行动不断互动的，呈现动态变化，但在相对确定的时间，社会文化规范也是确定的。社会文化规范不具有超越社会文化语境的永恒的合法性，但在特定社会文化语境中、在确定的时间范围内仍然能够被论证者共同认可，能有效约束论证者的行动。

三、论证的多层次复合结构

传统的论证理论在分析论证结构的过程中，往往采用简化论证实践的过程和结构的分析方法，打破论证实际的生成过程，对论证的结果进行重新编排，最终得到一个符合其理论模型的论证结构。广义论证理论基于彻底的描述性立场，致力于真实展现论证实践的结构。广义论证理论考察了论证语篇的自然生成过程，广义论证具有多层次的复合结构，分析参与者通过语篇行动序列实现论证目标的过程。广义论证理论首先考察了论证语篇的一阶链式结构。自然发生的行动序列往往是按如下过程生成的：首先，论证者把握论证初始语境；其次，为实现论证的说理目标，决定将要实施的语篇行为应该具有的功能；最后，依据语境和语篇偏好选择具有上述功能的语篇行动。同时，论证者并不只是单纯地考虑当下的情景和行动，而是依据论证总目标，在权衡当下的行动与前后行动之间的关系后做出决策。论证者会有计划地组织一系列语篇行动，共同实现某个阶段性目标。这些为实现阶段性目标而联系在一起的语篇行动序列被称为"语篇块"。在特定的社会文化语境下，论证者会采取不同的策略组织和分割语篇行动序列。根据论证目标的需要，论证者实施不同层次的 $N(N \geqslant 2)$ 阶的语篇块（鞠实儿，2020：12-15）。

根据广义论证理论的上述分析，一个论证语篇由不同层次的语篇块复合构成，每个语篇块都具有特定的论证功能和论证结构。在不同层次的语篇块、同一层次的语篇块中，论证者为了促进或阻碍特定的目标的实现，会不断构建有利于自己的语境，依据社会文化语境中的规则以及目标受众的特点，制定和实施相应的论证策略。论证语篇可以由许多不同的语篇块组成，它们可能包含了截然不同的目标、语境、受众、规则。广义论证研究通过描述性的研究方法竭力呈现其复杂的复合结构，要求对每个层次的每个语篇块都进行逐一分析，从而更加准确地理解和把握每个论证行动的意义和功能，为提升论证实践水平给出更合理的本土化建议。

四、论证类型的社会文化相对性

广义论证理论认为：不存在为不同文化所共享的抽象论证及其分层结构，更不存在描述这类抽象结构的表达方式。或许人们可以貌似客观地、文化中性地讨论这种抽象结构。但是，这种讨论连同其对象只能是讨论者所属社会文化群体中的事件，并不具有超越特殊文化的一般性（鞠实儿，

2020：21）。正如科学哲学家托马斯·库恩（Thomas Kuhn）在其名著《科学革命的结构》（*The Structure of Science Revolutions*）中揭示的，不同时期的科学家身处在不同的理论范式中，而不同范式之间存在不可通约性（库恩，2003：4）。不同社会文化中的论证存在"不可通约性"，不存在超越不同社会文化的论证类型。该结论可以进一步说明论证研究在研究方法上不可能客观中立，因为任何论证理论和研究方法都局限于某种社会文化范式，对他文化的研究也就必然戴着有色眼镜。对于这些彼此存在不可通约性的论证实践来说，广义论证理论坚持了彻底的文化平等立场。鞠实儿强调：没有一种文明（含逻辑）在合理性方面是超越的，它们均不能被简单地拒绝和接受，这就是所谓的文明平等原则（鞠实儿，2006：21）。广义论证理论不仅坚持不同社会文化的论证类型或模式的不同，更坚持这些不同论证模式和结构具有道义上的平等地位。

根据广义论证理论的多元主义立场，任何一种理论和方法都不可能具有超越社会文化不可通约的一般性，因此，不能简单粗暴地将一种社会文化群体所认同的理论和方法用于重构、分析和评价其他文化的论证实践。对于广义论证理论来说，采用一种社会文化群体所广泛认同的理论和方法来分析和评价他文化的论证，这种研究方法不能真实反映他文化的论证实践，而只能反映被外来理论和方法所切割、重塑的论证实践。广义论证理论要求采取一种彻底的本土化的立场研究论证实践。鞠实儿强调：本文无意将广义论证概念及其分层结构抽象化，然后引入某个理论，构建出一套论证必须遵循的合理规范。而是通过广义论证探究程序，从社会文化群体的论证活动中找回那些本来就属于该群体的那种论证方式及其分层结构（鞠实儿，2020：21）。所以，广义论证理论的核心其实并不是构建某种理想的或具有普遍合理性的论证模型，而是致力于倡导一种本土化的研究方法，这与传统的论证理论形成了鲜明的对比。

总的来说，广义论证理论并不是要全盘否认或推翻传统的逻辑体系或论证理论的合法性，重新创立一个全新的逻辑体系和论证模型，其核心要义在于，抽象的逻辑体系和论证理论不足以刻画现实世界的复杂性，"自上而下"的规范性研究必然遭遇越来越多经验研究的挑战。因此，对论证实践的研究需要转变研究范式，广义论证的本土化研究方法论就是这种新的研究范式。

第三节　广义论证的本土化研究方法论

一、"五步法"的分析程序

广义论证的本土化研究方法论是广义论证理论最为核心的组成部分。广义论证理论认为，论证是某一社会文化群体的成员在语境下依据合乎其所属社会文化群体规范的规则生成的语篇行动序列，其目标是形成具有约束力的一致结论（鞠实儿，2020：8）。研究表明，论证具有主体性、规则性、目标性、社会文化性和语境依赖性（鞠实儿，2010：35-47）。在现实的社会互动中，论证行动需要遵循特定社会文化语境下的社会文化规范，这是实现论证目标的前提。那么，我们该如何分析人们在实际论证活动中所依赖的社会文化规范？基于对传统论证理论的批判反思，结合数年来的经验研究成果，鞠实儿提出了广义论证的本土化研究方法。

论证者作为某一社会文化的成员，不仅需要内在认同该文化的信念系统和价值观，同时在客观上还应被相应的社会文化规范所约束，而正是同一社会文化成员的论证者们都在互动过程中遵守相同的社会文化规范，才有可能通过论证消除分歧，达成协调一致。论证是一种按规则给出语篇来实现说理功能的方法，遵守论证规则是实现论证功能的前提。这里所说的论证规则，是指论证者所在的社会文化群体共同遵守的社会文化规范、规则或习俗。广义论证理论认为，论证规则具有文化和语境依赖性，论证活动的表面共同之处并不能先验地确立某种共同的论证规则。论证规则在不同的社会文化语境中具有不同性质和功能，不结合具体的社会文化语境，它们就得不到恰当的理解（鞠实儿，2010：42）。因此，研究者不能简单粗暴地套用外部的理论和方法来重构、分析和评价论证实践，只有置身于相应的社会文化语境，从社会群体成员的视角来理解论证实践，才能准确理解论证的行动的意义和功能，论证行动的合理性才能被恰当地分析和评价。广义论证理论提出：论证活动与特定社会文化语境交织在一起，论证研究应采取一种描述性的本土化研究，尽量减少既有理论框架的影响，从特定社会文化语境出发，立足于文献和材料，尽可能地揭示论证活动的自身特点（鞠实儿、何杨，2014：105）。在广义论证的视域下，论证研究要关注论证活动的文化和语境依赖性，要采取一种描述性的本土化研究方法，提取论证实践背后的本土化规则，根据其所在社会文化语境的规则来评价论证行动的合理性。与主流论证理论相比，广义论证理论适合于发现并描述不同社会文化群体的论证方式①。

　　根据常人方法学对社会互动的可说明性特征的分析，论证行动及其背后的规则只有能以他人能够理解的方式呈现才能成功实现社会互动，这种经验成就是可以被研究者所观察、理解和归纳分析的。论证研究需要与科学研究一样具有严格的研究程序，使其经验研究结论能够如实反映人们在论证实践中所使用的论证方法。第一，论证规则是社会成员所不断习得的一种社会文化规范和习俗，因此，这种研究程序要根据特定的社会文化语境来理解论证实践活动，并基于特定的社会文化语境来提取规则。第二，广义论证的研究目标是本土性的规则，其研究对象必须要真实准确，因此，这种研究程序要使用真实发生的论证实践的数据，这种研究程序的数据搜集方法要能够保存真实的论证实践过程，并为他人的重复的验证研究提供可能。

----

　　① 广义论证理论认为开展论证分析之前必须要确认论证发生的社会文化语境，进而再选择与之相适应的理论和研究方法，这并不排斥主流论证理论及其研究方法。在广义论证理论的视域下，主流论证理论也是存在社会文化语境限制的，主流论证理论只适用于主流文化主流阶层在典型场合的论证活动，它们是广义论证所关注的众多论证活动中的一部分。

参照经验科学的研究程序，鞠实儿提出了广义论证的本土化研究方法论，从经验事实中发现和验证论证规则，具体包含搜集论证相关社会文化背景信息、田野调查、分析论证数据、候选规则辩护或解释、验证规则五个研究步骤①。

> ①搜集论证相关社会文化背景信息：包括语言、信仰、价值、宗教信念、社会制度、文化习俗等；②田野调查：采集关于论证的经验数据，如音像资料；③分析论证数据：用会话分析和语用学方法分析数据，在此基础上得出候选的逻辑规则；④候选规则辩护或解释：对候选答案进行合理性说明，筛选出在该文化中拟似合理的逻辑规则；⑤验证规则：重回田野，对候选规则进行检验（鞠实儿，2020：18-20）。

通过上述研究方式，某一社会文化群体的论证活动就能在该社会文化中尽可能被如实地描述和评价（鞠实儿，2020：18）。该方法在经验研究中得到了广泛应用，研究者根据广义论证研究"五步法"开展了大量的研究，充分结合特定的社会文化语境从数据中提取和评价论证的结构、规则

---

① 广义论证的"五步法"研究看起来非常类似于经验科学的经验归纳程序。事实上，在早期的研究中，广义论证理论也曾表达过类似的想法，但随着研究的发展，鞠实儿发现，广义论证的研究与经验科学的研究在研究目标、研究预设、研究方法三个层面有别于科学研究方法。经验科学在形式逻辑学、数学、理论科学及一系列方法论预设下，运用归纳统计发现和确认关于经验界某一领域的普遍规律。简言之，经验科学是对经验领域的科学理性重建。但是，广义论证理论的本土化研究一开始就拒绝用理性重建的方法研究论证，其研究目标也不是用这种方式发现抽象的普遍规则，而是始终关注论证，尤其是论证规则与社会文化背景依赖性和语境敏感性，揭示论证的特殊性。因此，鞠实儿提出，不同于描述性的普遍陈述，这类规范性规则能够通过寻求论证语篇行动的解释和理由获得，不必借助归纳。这种研究方法被鞠实儿称为"原型"研究，即每一个研究案例都是一个原型，彼此之间可能具有相似性但又不会完全一致，它们之间的关系就像维特根斯坦所说的家族相似性。虽然在已发表的文献中并没有太多关于这方面的深入讨论，但鞠实儿在数个公开场合和内部讨论会议中都表达了这种思想。

和策略，取得了一系列的研究成果。但是，对于"五步法"最为核心的一个步骤，即采用什么方法从论证数据中提取规则，这个问题还处于探索阶段。随着广义论证理论的进一步推广，这个尚未被完全解决的问题亟须得到系统的深入研究。本研究尝试提出一种能够处理和分析广义论证数据的方法，解决广义论证研究目前面临的问题，更好地帮助我们开展论证实践活动的本土化研究。

二、"升阶分析"的数据分析方法

在广义论证的本土化研究方法中，论证数据分析是关键步骤，广义论证理论提出了升阶分析的数据分析总体思路。广义论证理论认为，论证分析可以采取"升阶分析"的方法，从单个语篇行动的意义和功能出发，逐步分析整个论证语篇的结构、功能和规则。一阶分析主要分析论证语篇的一阶链式结构，描述和解释单个语篇行动的决策过程，把握论证者更新和解释语境、理解对方语篇行动、确定己方语篇行动功能和选择实现功能的语篇等过程。二阶分析主要考察二阶语篇块的阶段性目标，分析其内部成分之间的结构和功能关系、论证者所采取的论证行动及所依赖的规则。这种升阶分析可以继续下去，直到完成对整个论证语篇的整体分析（鞠实儿，2020：19）。

然而，每个语篇块的广义论证数据，该如何被处理和分析？比如，如何识别和划分不同语篇块？语篇块内部以及不同语篇块之间的论证结构该如何被分析？广义论证的相关研究对此还没有系统的研究，这无疑是一个缺憾。本研究希望借鉴和采用一些较为成熟的本土化的话语数据分析手段，进一步完善广义论证的数据分析方法。根据论证的形式，论证大体可以分为会话型论证和独白型论证，本研究首先关注了会话型论证的数据分析方法和程序。

经过广泛的考察，本研究关注并考察了会话分析的理论和研究方法，分析了将会话分析应用于广义论证的数据分析的可能性。通过会话分析的研究，那些看似杂乱无章的日常会话活动的数据呈现出结构性特征，研究者能够通过这些结构性特征来研究人们在日常会话活动中所使用的互动方法，分析论证的结构、功能与策略，提取论证规则。这些能被用于广义论证数据分析的会话组织特征主要包括相邻对的优先性组织和会话序列的层次性结构特征。

会话分析可以被应用于广义论证数据分析的第一个重要特征是相邻对的优先性组织。会话分析的研究发现，相邻对的前后两个话轮一般都具有条件相关性，第一个话轮限定了第二个话轮的可能回应范围，而在这个范围内，一些回应是优先的，而另一些回应是非优先的，它们通常会表现出一般化的结构性特征。优先性的回应一般是直接的、简洁的、非扩展性的，非优先的回应一般是拖延的、解释性的、扩展性的。相邻对的这种"优先/非优先"的组织特征反映了意见分歧的相关性，优先的回应往往表明论证者没有意见分歧或意见分歧得到了解决，非优先的回应往往表明存在意见分歧且意见分歧没有得到解决。论证研究者可以根据意见分歧的相关性分析论证行动在论证过程中发挥的作用和功能。

会话分析可以被应用于广义论证数据分析的第二个重要特征是序列组织的扩展结构的层次性特征。会话分析的研究发现，相邻对并非总是由两个紧密相邻的——对应的话轮构成，会话者往往会在相邻对之前、之中和之后给出一些话语和行为，最终形成一个有层次的序列组织。序列组织的层次性结构特征反映了人们管理意见分歧的方法，有助于分析人们开展论证活动的策略与功能。会话序列各成分的论证功能大体上可以被分析为：论证者在主相邻对中分别给出自己的主要目标、立场或观点；说话人在给出自己的意见、观点或立场之前，会先在前扩展中给出一些话语进行铺垫和试探，尽可能地得到优先的回应；听话人在给出（往往是非优先的）回应前，会在插入扩展中给出一些话语或行为，要求对方进行澄清或说明，或预先为自己的即将给出的立场和观点进行辩护和说明；如果听话人没有给出优先的回应，说话人还往往会在对方回应后给出非最小化的后扩展，试图改变对方的意见、观点或立场。这些结构特征反映了人们管理意见分歧的方法策略，即论证方法。

接下来，本研究将对会话分析进行一个简要介绍，考察其研究方法，重点解析会话的序列组织的行为和结构特征，再进一步探讨会话分析在广义论证数据处理与分析中的应用方法。

第三章

会话分析

会话分析是一种起源于社会学但在社会学、语言学、交流理论等许多研究领域都有着重要影响的理论和研究方法。顾名思义，会话分析是对会话活动展开的一种分析。与当时将日常社会生活中的具体现象看作随机和无序的主流社会学观点不同，20世纪60至70年代，萨克斯等人对电话录音的分析研究发现，会话是一种非常有序的、结构化的现象，可以通过分析话轮①在会话序列中的位置来理解其意义（Sacks et al.，1974：696-735）。他们于1974年合作的经典论文（*A Simplest Systematics for the Organization of Tur-taking for Conversation*）标志着会话分析的创立。

　　在一般的意义上，会话分析关心社会成员的富有成效的、可分析的社会行为和活动中的有条理的（methodical）建构，将序列组织（可能是大多数会话分析研究的识别标记）、特定会话形式的"优先性"、修正等看作一种组织现象而不是心理现象（Maynard and Clayman，1991：397）。会话分析既是一门学科，也是一种社会学研究方法。作为学科，其具有完备的知识体系、专用术语，以及具体的研究目标；而作为研究方法，它有自己独特的语料采集及转写方法、以主位视角/交际参与者视角为特征的语料分析方法等（吴亚欣、于国栋，2022：102）。会话分析在社会学、语言学、传播学、心理学等领域都有广泛的应用。乔治·里特尔（George Ritzer）认为会话分析有五个基本原则：①会话分析收集和分析会话的非常细节化的数据；②会话中最精细的细节也必须被认为是有序成就（orderly accomplishment）；③会话的稳定、有序特征是行动者参与并被他们所成就的；④会话的基本框架是序列组织；⑤会话分析只研究自然场景中发生的会话（Ritzer，2011：696-735）。经过数十年的研究，会话分析的研究不

---

　　① 话轮（turn）是会话分析的一个基础概念，是指某一个说话人在一个有两（多）人参与的会话过程中单独讲话的时间段。也就是说，话轮的识别和计算，是以某一个会话者在会话过程中得到说话权开始，到这个会话者主动或被动放弃说话权为止，这其中的话语被称为一个话轮。话轮的识别标准有两个：一是说话人的话语是否连续，尤其是，在一个语法意义已经完成的话语的末尾是否出现间歇；二是说话人和听话人之间发生角色互换。我们还要注意的是，并非只有话语才能充当一个话轮，一些非言语表达式和行为也可以充当一个话轮。

仅进一步完善了研究日常会话活动的方法，还得到了一系列关于日常会话活动的理论发现，其中，最为重要的就是关于会话的优先性组织和序列组织的层次性结构的发现。

基于会话分析在广义论证研究中的应用可能性分析的目标，本研究从会话分析的内涵、会话分析的研究方法、会话分析的核心议题三个部分考察会话分析。

第一节　会话分析的内涵

一、会话分析是一种社会学理论和方法

国内不少研究者将会话分析划分为语言学的二级学科或关联学科。会话分析看似主要关注会话过程中的言语行为特征，但实际上，会话分析关注的根本问题是社会秩序问题①。会话分析在其创始之初，所关注的并非语言，而是人们在社会生活中所构建的秩序。萨克斯提出，人们组织社会活动的方法就是对社会秩序的展示过程（Sacks H.，1984：24-25）。会话分析通过揭示会话中的语言和非语言资源所呈现的会话结构和社会组织特征，说明交际者如何依赖这些资源执行和协同完成各种行为（Drew，2001：110-116）。尽管会话分析以自然会话作为观察对象，但会话分析研究的既不是语言本体，也不是语言使用策略，而是通过会话展现出来的社会秩序

---

① 值得注意的是，萨克斯等早期研究者并没有认为会话活动是一种有别于其他社会活动的活动。他们关注的是，作为一种社会实践活动的会话活动，人们在其中的意义建构、推理和互动所采取的方法。因此，他们并不强调并将分析的对象局限于会话这种社会实践活动。萨克斯对会话材料的使用并不是出于对谈话本身的任何特殊兴趣，而是因为他当时恰好拥有大量的电话谈话的录音，这些录音能够不断被重放，并通过详细的转录来被研究，揭示人们成就谈话的序列和推理秩序。

（吴亚欣、于国栋，2022：102-105）。

会话分析被认为是一种社会学理论和研究方法的另一个非常重要的依据是它与常人方法学存在重要交集。主要体现在三个方面：①会话分析和常人方法学的研究范围都包括研究"常识的不可见性"；②会话分析的话语序列组织与常人方法学方法论研究的索引性表达在一定程度上是具有相同性质的；③会话分析的过程很好地解释了常人方法学方法论所关注的日常行为的"具身性生产"（embodied production）这一问题，即日常行为是由行为双方在行动过程中逐步构建的，这一构建过程基于双方在行动过程中的即时理解和认知（Goodwin and Heritage，1990：287）。

会话作为人类最重要的社会活动形式之一，是人类社会化的最重要媒介，社会成员通过会话来实现意义共享并实施相应行为，从而实现有效交流和互动（Goodwin and Heritage，1990：289）。没有话语就没有社会事实，不理解话语就不能理解我们的事实、我们的经历和我们自己（Phillips and Hardy，2002：2）。人们的日常会话活动是常人方法学的重要研究领域。会话分析在加芬克尔的早期研究中就已经得到了初步发展，加芬克尔在他的研究中率先采用了录音、录像等方式对社会事件进行还原和研究，为会话分析的发展奠定了理论基础，并做了初步的实践尝试（Garfinkel and Wieder，1992：175-206）。

萨克斯在1959年剑桥的帕森斯暑期学习班上遇到了加芬克尔，加芬克尔的常人方法学对萨克斯创立会话分析产生了重要影响。萨克斯后来在伯克利学习社会学，大湾区的学习氛围和圈子极大地推动会话分析的创立（Maynard，2013：13-15）。萨克斯对加州自杀预防中心电话录音的研究基本奠定了会话分析的研究方法。比如下面这段对话（语料3.1.1）。

语料3.1.1（Sacks，1992：3）

A：This is Mr. Smith, may I help you.

→B：I can't hear you.

A：This is Mr. Smith.

B：Smith.

萨克斯通过对诸多诸如这样的电话录音的研究发现，研究者需要将行动者的行为放到会话序列中去理解，这样才能准确地理解行为的意义与功能，发现人们在会话活动中的实际推理和行动方式。比如，在上面这段语料中，电话会话的礼仪一般是会话者在开头自报姓名，但求救者通过表示听不清的方式来避免给出自己的名字，这样一种违反社会礼仪的行为必然具有特定的社会学意义。

　　　　从呼叫者的"我听不清你说什么"这段话语开始进行研究。萨克斯并没有把这看成是一个交流问题，而是对这个话语进行研究，揭示它可能要做的事情。特别是，他怀疑呼叫者使用这个话语是为了避免说出自己的名字，但同时却又不明确地予以拒绝。通过这个问题，萨克斯提出了将话语作为研究对象的可能性，说话者在与他人互动的过程中如何通过话语来行事（Wooffitt，2005：6）。

　　受常人方法学的启发和影响，结合萨克斯早期对电话谈话所做的研究，萨克斯、谢格洛夫和杰弗逊等人摒弃传统社会学的研究方法，率先通过对日常会话录音的细节特征进行反复分析来发现日常会话活动的意义、方法和结构，提出了会话分析的理论和研究方法。萨克斯指出，通过研究真实录音会话的序列，我们可以获得那些真实发生的东西（Sacks，1984：13-15）。会话分析不是一种研究会话语言特征的语言学理论，而是一种研究人们在会话活动中的互动方法的社会学理论与方法。

二、研究基础是序列组织

　　会话分析的首要特征是，通过实际产生的话轮序列来分析会话活动的意义。根据常人方法学的看法，社会事实是人们富有技艺的有序互动成就。会话作为一种最为普遍的日常现象，表面上看起来无章，但其实是一种非常有序的、结构化组织的现象（deeply ordered, structurally organized phenomenon）。会话是有序列组织的，但这种组织并不是事先被制定好的，话轮的序列位置对于确立和理解该话轮构建单位执行的社会行为至关重要，我们可以通过分析话轮在序列中的位置来揭示其意义。

根据常人方法学对社会互动的可说明性特征的研究，一个人对他人谈话内容的理解是要向对方展现出来的，所以这种展现状态也是可以为专业分析者所利用的。会话者在当下话轮中所展现出来的对上一个话轮的理解，既是分析上一个话轮的资源，也是一个验证程序，验证对上一个话轮进行专业分析的可靠性。会话分析就是通过对会话活动的话轮序列组织的研究，来揭示社会秩序是如何通过一个又一个不断产生的话轮而构造出来的，并揭示出人们在这种建构活动中所使用的方法。卡莉·巴特勒（Carly W. Butler）等人指出："谈话组织的基本序列特征是会话分析研究的基石，它是社会行动的情景化组织。通过考察每个话语如何回应之前的话轮，以及对谈话的随后产生的话轮的影响，会话分析就可以证明社会秩序是如何在一个一个话轮转换的基础上完成的。谈话的每个话轮都被考察，从而了解在此话轮中所展示的对前一个话轮的理解，以及在那个特定的话语中所做的动作。"（Butler et al., 2009：6）根据话语产生的时间先后顺序，将录音材料转写为会话序列，这些会话序列反映了人们对行动的意义的理解，为研究者从会话序列中分析人们的互动方法提供了可能。

关注会话的话轮序列的组织特征，这将会话分析和其他的会话活动的研究区分开来。巴特勒等人强调："会话分析研究的核心是对谈话的话轮组织的研究。"（Butler et al., 2009：6）对于基于常人方法学立场的会话分析者来说，他们感兴趣的是，人们是如何来组织会话互动的，会话互动的秩序是什么生成的，会话分析基于秩序分析而不是心理分析来理解会话行为的意义。经过数十年的经验总结和发展，一般说来，日常会话活动都会遵循话轮转换规则（见附录 A），以一个话轮接一个话轮的形式进行，形成以相邻对为基本单位的序列组织。会话的序列组织是会话分析的主要发现，这些序列组织是人们的权宜活动的索引成就，是会话互动的内在组织结构的一种重要表现形式，也是会话分析的研究基础。

三、研究目标是互动方法

会话分析不仅发现会话活动是有组织结构的，而且希望揭示人们成就这些组织结构的方法是什么。用丽贝卡·克里夫特（Rebecca Clift）等人的话来说，通过研究话轮序列，可以发现社会主体的各种互动方式（Clift et al.，2009：43）。查尔斯·古德温（Charles Goodwin）和约翰·赫里蒂奇（John Heritage）认为，会话分析很好地解释了日常行为是如何由行动双方在行动过程中逐步构建的，这一构建过程基于双方在行动过程中的即时理解和认知（Goodwin and Heritage，1990：287）。会话分析不仅揭示了会话的有序特征，而且试图说明参与者是如何理解和使用这种有序特征来执行或统筹各种行为的。通过研究会话的序列组织，我们可以揭示会话者在会话活动中组织与实施行动的方法。

会话分析对会话序列组织的研究不仅能揭示人们开展会话活动的方法，还能揭示人们开展这些会话活动的规范性基础。威廉·霍斯利（William Housley）和理查德·菲茨杰尔德（Richard Fitzgerald）认为，在日常活动中，话语不仅从常识库中获取它们的意义，而且也从语境中的范畴获取意义，这些范畴通过相关性和局部情景条件映射到其他范畴，并与之绑定在一起形成固定的范畴对。在会话活动中，这些范畴对关系对应了会话的相邻对结构。因此，我们不仅能从会话的序列组织中发现人们如何理解和组织行动，而且还能从中发现人们这种理解和行动的规范性基础。谈话的序列特征可以被理解为成员的实践—道德推理成果。相邻对、优先性组织等提供了一个极佳的切入点，从而能让我们观察和发现成员谈话中的规范性、范畴和序列的相互交织的特点（Housley and Fitzgerald，2002：66-67）。结合特定的文化背景和语境，研究者不仅可以研究人们在日常社会活动中的思维和推理的方法，还可以进一步分析人们的行动方法所依赖的社会文化规范、规则或习俗。

四、坚持彻底的描述性立场

常人方法学彻底的描述性研究方法深深影响了会话分析。基于常人方法学的彻底的描述性研究立场，会话分析在对具体的会话活动开展研究之前，几乎不做什么理论预设，而强调对会话活动开展描述性的本土化研究。萨克斯等人强调，会话分析除了提出"一个时间段只能有一个人讲话"这条所有社会成员都默认坚持的结构性的可能性外，并不再提出新的规则，也不为话轮事先排好顺序（Sacks et al.，1974：729）。与常人方法学一样，会话分析都反对传统社会学研究的从理论到实践的研究方法，坚持对真实发生的材料进行彻底的描述性的经验研究，展现社会互动的真实秩序，以及人们的互动方法。会话分析以会话的序列组织为核心，采用自下而上的归纳法，旨在发现人类言语交际的规律和模式（吴亚欣、于国栋，2017：85-90）。萨克斯的如下论述充分彰显了会话分析的方法论立场。

> 会话分析是一种致力于发现自然会话规律和模式的研究，其研究方法完全不同于传统社会学，反对像传统社会学一样使用假设的特殊样本（hepotheticalized, proposedly typicalized versions of the world）进行理论研究，因为无论研究者的想象多么丰富，设想的情景是多么符合专家们的意见，但现实世界的情况是否如此，终究还是存疑的。传统社会学将现实发生的情景排除在外，而会话分析则是要将那些被抛弃的真实事件找回来并进行研究（Sacks，1984：21-27）。

会话分析坚持研究真实发生的事件，用一套严格甚至有些机械的方式将这些事件记录下来，并基于此进行研究。只有采用这样严格的经验性的研究方法，大大减少人为偏见的影响，才能揭示互动事件原本所具有的结构。这种方法的另外一个重要优点就是，会话材料可以被不同研究者共同研究，为其他研究者提供直接处理数据的途径，能将研究过程中的研究者的主观性人为因素的影响降到最小，从而大大增强了研究结果的客观性。赫里蒂奇和约翰·阿特金森（John Atkinson）对会话分析的这种数据处理转写方式给予了高度评价。

> 使用记录的数据能够克服直觉和回忆的局限性与错误；它向观察者呈现了大量的交流材料和环境，并提供了一些保证，使得分析结论不会成为直觉特性的人工产物、选择性关注、回忆或实验设计。录制记录的便利使我们能够对特定互动事件进行重复和详细的研究，因而大大提高了观测的范围和精度。这种材料的使用有如下优势：为听者至少是研究报告的读者提供了直接面对那些分析结论所依赖的数据的途径。因此，这可以使得这些结论能够接受公众监督，从而将个人偏见的影响最小化（Heritage and Atkinson，1984：4）。

反复观察和分析会话材料，可以归纳总结出会话过程所展现的社会文化规范。会话分析的转写方法保留了会话的真实进程和大量行为细节，这些细节成为理解和分析会话互动的重要资源。萨克斯指出，对社会微观现象的研究可以对理解人们行事的方式有巨大帮助（Sacks，1984：24）。比如，会话过程中的可观察、可感知的语言或非语言的细节——笑声、吸气/呼气、语速、停顿、音高等，它们都可能对会话的组织结构及社会行为的执行与理解产生影响。会话的各种细节特征是理解话语和行为的意义的重要依据，对分析人们在会话活动中的思维和推理方法有重要意义。

当代会话分析与常人方法学在研究方法上产生了一些分歧，一些常人方法学家对会话分析提出了较为严厉的批评。比如：梅尔文·波尔纳（Melvin Pollner）批评会话分析的方法有实证主义和形式主义的倾向（Pollner，1991：370-380）；保罗·阿特金森（Paul Atkinson）认为，将会话分析的话轮转换、序列组织看作可以脱离具体的实际会话活动的僵化的物，可以进行抽象形式分析，背离了加芬克尔、萨克斯等创始人研究"人们的方法"的初衷（Atkinson，1988：441-465）。但是，无论如何，会话分析无疑是当代常人方法学研究中最成功和最常见的研究形式。道德拉斯·梅纳德（Douglas Maynard）和斯蒂芬·克莱曼（Steven Clayman）认为，会话分析甚至可能已经成为常人方法学研究的最明显和最有影响力的形式（Maynard and Clayman，1991：396）。人们都称赞会话分析是常人方法学的"王冠上的明珠"（Livinston，1987：74）。虽然常人方法学与会话分析在近年来的一些发展上产生了分歧，但常人方法学是会话分析的理论来源和基础，只有从常人方法学的角度才能真正理解会话分析开创者们所奠定的这种研究理论。

第二节　会话分析的研究方法

会话分析一般被认为是微观社会学的一个分支，着眼于自然发生的社会活动的细节，对社会生活的真实面貌进行科学研究。会话分析本质上是一种社会学研究方法，只不过这种研究方法与其他宏观社会学研究方法不同，是从人们社会生活的细节中寻找社会成员建构社会机构的方法、步骤和过程（吴亚欣、于国栋，2022：104）。萨克斯认为，那些自然发生的实际社会活动的细节都是可以被描述的，对这些社会活动的描述应该与人们的理解和行动过程相一致。这些社会活动是系统性的、理性的，这使得对这些单个事件的描述是可归纳、可重复的（Sacks，1984：21）。会话分析几乎不做什么理论预设，坚持所有理解和分析的资源都内在于材料自身（Sacks et al.，1974：729）。受常人方法学的影响，会话分析坚持一切从真实语料出发，在分析中摒弃理论假设和动机，采取"描述—归纳"的研究程序：其一，对案例进行详尽的观察和分析，发现有意义的特征；其二，对相同（似）类型案例的分析结果进行归纳总结，总结出特定社会文化语境下的一般性特征。

一、采集真实语料

受常人方法学的影响，会话分析致力于研究自然发生的真实事件。萨克斯认为，会话分析致力于自然会话规律和模式的研究，描述人们在日常社会活动中所使用的方法，反对使用假设的特殊样本进行研究，因为无论研究者的想象力多么丰富，设想的情景多么符合专家们的意见，但现实世界的情况是否如此，终究还是存疑的。传统社会学将真实发生的情景排除在外，而会话分析则是要将那些被抛弃的真实事件找回来并进行研究。萨克斯明确指出，研究者不能发明新的谈话序列并对此进行研究，对于谈话序列，我们并无强烈的直觉（Sacks，1995a：6-7）。林奇认为，"自然的"这个概念从萨克斯开始就已经深深植根于会话分析，后世的会话分析研究都是以真实事件的录音材料为基础的（Lynch，2002a：534-535）。

为了满足上述研究目标，会话分析的材料搜集方式也与其他学科有着明显区别，比如研究者都强烈反对通过访谈、角色扮演、内省、田野记录（field notes）、实验等方式来搜集研究资料。会话分析对研究材料的来源和类型都做出了严格的要求，这些要求大致可以概括为如下四点。其一，会话分析反对使用内省和假想得来的材料；其二，会话分析认为，不能通过回忆来搜集和记录材料；其三，会话分析还反对通过访谈形式来搜集材料，因为访谈这种形式自身就是一种机构性语境和研究对象，而不应该成为一种研究方法；其四，会话分析强烈反对通过实验手段来搜集材料，因为会话分析要研究的是自然发生的真实互动，而不是人工设置好的实验场景（Goodwin and Heritage，1990：289；Mondada，2013：33-35）。会话分析坚持从真实的社会互动活动出发，其首要原则就是拒绝使用任何假想的、不真实的人工语料。

在具体的情景中，人们通过动用大量声音、言语、视觉等资源不断取得一些连续的阶段性成果，循序渐进，最终建构起互动活动，因此，这些社会活动具有索引性、权宜性、即时性等特点。洛伦扎·蒙达达（Lorenza Mondada）认为，如果会话分析想要将自然产生的互动按自然发生的情景有序地展现出来，录音录像的材料搜集方式的重要性就体现了出来（Mondada，2013：33-35）。赫里蒂奇和阿特金森认为，使用录音录像所记录的数据能够克服直觉和回忆的局限性与错误；它向观察者呈现了大量的交流材料和环境，并提供了一些保证，使得分析的结论不会成为直觉特性的人为产物、选择性的关注、回忆或实验设计（Heritage and Atkinson，1984：4）。记录的便利性大大扩展和提高了观测的范围和精度，使我们能够对特定互动事件进行重复和详细的研究，为研究者提供了直接面对那些分析结论所依赖的数据的途径，这可以使得这些结论能够接受公众的监督，从而将个人偏见的影响最小化。会话分析只使用通过录音或录像收集的自然发生的真实语料作为研究对象，拒绝通过访谈、观察、自省和实验等传统方法收集语料，这是会话分析的一个重要特征。对于论证研究来说，会话分析对数据类型和搜集方式的严格要求非常具有启发意义，这种方法将保证论证研究成果源于论证实践、符合论证实践。

二、转写数据

在常人方法学视域下，由于索引性特征，会话活动中的任何细节特征都有助于理解人们是如何开展实际行动的。加芬克尔认为，在关于社会事实的常人方法学发现中，秩序的本土性质被收集起来并被考察，每个事件都有其独特的、关联的细节和普遍性（interaffiliated details - and - generality）。在显示出的独特的联系性上，每个事件都是局部生成的，并且都是可自然说明的，表现出独特的细节内在联系，这种细节的内在联系内在于且展示了它们的融贯性和确定性（Garfinkel，2002：246-247）。利伯曼认为，常人方法学研究者普遍都对如下方式感到反感：采用抽象理论粗暴地处理他们的社会研究。这并不是说他们没有理论上的承诺，他们当然有理论承诺，但他们不愿意把这些理论兴趣作为敲打这幅世界图景的"棍棒"。常人方法学是一种被加芬克尔挖苦为"细节汇总"的事业（Liberman，2011：87）。然而，虽然常人方法学关注细节性研究，但这并不是说常人方法学是一种微观社会学研究①。

受常人方法学的影响，会话分析非常重视互动过程中的各种细节，并基于这些细节来理解会话者们是如何开展与他人的互动活动的。赫里蒂奇认为，会话的每个细微结构都具有重要意义，序列组织的任何细节都不能被先验地当作偶然的、无序的、无关的而被抛弃，为了尽量不遗漏对任何基于真实情况的发现，会话分析的语料处理方式应该要能够保留说话人在具体语境中真实的发音特征及其他交际细节（Heritage，1984a：241）。比如，利伯曼在对西藏哲学文化的辩经研究中发现，在实际的辩经活动中，许多行为特征都具有重要的实践意义，比如：击掌、叫喊、手势、抬脚、在手中捻佛珠，或当对方提出了一个荒谬的论据时将佛珠在对方头上转三圈。如果我们拒绝参与实际的辩经活动，不结合这些行为细节来理解西藏的辩经活动，而是坐在书斋里看经书，我们就不能够很好地理解僧侣们是如何开展辩经活动的（Liberman，2004）。会话分析不仅关注说话人说了什么，说话人是怎么说的也同等重要。

录音和视频不是能够被直接分析的文本材料，会话分析发明了一套能够将录音录像材料转变为文本材料的转写方法，最大限度保留会话的真实结构。研究者首先应该认真仔细地听录音或看录像，然后借助一套转写方法将录音录像材料转写为文本材料。现在流行的转写方法主要是杰弗逊在20世纪五六十年代所开创并逐渐发展而来的。这套转写方法包含了一整套的转写工具，能够将实际发生的会话转写成文本形式，将会话的微观结构

---

① 萨克斯认为，对细微现象的详细研究，可能让我们对人类做事的方式以及他们用于构建和安排事务的方式有一种宏观的了解（Sacks，1984：24）。在这种意义上，常人方法学有着极其宏观的理论愿景，是一种反对抽象理论研究、专注于细节研究却不拘泥于细节的宏伟事业，这是常人方法学研究的深刻内涵。

特征尽可能如实地保存下来，使研究者本人和他人能够对会话进行反复研究和分析。这个转写系统是一个典型的自下而上的系统，并不是依据某种理论原则或目标而制定的。杰弗逊提出，会话分析的研究者不保证这些符号和转写适用于任何未指明的研究任务，技巧会被不断地修改，应增加或减少那些看似有用的符号（Jefferson，2004：13-31）。转写系统是一个符号标记集合，通常出现在出版物的附录中。

转写对于会话分析有着重要意义，它是会话分析的工具，也是会话分析进行理论研究的基础。克里夫特等人认为，对于会话分析者来说，转写致力于提供一种对话语和行动的特征的详致描述（rendering）。会话分析将自然发生的互动交流转写成一定的格式，通过分析语料的转写记录，从而能够捕捉话轮序列的特征（比如沉默、停顿、重叠）和话语表达的特征（比如强调、发音方式、声调和音调等），从而使得对"参与者理解和回应他人"的研究成为可能，这对于研究会话者如何共同完成有序、理智的社会互动非常有帮助（Clift et al.，2009：40-43）。转写工作繁琐细致，是一项严格的专业技术活动，不恰当的转写会严重影响对会话的分析研究。在转写过程中，我们要尽量保留有关的语言和非语言因素，因为对任何相关因素的忽视都可能导致错误结论。

在会话分析的发展中，不同研究者基于自己的研究目的提出了不同的转写系统。然而，梅纳德认为，杰弗逊所建立的转写系统很好地与录音录像技术进行了结合，不仅能保留话轮序列和说话内容，还能考察犹豫、沉默、重叠、呼吸、笑声等一系列有意义的行为细节，能够仔细捕捉会话的各种成分特征，杰弗逊等所创立的这套转写系统成为最受会话分析研究者欢迎的转写系统（Maynard，2013：11-13）。经过数十年的发展，杰弗逊所创立的这套转写系统已经被国际公认为最能抓住会话互动特征的"黄金标准"（Lerner，2004：3）。

经过四十年的发展，会话分析主要继承和发展了杰弗逊所开创的转写系统，广大研究者认为，转写应该能够产生一些对于读者来说是有序、简单、清晰的转写材料，并且这些材料对于读者来说是可读的和有意义的。

为了达成这样的目的，并不需要将符号进行标准化，符号应该由研究项目的目的来决定。埃里克萨·赫伯恩（Alexa Hepburn）和加林娜·博尔登（Galina B. Bolden）认为，杰弗逊所创立的转写系统包含以下五个部分：①转写布局（layout），包括给每一段文字加数字编码，识别每个话轮的说话者，如实转写听到的内容（而不是臆想或认为应该如此的内容），使用固定宽度的字体等；②即时（temporal）序列关系，重点关注会话的不同部分是如何被即时地联系到一起的，比如重叠、间歇（gap）、沉默等；③言语表达方式，包括声调、重音、轻声、速度、强调程度、口吻和音质等的变化；④评论和听不太清楚的内容；⑤言语的一些伴随特征，比如吸气、叹息、笑和哭等，这些特征传递着说话人的复杂情绪（Hepburn and Bolden，2013：58-70）。克里夫特等人对转写提出了一些建议性原则，包括如下七个方面：①简约性（parsimony），只转写要分析的部分，即只把那些可理解的东西呈现给读者；②惯例性，词语和标点符号要根据它们的常规使用方式来被使用；③词汇完整性，为了可读性，词汇内在连续性不可被多余的符号干扰；④客观性，转写者的主观认知和分类不能作为客观度量来记录；⑤一一对应，一个转写符号只对应一个言语行为特征；⑥描述，非言语行为应该被描述而不是转写；⑦分离，转写者的解释、评注必须与实际的言语行为特征进行明确区分（Clift et al.，2009：43-45）。

随着录像技术的大范围采用，研究者也开始发明一些方法来转写可见行为，这些转写方法包括转写者评论、特殊标记系统和视觉再现（比如图画和视频截图）等（Hepburn and Bolden，2013：70）。这些方式各有优劣，比如图画和视频截图可以很好地再现当时的情景，可是非常占篇幅，只能用作简短会话的分析。一般而言，研究者应该根据实际需要选择适合自己的方式，本研究将主要采用转写者评论的方式来描述非言语行为。本研究采用的转写系统详见附录 C。

转写工具为捕捉会话活动的微观结构提供了可能。会话分析的转写系统具有简洁性、易操作性、可重复性的优点，为语料转写提供了一套可共享的标准系统。这种数据处理方式能将会话的结构特征保存下来，为研究的客观性提供保证，使研究者能尽量做出无价值偏见的判断，并且能使研究者本人和其他人对会话材料进行反复研究和分析，大大提高了研究结论的精确性和可靠性。

三、总结归纳常规的会话模式

根据常人方法学的无差别原则，研究者在研究过程中要恪守价值中立的原则，研究时要抛弃可接受性、价值、重要性、必要性、特殊性、成功或理论一致性等传统社会学所强调的价值因素，通过反复观察自然发生的数据的记录，尽力根据活动参与者在开展活动当下的真实情况来描述这些活动。利伯曼强调，参与者的场景被按照他们自己所想的方式来研究，被研究的人的世界的意义必须被保留，而不是被淹没在当代欧美社会科学家的语言和相关性之下（Liberman，2004：109）。在常人方法学研究中，经验观察和总结都应该是不带任何动机的，研究者不能带有主观臆想和猜测去理解语料，应尽量客观地看待会话者对会话的理解以及语料中所呈现的结构，并结合语境予以解释。

承袭常人方法学的这种研究态度，会话分析坚持对日常会话活动进行本土化的经验研究。会话分析并不想进行理论建构，而是致力于研究日常会话中的有趣现象。萨克斯这样说道："我基本上不会推销会话分析的理论基础、发展前景、方法的优越性或其他什么东西，我所要展示的就是我所能做的，以及我对发现的兴趣。"（Sacks，1995b：3）根据常人方法学的可说明性研究，会话者对前一个话轮谈话的理解影响着他们如何建构下一个话轮，后出现的话轮体现了对前一个话轮的理解，这种话轮交互的会话序列体现了参与者的理解和行动过程，构成了会话分析研究的基础，它们是可解释、可说明的。萨克斯认为，那些自然发生的实际社会活动的细节都是可以进行描述的，对这些社会活动的描述应该与人们的理解和行动过程相一致。这些社会活动是系统性的、理性的，这使得对这些单个事件的描述是可归纳、可重复的（Sacks，1984：21）。研究者可以从典型案例出发，归纳总结出会话模式或会话常规（conversation practice）。

会话分析广泛采用"描述—归纳"的研究方法，这种研究方法分为两个步骤：一是对典型案例进行细节分析，即对某个特定案例进行详尽的观察和刻画，发现值得注意的有意义特征；二是对搜集到的材料进行归纳总结，即搜集足够多的同类型案例，总结出一般性的普遍特征。

第一，对典型案例的分析，研究者需要观察和分析一段他们感兴趣的特定片段，找出那些可能有意义的特征，并联系会话发生的具体话轮序列的特征进行解释。会话分析首先要使用音频或视频设备来机械地记录社会实践的成果，并将这些录音录像转写成可以被分析的文本形式。在此基础上，研究者就可以在序列组织中对感兴趣的有意义的细节进行研究，从而发现人们开展相应行动的方式。经典的会话分析传统都是从观察互动过程中的一些特殊行为或现象开始，找出那些有意义的细节特征，尤其是那些反复出现的细节，比如重音、声调变化等，这些都非常重要（Sidnell，2013：77-78）。

第二，在特定案例研究成果的基础上，研究者需要尽可能多地搜集更多的有用材料，发现它们之间的相似性并进行归纳，最终发现那些独立于语境的一般特征，发现人们会话中的一般性规律和模式，并解释这些规律和模式背后的社会秩序。比如，赫里蒂奇在对"Oh"的功能的研究中，通过将伴随"Oh"的音律纳入考察，总结出一些具有一般性的使用规律（Heritage，1984b：299-345）。赫里蒂奇认为，与演绎法相反，会话分析采取的是基于对自然会话的客观审视，进而对观察到的规律进行概括的研究路径。会话分析研究所用的语料就如同在自然科学研究中从大自然中采集的标本一样，通过观察分析人们言谈应对的这些标本，进而总结出自然会话的结构及其规律（Heritage，1988：127-144）。吴亚欣和于国栋将其称为"自下而上的归纳法"（吴亚欣、于国栋，2017：85）。

为了获取人们真实的互动结构，会话分析坚持使用自然发生的社会互动记录，同时，为了最大限度地保持会话互动的原始结构，会话分析采用了一套特殊的数据处理方法——转写，将自然发生的材料转写为可供研究的语料。会话分析通过逐个对案例进行研究，最后归纳这些案例的特点并得到一般性特征，但又注重每一个案例的独特特征。这个研究过程大致上可以总结如下：

①通过录音或影像的手段获得自然产生的会话材料；

②将录音或录像材料转写为可供分析的文本材料；

③分析所要研究的文本材料；

④对类似材料重复上述研究步骤，归纳分析；

⑤报告研究成果。

会话分析广泛采用"描述—归纳"的研究方法，反对基于抽象模型、理论、研究假设来解释实践活动。无论是对材料的搜集记录，还是对材料的分析研究，会话分析都拒斥抽象的理性模型、理论或假设，最大限度地减少对实际会话活动的研究的影响。这种严格的描述性的研究方法能够大大减少理论和人为偏见的影响，有助于揭示会话活动所具有的真实结构。并且，会话分析的研究方法使会话材料可以被不同研究者重复研究，为其他研究者提供直接处理原始材料的途径，从而大大提高了研究结果的客观性。

总体来说，会话分析的研究方法是一种观察—归纳的自然化方法，强调使用自然发生的真实会话活动作为语料，通过研究序列组织来发现人们交际互动的规律和模式，并解释这些规律和模式背后的社会秩序。

第三节　会话分析的核心议题

一、序列组织的层次性结构

常人方法学认为，任何具体的行动或话语都是索引性的，其意义必须基于场景或语境来被理解和确定，如果脱离了具体的场景或语境，具体的实践或言语表达式的意义将变得模糊而无法理解。由于行动者是根据场景来理解和组织行动的，那么，行动过程就体现了参与者的理解和行动方法。由于可说明性特征，研究者就能通过这些行动过程来研究人们的行动方法。

承袭常人方法学的上述思想，会话分析认为，任何一个话轮都是索引性的，其意义只能通过其所在的序列组织才能被理解。会话分析发现，在实际的会话活动中，当下话轮说话者的言行与其他人在上一个话轮的言行相互影响，当下话轮的说话人的言行与听话人在下一个话轮的回应也相互影响，先出现的话轮创造了紧随它之后的话轮的可能性。因此，基于话轮间的条件关系，会话活动就产生了一个相互联系的序列组织，这是理解话轮意义的基础（Drew，2013a：131；Maynard and Clayman，1991：399）。在会话分析的开创性论文中，萨克斯、谢格洛夫和杰弗逊认为，会话作为一种最为普遍的日常现象，表面上看起来杂乱无章，但其实是一种非常有序的结构化组织的现象，会话是有序列组织的，但这并不是事先被制定好的，话轮的序列位置对于确立和理解该话轮执行的社会行为至关重要，我们可以通过分析话轮在序列中的位置来揭示其意义（Sacks et al.，1974：696-735）。话语和行为的意义不是孤立的，它们的意义是根据会话的序列组织，尤其是与紧邻的话轮序列的联系而产生的，研究者能够通过分析序列组织来理解话语和行为的意义。

比如，对于语料 3.1.1 的这段经典对话，呼叫者的"I can't hear you"这段话并不是真的听不清问题，呼叫者使用这个话语是为了避免说出自己的名字，但同时却又不明确地予以拒绝。

      A：This is Mr. Smith，may I help you.

  →B：I can't hear you.

      A：This is Mr. <u>Smith</u>.

      B：Smith.

通过这个经典案例，萨克斯展示了将话语作为研究对象的可能性，并通过这种分析来发现说话者是如何行事的。巴特勒等人认为，谈话的序列特征是会话分析研究的基石，更重要的是，它是社会行动的情景化组织，通过考察每个话轮回应其之前的话轮的方式，以及对随后产生的话轮的影响，会话分析就可以证明社会秩序是如何通过一个一个的话轮被不断成就的，展现每个话轮是如何被有序地组织起来的（Butler et al.，2009：6）。通过对会话活动的话轮序列的研究可以发现，会话分析能揭示社会秩序是如何通过一个又一个不断产生的话轮被构造出来的，从而发现人们在这种建构活动中所使用的方法，弄清楚会话者是如何通过协作来构建一致行动的。

会话分析的兴趣主要在于社会行动，尤其是用于创造和理解社会互动的方法、实践和推理的机制。会话分析关心的是，日常会话活动的组织和秩序是什么样的，人们是如何建构这些有序组织的。大多数会话分析者认为，话轮序列组织是其典型的主题，也是大多数会话分析研究的识别标记，谈话的话轮序列组织是会话分析研究的核心。对日常会话活动的序列组织进行考察，可以揭示人们在实际会话活动中的思维和推理方法。

随着数十年的发展，会话分析发展出了分别具有社会学取向和语言学取向的两种研究进路。社会学取向的会话分析关注的是"人们是如何开展会话活动的"，可以通过研究会话来使我们了解社会生活的方方面面的问题；而语言学取向的会话分析则关心"语言是怎样组合使我们能够进行谈话的"，是希望对语言的本质进行探索（刘虹，2014：10）。保罗·席德豪斯（Paul Seedhouse）认为，语言学取向的会话分析与常人方法学传统的会话分析虽然都有会话分析之名，但它们实际上有着完全不同的前提预设和理论目标，许多具有语言学背景的研究者认为，做会话分析（doing CA）就意味着去制造详细的转录，然后识别出话轮转换和相邻对实例，这种研究只是对表面的语言学特征所进行的非位性（etic）描述或编码，而不是对社会行为的分析。语言学取向的会话分析基本上就是会话分析减去对社会行动方法的分析（Seedhouse，2007：532）。

我们从社会学进路考察会话分析的序列组织，基于对人们自然发生的实际会话过程的研究，发现会话分析揭示人们的日常会话活动的内在组织结构，让那些表面看起来混乱的日常会话活动变得有条理可循，呈现出有序的组织结构。通过对序列组织的研究，研究者可以发现行动者在理解和开展行动时所采取的方法，以及依赖的规范性基础。

（一）相邻对的最小结构

行动的意义需要放在序列组织中来理解，即根据行动在序列中的位置来理解其意义。因此，会话的序列组织就成为会话分析的重要研究对象。大卫·博格（David Bogen）认为，会话分析不仅发现会话活动具有有序的序列组织，并且，会话序列还是有层次的序列组织，会话者的谈话在每一个话轮都指向了日常会话的深层技术结构（Bogen，1999：97–98）。通过总结大量的经验研究、会话分析的研究发现，这种深层技术结构就是以相邻对为核心的序列组织。

为什么会话序列的组织结构的基本单位是相邻对？或是说，为什么会话活动中的话语和行为是成对存在的？会话中的话语和行为成对存在的现象，源于非常强烈的直觉：互动需要参与者之间发生一些事情，一个人说出一些话，而另一个人要进行回应（Drew，2013b：2）。并且，人们有通过说话和做事来回应他人的话语和行为的能力。听话人的回应可能不只是话语，还可能是行为，比如，一个人对另一个人说"请关一下门"，然后对方就去把门关上了。而且，在某些情况下，沉默也是一种回应方式，比如，当一个人对另一个人说"请安静"，听话人随后的沉默就是对说话人的一个恰当回应。也就是说，相邻对不仅仅是一种"语言对子"，更是一种"行为对子"。

相邻对是会话序列的基本结构单位。会话活动以相邻对为基础，扩展和生成一段会话序列。常见的相邻对有召唤—回答、招呼—招呼、邀请—接收/拒绝、建议—接受/拒绝、请求行动—执行/拒绝、请求信息—回答信息、责备—承认/拒绝、告别—告别等。最简化的相邻对如语料 3.3.1。

语料 3.3.1（Schegloff，2007：22）

1　Ton：F→ How are you.

2　Mar：S→ Fi:: ne.

相邻对由两个部分组成：第一个部分被称为"第一个对子部分"（first pair part，简称FPP）；第二个部分被称为"第二个对子部分"或"后件"（second pair part，简称SPP）。相邻对的FPP与SPP并非只具有简单的前后关系，前后相邻的话轮之间还存在着条件关系。谢格洛夫认为，最简单的相邻对，即相邻对的最小结构具有下述特点：①由两个分属不同话轮的话语或行为构成；②两个话轮分别由两个或两个以上的人说出；③话轮的顺序是固定，即FPP在前，SPP在后；④FPP和SPP具有条件相关性，FPP对SPP的生成和选择有一定的制约作用；⑤相邻对的FPP和SPP构成了特定的对子类型，类型是指诸如问候—问候、询问—回答、提议—接受/婉拒等这样的特定交流形式，要组成相邻对，FPP和SPP都要是来自同一类型的对子类型，由不同的对子类型构成的相邻对往往会被认为是荒谬的（Schegloff，2007：13-14）。

在相邻对的上述结构特征中，条件相关性是最重要的特征。谢格洛夫认为，条件相关性是指相邻对的FPP投射了一种预期关联。这不仅仅与理解相关，还给出了一个关于可能的SPP的有限集合，FPP规定了相关SPP的类型，向SPP投射了这种相关性，从而为如何理解下一个话轮提供了参考。相邻对的FPP对接下来发生的行为具有强大的约束作用，条件相关性是将各种行为组织成为一个连贯序列的关键（Schegloff，2007：16-21）。古德温和赫里蒂奇认为，条件相关性使我们既能研究相邻对的FPP对SPP的投射性，也能通过后面的话语来理解前面的话语，能够让我们同时分析行动的组织结构和会话者的互动理解，为研究者解锁会话组织序列中的秘密提供了可能（Goodwin and Heritage，1990：288-289）。条件相关性不仅是构建连贯的相邻对和序列组织的基础，也是研究者分析和理解会话者的话语和行动的意义的重要依据。

由于条件相关性的存在，在会话活动中，如果出现了相邻对的FPP却没有产生对应的SPP，这种情况被称为SPP缺失，同样具有重要意义。谢格洛夫认为，假如SPP紧接着FPP而发生，它就会被看作对FPP的回应。假如这样的SPP没有发生，那么这种"缺失"也跟"发生"一样是一个事件，这种事件一般被称为"结构性缺失"（Schegloff，2007：20-21）。在会话分析的研究中，缺失本身就是一个事件，相邻对的条件相关性则赋予了它特定的行为意义。在会话活动中，缺失往往象征着交流目的的未实现。此外，也有研究发现，相邻对 SPP 的缺失跟语境有关，越是熟悉的人，相邻对的 SPP 被省略的情况就会越经常出现（Tsui，1989：545-564）。这种情况说明，会话的序列组织的结构和功能需要根据特定的社会文化语境来理解。

不符合条件相关性的回答与结构性缺失具有相似的交流意义。塔尼亚·斯泰福斯（Tanya Stivers）发现，某些类型固定的回应是按规律呈现的，说话人将听话人未能提供一个回应视作回应失败，而且，听话人未能提供一个相关回应会被说话人视作回应失败（Stivers，2013：192）。谢格洛夫认为，正是相邻对的这种特征解决了"答非所问"这种长期以来困扰相关研究的问题，一些明显语义无关的谈话被认为是一个合理的答案。比如，"天在下雨"能够作为"我们要去比赛吗？"这句话的答案，其关键之处在于，一些话语可以基于它的位置而不仅仅是它的内容来执行行为（Schegloff，2007：21）。根据相邻对的条件相关性，我们就能理解一些答非所问的行动在具体交际情景中的意义和功能，展现出序列组织的连续性。

以相邻对为基础的会话序列组织对于研究人们的日常行为具有重要作用。克里夫特等人认为，相邻对的重要性表现在三个方面：其一，相邻对的结构特征说明了会话者能够保持彼此的互相理解；其二，相邻对的层次结构说明了会话者的会话行动步骤具有推理特征，并且具有明显的价值维度；其三，相邻对能够帮助我们发现语言使用模式和社会行为结构之间的联系（Clift et al.，2009：48-49）。

虽然以相邻对为基础的会话序列组织对理解会话活动具有重要意义，但人们并不会严格按照某种相邻对的结构方式来行事。我们应该这样认为，相邻对及其条件相关性为帮助研究者理解人们的行为方式提供了参照或"解码钥匙"，但人们的行动是具有高度自主性的，并不受这种结构特征的严格约束。谢格洛夫强调，相邻对的 FPP 并没有规定即将发生的 SPP 一定如何，事实上，会话中的任何东西都不是单边的，但 FPP 抛出了一张意义和理解之网来管理相关话语，通过参考 FPP，我们就可以知道 SPP 如何被选择、被执行和被理解（Schegloff，2007：21）。对于广义论证来说，相邻对的这种结构特征是论证者组织其行动的资源。论证者会根据这些结构特征来帮助自己理解对方的目的、意图和意义，但这些结构是动态发展的，是人们不断建构的权宜性成就。在具体的论证研究中，我们需要注意会话序列组织与行动的这种反身性联系。

在日常会话过程中，相邻对并非总是由两个紧密相邻的一一对应的话轮构成的，相邻对在会话实践中常常具有扩展形式。相邻对的扩展形式主要通过嵌入这样或那样的语句序列来实现，根据扩展的话轮所在的位置，可以分别将扩展分为三种形式。这些扩展常常发生在三个可能的位置：第一个位置是在 FPP 之前，这种扩展被称为前扩展；第二个位置是在 FPP 和 SPP 之间，这种扩展被称为插入扩展；第三个位置是在 SPP 之后，这种扩展被称为后扩展，如图 3-1 所示。

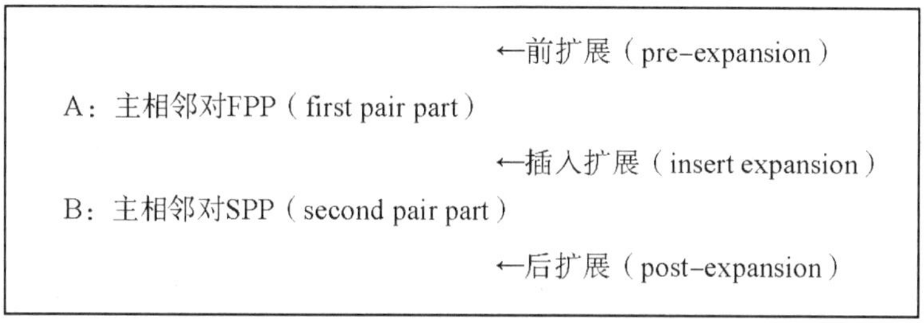

```
                              ←前扩展（pre-expansion）
  A：主相邻对FPP（first pair part）

                              ←插入扩展（insert expansion）
  B：主相邻对SPP（second pair part）

                              ←后扩展（post-expansion）
```

图 3-1　相邻对的扩展组织结构示意图

在这里需要对"主相邻对"（base pair part 或 dominant pair part）这个概念进行说明，这是一个与相邻对的扩展结构密切相关的概念。主相邻对是一个相邻对，其他序列组织围绕它而进行扩展。通常情况下，主相邻对是一段会话序列执行相关行为的主要序列，主相邻对中往往蕴含了会话者的主要交流目的和态度。主相邻对是区别于其他扩展相邻对的一对特殊的相邻对，在会话序列中具有特殊的重要性，扩展相邻对都是围绕主相邻对而产生的。在具体的分析中，主相邻对的 FPP 一般用"F_b"标记，而 SPP 则用"S_b"标记。

（二）前扩展

前扩展是发生在主相邻对的 FPP 之前的话轮。前扩展通常是说话人为说出 FPP 而进行的铺垫，主要是避免期望受挫以及可能出现的窘迫局面。比如，在拒绝、邀请、建议、请求等情况中，说话人在实施某种言语行为之前，常常先用试探性的语句来探问听众态度。谢格洛夫认为，说话人给出前扩展，目的是将得到优先的 SPP 的概率最大化（Schegloff，2007：81）。前扩展往往也由相邻对组成，在会话分析中，其 FPP 一般用"F_{pre}"标记，其 SPP 一般用"S_{pre}"标记。不同的会话活动类型，其前扩展往往也有不同特点。谢格洛夫认为，通常情况下，前扩展都预示着将要发生特定类型相邻对的 FPP，比如邀请、建议、请求、通知等。根据这些特定类型的 FPP，我们将相应的预备称为前邀请、前给予、前告知等（Schegloff，2007：28-29）。接下来，本研究分别考察这些不同类型的前扩展的特点。

1. 前邀请

前邀请是最典型的一种前扩展。比如，当某人打电话时询问接电话的人"你最近忙吗?"或"你最近在忙些什么?"接电话的人通常会认为对方不是要听一个事实描述。相反，它通常被理解为一种预备，并且通常可能是邀请的预备。因此，提问的人想要听的内容并不是一个真实的、描述准确的回应，因为这种反应会被当作取笑，或反映了一种有意的误解。对这样一个问题的回答，显示了回应者对将要产生的事情所要采取的立场。

谢格洛夫认为，设计前邀请的一个重要功能，就是帮助主相邻对的 FPP 的说话人避免被拒绝，或是说，让会话具有更好的互动性，避免在互动中产生对主相邻对的 FPP 的拒绝（Schegloff，2007：31）。比如在上述打电话的案例中，在面对"你最近忙吗?"或"你最近在忙些什么?"的问题时，如果听话人说"我现在很忙"，那么邀请者可能不做出发出邀请的行为，而如果听话人给出的答案是"没什么事，闲着呢"，那么邀请者则可能发出邀请。

对前邀请的回应可以分为多种类型。第一种回应是"鼓励型"。这种回应鼓励说话人继续前邀请所投射的主相邻对。比如语料 3.3.2 的第 5 行的回应"Not much"就是这种回应，而 Clara 的这个回应也表现了对 Nelson 邀请行为的接受态度。因此，Nelson 随后正式发出了邀请（第 6 行），而 Clara 也爽快地接受了对方的邀请。

语料 3.3.2（Schegloff，2007：30）

1 Cla：Hello.

2 Nel：Hi.

3 Cla：Hi.

4 Nel：$F_{pre} \rightarrow$ Whatcha doin`.

5 Cla：$S_{pre} \rightarrow$ Not much.

6 Nel：$F_b \rightarrow$ Y' wanna drink?

7 Cla：$S_b \rightarrow$ Yeah.

8 Nel：Okay.

对前邀请的第二种回应就是阻碍性（blocking）回应。它预示着紧接下来的邀请行为很可能会被婉拒或直接拒绝，因此这种回应意在阻止紧接下来的邀请行为的发生。

对前邀请的第三种回应是模糊（hedging）回应。听众不给出明确的态度，而接受/拒绝与否完全视邀请的内容而定。最常见的就是"Why"的出现。比如语料 3.3.3 的第 3 行的回应，在原本的阻碍型回应之后加上一个"Why"，就让回应的态度变得模糊起来。

语料 3.3.3（Schegloff，2007：31）

1 Jud：Hi John.

2 Joh：$F_{pre} \rightarrow$ Ha you doin-<say <u>What</u>'r you doing.

3 Jud：$S_{pre} \rightarrow$ Well, we're going out. Why.

4 Joh：$\rightarrow$ Oh, I was just gonna say come out and come over.

5 $\rightarrow$ here and talk this evening, [but if you're going＝

6 Jud：   ["Talk," you mean get.

7　　　[drunk, don't you?]

8　Joh：=［out you can't very］well do that.

前邀请的阻碍型回应和模糊型回应会阻碍说话人继续进行接下来的话轮，但并不总是意味着主相邻对的 FPP 的会受挫（不被给出）。前邀请的发起人在面临阻碍型回应或者模糊型回应时，也经常会坚持进一步继续自己的邀请。

2. 前给予

与前邀请的作用相似，前给予（pre-offer）的功能是让提议者评估提议被欢迎与否的可能性，而实际被给出的建议就是根据那个评估结果来做出的（Schegloff, 2007：35）。比如，在语料 3.3.4 中，Gary 在试图提供帮助前说自己有一只温度计（第 4 行），在得到 Cathy 的回应后，Gary 才给出了具体的帮助建议。

语料 3.3.4（Schegloff, 2007：35）

1　Cat：I'm gonna buy a thermometer though［because I=

2　Les：［But-

3　Cat：=think she's［（got a temperature）.

4　Gar：F_{pre}→［We have a thermometer.

5　Cat：S_{pre}→（Yih do）.

6　Gar：F_b→Wanta use it?

7　Cat：S_b→Yeah.

前给予也有被拒绝的时候，但这恰恰显示了前给予的价值，因为这样就可以避免出现主相邻对的 FPP 的非优先的回应。

3. 前告知

艾琳·特雷斯基（Alene Terasaki）的研究表明，前告知大致有如下三种功能：①它可以作为一种提醒，告知听众接下来会有通知或讲新鲜事；②它可能提供一个对新闻的描述或评价，或是提及这个新闻的话题或话题领域，从而限定了听话人的分析和思考范围；③它可能会为即将说的这个事情提供证据，从而让大家看到其新闻价值等（Terasaki, 2004：174-

223）。在英语会话中，大多数的前告知具有较为稳定的几种话轮形式。谢格洛夫认为，最主要的话轮形式能够被表示为如下这种"Guess/Y' know/Remeber＋What/who/when/ where＋告知内容"的结构（Schegloff，2007：38），如图3-2所示。

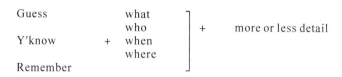

图3-2 前告知的结构特征

比如，在语料3.3.5中，Ben打算告知Bill自己得到了一个火警警报箱，他首先发起了一个前告知（第1行），试探Bill是否可能对他将要说的话题感兴趣。当Bill表现出兴趣之后，Ben告知了相关内容。

语料3.3.5（Schegloff，2007：39）

1　Ben：F_{pre}→Hey I got sump'n thet's wild.

2　Bil：S_{pre}→What.

3　Ben：F_b→Y'know one a' these great big red fire alarm.

4　boxes thet'r on the corner? I got one.

对前告知的回应也可以分为多种类型。谢格洛夫认为，告知主要是用于主动传达新鲜事的，因此，对前告知的回应可以大致分为两种：一种是对说话人所探讨的新鲜事本身感兴趣；一种是对说话人可能探讨的事情给出态度或进行评价（Schegloff，2007：37）。比如，在语料3.3.6中，Rec显然对Dell所要讲的内容感兴趣，鼓励Dell继续讲新鲜事。

语料3.3.6（Terasaki，2004：184）

1　Del：F_{pre}→Didju hear the terrible news?

2　Rec：S_{pre}→No. What.

在阻碍型回应中，预期受众表明自己已经知道了说话人想要说的新鲜事，通常会做出"我知道"这样的回应形式，从而阻止对方继续说下去。比如，在语料3.3.7中，Lor已经知道Fay所想要讲的新鲜事，因此说别人已经讲过一遍了，并不期望Fay继续讲这件事。

语料 3.3.7 （Schegloff, 2007：40）

1　Fay：Fpre→Didju hear about thee, pottery and lead poison-

ing.

2　　［　（　）

3　Lor：Spre→　［Yeah Ethie wz just telling us　［　（　）

4　Fay：　［I read an article.

5　en I ca- in a the- I'nno whether it was Newsweek.

6　'r Time'r what…

这种结构只是行动者的资源，只是帮助研究者理解的工具，它们自身并不具有强制力。就如在语料 3.3.7 中，虽然 Lor 给出了一个阻碍型回应，但 Fay 还是坚持继续讲他读到的关于陶瓷和铅中毒的话题。除了上述三种常见的前扩展之外，还存在许多类型的前扩展，我们可以参考上述前扩展类型进行分析。

（三）插入扩展

在日常会话活动中，经常会出现说话人说出 FPP 后，听话人并未立即给出直接的回应，而是在给出 SPP 之前给出一些其他的话语和行为，这就是插入扩展。插入扩展自身同样也由相邻对组成，在实际分析中，插入扩展的相邻对的 FPP 一般用"F_{ins}"标记，SPP 用"S_{ins}"标记。谢格洛夫认为，插入扩展有两个必不可少的条件：一是插入扩展的位置必须在主相邻对的 FPP 和 SPP 之间；二是插入扩展必须是 FPP 的听话人首先发起的（Schegloff, 2007）。在语料中，第 3 行和第 4 行就是一段插入扩展。

语料 3.3.8 （Schegloff et al., 1977：368）

1　Bet：F_b→Was last night the first time you met Missiz Kelly?

2　（1.0）

3　Mar：F_{ins}→Met whom?

4　Bet：S_{ins}→Missiz Kelly.

5　Mar：S_b→Yes.

插入扩展的 FPP 应该由那个有义务给出主相邻对的 SPP 的人给出。比如，在语料 3.3.9 中，虽然位置是在主相邻对的 FPP（第 3 行）和 SPP（第 15~17 行）中间，但是，第 5 行的插入扩展的 FPP 是由主相邻对的 FPP 的说话人给出的，那么这个插入扩展就不应该被看作一个插入扩展，而是一种对主相邻对的 FPP 的附加陈述。

语料 3.3.9（Schegloff, 2007：98）

1　Don：F$_{pre}$→Guess what. hh

2　Mar：S$_{pre}$→What.

3　Don：F$_{b}$→hh My ca：r is sta：：lled.

4　　（0.2）

5　Don：F →（'n）I'm up here in the Glen?

6　Mar：S →Oh：：.

　　在某些特殊情况下，即便符合上述定义，某些主相邻对中出现的话轮与主相邻对并没有语义关联，也可能不被认为是该主相邻对的插入扩展。比如，在语料 3.3.10 中，在主相邻对的 FPP（第 3 行）和 SPP（第 7 行）中出现的一个相邻对（第 4~6 行），虽然位置在主相邻对中间，被插入的话轮是一个相邻对，并且被插入扩展是由主相邻对的 FPP 的听众发出的，但其内容是对刚才自己没有及时接电话而进行的解释，与主相邻对并不相关。插入扩展不仅与主相邻对之间存在插入位置关系，在理解上也要存在一种意义关联性。

语料 3.3.10（Schegloff, 2007：99）

1　Eve：［H］i Rita.

2　Rit：［w-］

3　Rit：Hi Evelyn. how ar［e you.

4　Eve：→　［I hadda come in anothuh room.

5　　（.）

6　Rit：→Oh：. uh huh.

7　Eve：I fee：l a bissel farshickert.

8　　（0.2）

在功能上，插入扩展与前扩展一样，插入的扩展相邻对是 FPP 的听众（SPP 的说话人）尽量避免直接给出非优先的回应的方式。插入扩展预示着主相邻对会出现非优先的回应的可能性。谢格洛夫认为，插入扩展的最明显的特征，就是它们插入到主相邻对的 FPP 和 SPP 之间，它们投射了非优先的回应的可能性（Schegloff，2007：100）。

从结构关系来看，可以将插入扩展分成以下两种形式：①主相邻对的 FPP 的延续，主要是对 FPP 内容进行回顾，比如进行澄清以及进一步说明和提问等，这被称为"FPP 之后的插入扩展"（post-first insert sequence）；②主相邻对的 SPP 之前的插入扩展，主要是为 SPP 的出现进行铺垫，比如设置条件或前提，这被称为"SPP 之前的插入扩展"（pre-second insert sequence）（Stivers，2013：194-197）。接下来，本研究分别对这两种扩展形式进行探讨。

一是 FPP 之后的插入扩展。

主相邻对的 FPP 的延续，也被称为 FPP 之后的插入扩展。谢格洛夫认为，一般说来，FPP 之后的插入扩展只有一种类型，即通常所说的修正①（Schegloff，2007：100）。根据修正的发起人和完成修正话语的说话人，可以将修正的类型进行划分。如果一个人自己修正了自己话语中的问题，那么这被称为自我修正。根据这种修正的发起行为，如果是说话人自己引发的修正，这又被称为自我引发的修正。如果是由 FPP 听话人发起的修正，这就被称为他人引发的修正。假如这个引发修正的 FPP 听话人还给出了结论，那么这就被称为他人引发的修正（对于修正的功能及类型划分的详细介绍可见附录 B）。

多数情况下，FPP 之后的插入扩展属于他人引发的自我修正。这种插入扩展由他人引发修正，FPP 的说话人进行自我修正。比如，在语料 3.3.11 中，A 在第 3 行给出了一个 FPP，B 并没有听清楚 A 所说的内容，

---

① 修正是会话分析的一个重要概念，是会话者为了保障会话顺利进行而对某些可能障碍进行排除的操作，通常是对已经说过的话或做出的行为进行说明、澄清或更正，更多的相关说明可参见附录 B。

所以 B 在第 4 行发起了一个修正，从而让 A 在第 5 行再一次重复了这个问题，让会话继续进行。

语料 3.3.11（Schegloff et al.，1977：367）

1　A：Were you uh you were in therapy with a private doctor?

2　B：Yah.

3　A：$F_b \rightarrow$ Have you ever tried a clinic?

4　B：$F_{ins} \rightarrow$ <u>What?</u>

5　A：$S_{ins} \rightarrow$ Have you ever tried a clinic?

6　B：$S_b \rightarrow$ （（sigh）） No, I don't want to go to a clinic.

这种他人引发的修正是紧随主相邻对的 FPP 的，其主要作用是清除那些可能干扰恰当回应的结果的视听因素，或甚至借此领会什么类型的回应才是恰当的。谢格洛夫认为，他人引发的修正破坏了主相邻对的 FPP 与 SPP 之间的连续性，如同沉默、话轮引发（turn-initial）标记、犹豫、解释等一样，他人引发的修正也有预示拒绝和不同意的功能，是产生非优先的 SPP 的前兆（Schegloff，2007：102）。比如，在语料 3.3.11 中出现了插入扩展，B 在第 4 行引入了一个插入扩展，而最终在第 6 行的回应也是非优先的。

现有的研究表明，如果第一次修正没能解决问题，听话人可能会发起第二次修正，而且发生两个这样的修正的情况很常见，但发生三个以上的修正的情况就极少了。假如问题在三个修正中都没得到解决，那么会话参与各方就会放弃修正，然后寻找其他方式来继续互动。

二是 SPP 之前的插入扩展。

顾名思义，SPP 之前的插入扩展是在主相邻对的 SPP 给出之前所插入的扩展相邻对，SPP 之前的插入扩展与主相邻对的 SPP 存在意义和功能上的联系。谢格洛夫认为，与 FPP 之后的扩展相邻对的往后看不同（澄清 FPP 内容），SPP 之前的插入扩展是向前看的，看起来是为悬而未决的 SPP 的出现创造必要条件（Schegloff，2007）。比如，在语料 3.3.12 中，会话者在第 4 行给出的主相邻对的 SPP 类型是依赖于插入扩展的内容的，因为要买酒的顾客不满 21 岁，所以店家拒绝卖酒给这个顾客。

语料 3.3.12（Merritt，1976：333）

1　Cus：F_b→May I have a bottle of Mich?

2　Ser：F_i→Are you twenty one?

3　Cus：S_i→No.

4　Ser：S_b→No.

在一些服务场景中，这种插入扩展非常常见。在语料 3.3.13 中，警察在给出 SPP 之前发起了 4 个插入扩展相邻对，用于核实报警者的相关信息，并在最后对其报警寻求帮助的行为给出了明确回应（第 11 行）。

语料 3.3.13（Schegloff，2007：108）

1　Cal：F_b→Send' n emergency to fourteen forty eight Lillian
Lane.

2　Pol：F_{ins1} Fourteen forty eight-［what sir?

3　Cal：S_{ins1} ［Yeah.

4　Pol：F_{ins2} Li ［llian Lane?

5　Cal：S_{ins2} ［Forteen forty eight Lillian.

6　Pol：F_{ins3} Lillian.

7　Cal：S_{ins3} Yeah.

8　Pol：F_{ins4}→What's th' trouble sir.

9　Cal：S_{ins4}→ Well, I had the police out here once, Now
my wife's.

10　got cut.

11　Pol：S_b→Alright sir, We'll have ' em out there.

12　Cal：Right away?

13　Pol：Alright sir.

所有位置的相邻对理论上都可以被扩展，插入扩展成分中的相邻对也是可以继续被插入扩展的，这种扩展的可能性看起来是无限的。但在现实的会话互动活动中，插入扩展并不是无限的。一般而言，超过两层的插入扩展都是非常罕见的。

（四）后扩展

在日常会话中，SPP 之后通常还会出现后扩展。后扩展可以分为两种形式。第一种是最小化后扩展，用于对主相邻对的 SPP 进行回应，但其自身并不引发新的扩展，比如英语中常见的"Oh""Okay""Great"等词语，往往与会话终止相关。第二种是非最小化的后扩展，这种扩展相邻对通常会引发新的话轮，比如英语中的"really?"，非最小化的后扩展往往表明 SPP 是非优先的、不恰当的，非最小化的后扩展往往会引起进一步的对话。非最小化的后扩展也由相邻对构成，在实际分析中，其 FPP 一般用"F_{post}"标记，其 SPP 用"S_{post}"标记。

1. 最小化后扩展

最小化/非最小化并非是从语词或话轮数量的意义上来说的，而从它是将终止会话还是继续引发更多会话的意义上来说的。谢格洛夫认为，最小化并不是对 SPP 之后的话轮数量进行数学意义上的计数，这种计数是毫无意义的。最小化的后扩展在于其被设计来导致会话活动的终止。由于最小化后扩展发生在主相邻对的 SPP 之后，相当于是位于主相邻对之后的第三个位置，并且其功能是指向话轮终止，因此它也被称为"序列终止的第三个位置"（sequence-closing third，简称 SCT）（Schegloff，2007：118）。英语中常见的有"Oh""Okay"等形式。汉语中的"好的""可以""行"等话语也发挥了类似的作用。这些不同形式的 SCT 也传递了不同的会话含义，这对分析会话者的会话意图来说十分重要。赫里蒂奇详细研究"oh"这个表达式，他称之为"状态转换符号"（change-of-state token）。他认为这个言语标记能够表明"说话人的知识、信息、指向或意识等当下状态经历了某种变化"。在英语中，"Oh"这个言语标记与"Yes""Mm""Hm"这样的同意符号完全不同，它在本质上是不连续的，它不激发和鼓励对方继续说话，通常指向了话语的终止（Heritage，1984b：299-345.）。此外，对于日常论证研究来说，关于 SCT 的研究还为论证语篇的识别提供了一些帮助。

并非只有主相邻对之后才有最小化的后扩展，其他扩展成分的相邻对也可能存在最小化后扩展。比如语料 3.3.14，第 12 行就被认为是插入扩展的相邻对（第 8~10 行）的最小化的后扩展。

语料 3.3.14（Schegloff，1972：107）

1　Bel：You know, I have ［a house, a big garden-

2　Ann：［Yes.

3　Bel：Why don't you come and see me some ［times.

4　Ann：［I would like to.

5　Bel：I would like you to. Let me ［just-

6　Ann：F$_b$→ ［I don't know just where.

7　→the- uh- this address ［is.

8　Bel：F$_{ins}$→ ［Well where do- which part of.

9　→town do you live.

10　Ann：S$_{ins}$→I live at four ten east Lowden.

11　（2.0）

12　Bel：SCT →Well, you don't live very far from me.

13　S$_b$→If you go on the State（1.0）High- no if you go out.

14　past the courthouse ［to Elmhurst.

15　Ann：［Yeah.

2. 非最小化后扩展

非最小化后扩展的功能是在主相邻对之后引发更多的话轮。谢格洛夫认为，非最小化后扩展中最常见的就是"他人发起的修正"，当这种修正出现在 SPP 之后，它就成为一个后扩展的开端，并对紧接着的下一个回应性的 SPP 形成了约束性条件（Schegloff，2007：148-149）。在这里，他人发起的修正，是指在会话过程中，SPP 的听话人指出存在的问题和困难，由说话人或听话人完成修正的一种行为。

比如，在语料 3.3.15 中，Connie 在第 2 行回答了 Dee 的问题，但 Dee 并没有接收到 Connie 的回答，因此在第 4 行发起了一个修正（即第 1 行和第 2 行的相邻对的一个后扩展），使得 Connie 在第 5 行再一次回答了 Dee 的问题，在第 4 行和第 5 行形成一个后扩展。

语料 3.3.15（Schegloff，2007：149）

1　Dee：F_b→Well who'r you workin for.

2　Con：S_b→‧ hhh Well I'm working through：：the Amfat Cor-
poration.

3　　（0. 8）

4　Dee：F_{post}→The who?

5　Con：S_{post}→=Amfah Corpora［tion. (.) 's a holding compa-
ny.

6　Dee：SCT→［Oh.

7　Dee：SCT→Yeah.

后扩展与相邻对的优先性组织具有联系。谢格洛夫认为，在很多案例中，优先的 SPP 是与序列的结束相关的，而非优先的 SPP 则是与序列的扩展相关的。虽然最小后扩展可能对优先性组织并不敏感，但非最小化后扩展一般都产生于一个非优先的 SPP 之后（Schegloff，2007：152–155）。在实际会话活动中，如果主相邻对的 SPP 是非优先的，主相邻对的 FPP 的说话人往往对得到的回应不满意，因而，非优先的 SPP 不为 FPP 的说话人所接受，试图改变对方的回应。

会话序列组织的这种结构特征是研究人们在会话活动中的思维和行动方法的重要依据，但我们并不能把这些结构看作普遍存在于日常会话活动之中并支配会话活动的必然规则。在不同的社会文化语境中，会话序列组织的结构特征可能极为不同。总体来说，会话序列组织的这种结构特征有利于分析人们的互动方法，是研究者理解和分析会话互动的工具和资源。

二、相邻对的优先性组织

（一）优先性组织的概念

根据相邻对的条件相关性概念，在会话活动中，当说话人给出一个

FPP 之后，听话人的回应有多种选择的可能。德鲁指出，会话分析的一个最明显特征，就是探索人们从执行特定行为的多种可能选项中选择其中一个选项的系统基础（Drew，2013b：2-19）。安妮塔·波梅兰茨（Anita Pomerantz）等人发现，在会话活动中，面临一个已经被给出的 FPP，虽然随后发生的行为具有多种可能性，但与 FPP 相关联的多个 SPP 类型并不是等价的，它们并不是对称选项。在特定的场景中，某些回应相比另一些回应来说是优先的（preferred），而它的备选项则被认为是非优先的（dispreferred）（Pomerantz，1984：57 - 102；Pomerantz and Heritage，2013：210 - 228）。谢格洛夫将这些不同态度分为两种类型，分别将其称作正向的（plus）（用"+"表示）和负向的（minus）（用"-"表示）。一般情况下，正向回应（接受、允许、同意等）是优先的，负向回应（拒绝、婉拒、不同意等）是非优先的（Schegloff，2007：59-60）。一般来说，优先的行为是具有亲和力的，而非优先的行为是不具有亲和力的；优先的行为是有利于社会团结的，而非优先的行为是破坏性的（Heritage，1984a：269）。

对优先性组织的研究具有重要意义。波梅兰茨和赫里蒂奇认为，通过优先性组织可以研究如下两个方面的重要内容：①文化共享的优先原则，比如，在可能的情况下，尽可能不要拒绝请求；②基于优先原则的说话和行为的可发现的有序方法，比如，拒绝回应通常是拖延性、解释性的（Pomerantz and Heritage，2013：210）。对优先性组织的研究，有助于我们对人们的说话和行为方式进行研究，还能对这些说话和行为方式的文化基础进行研究，具有重要的理论和实践意义。

根据会话分析的理论，优先性组织是一种社会结构，独立于会话者的心理状态。阿特金森和赫里蒂奇认为，优先性这个词指的是一系列非等价的行动过程中的选择，通常以能反映备选方案的制度化等级的方式被执行。不管它的内涵如何，这个词并不是指个人的、主观的或心理的欲望或性情（Atkinson and Heritage，1984：53）。谢格洛夫也强调，关于优先性和非优先性的讨论，要把焦点和研究方向集中于序列的、社会的、互动的特征，而不是心理学特征。优先性和非优先性指的是序列各部分之间的结构性关系。无论对于参与者哪一方，这都不是关于会话者的动机、愿望或喜好（在那种意义上的优先性）的问题，虽然在大部分的语料中，优先性结构与参与者个人的喜好都是一致的（Schegloff，2007：61）。克里夫特和梅纳德等人同样认为，相邻对的优先性组织是社会互动和实践中的不对称模式和组织，它与会话者个人的心理倾向或动机是没有任何关系的，这仅仅是一种话语所对应的社会的序列组织的结构特征，尽管在许多情境下，优先性组织与交际者的个人喜好会有重合（Clift et al.，2009：49；Maynard，2005：519）。经过长期经验研究的归纳总结，相邻对的优先性组织的行为和结构特征得以揭示，具有一定的普遍性。

（二）优先性组织的行为特征

1. 同意/不同意

萨克斯在早期就通过对"是—否"（yes-no）类型问题的回应进行了研究，发现了"是"的回应是优先的，而"否"的回应一般都是非优先的（Sacks，1995b：533-540）。波梅兰茨对同意/不同意的行为的优先性进行了深入分析。她发现，SPP 的"同意"回应具有明显的优先性，对相邻对的 SPP 的"同意/不同意"回应类型与优先性/非优先性的结构特征之间的关系进行了研究。她发现：①同意回应的整个话轮都是同意成分，不同意回应前通常会有一个引语；②同意回应一般都具有一套固定的同意成分，但不同意回应的形式就比较多样化了，可能是含蓄的不同意，也可能是态度明确的不同意，还会以部分同意或部分不同意的形式出现（不同意回应中比较弱的回应形式）；③同意回应一般都会立刻给出答复，尽量减少间歇时间，但不同意回应通常都会在拖延一到数个话轮之后被给出；④如果接收者既没有给出同意回应也没给出不同意回应，而是采取了间歇、澄清请求及诸如此类的回应，就可以被看作给出了含蓄的不同意回应（Pomerantz，1984：65）。通常情况下，同意回应比不同意回应更优先，接受比拒绝更优先。参与者在同意和接受方面，会立即给出直接的回应，而那些不同意、不接受的回应往往在明显的拖延之后，通过结合前面的关联词汇、以暗示而不是直接陈述的方式表达出来。

波梅兰茨进一步区分了同意回应的种类，她认为充当优先回应的同意回应方式有如下三种：①高阶（upgrade）评价，即听众采用比说话人所使用的词语的程度更高阶的词语进行回应，或是对说话人所展现的态度进行增强；②平阶评价，即听众给出与说话人相同程度的评价；③降阶评价，即听众用了比说话人更弱的词语或回应方式来表示同意（Pomerantz，1984：64-70）。比如在语料3.3.16中，听话人就采取了降阶评价。

语料3.3.16（Pomerantz，1984：83）

1　J：T's− tsuh beautiful day out isn't it?

→2　L：Yeh it's just gorgeous ...

不同意回应也可以分为强弱两种形式。波梅兰茨发现，强的不同意回应就是直接给出一个与之前的评价直接相反的回答，但是，在不同意成分前往往具有间歇、犹豫的开场白、澄清请求等，这种形式只包含不同意成分而不包含任何同意成分；弱的不同意形式的回应则是一种"同意+不同意"的形式，在这种共生的同意结构中，不同意的成分被构造成了部分的同意或不同意，比如限定性条件、例外情况、附加条件等。虽然同意和不同意的成分都存在于"同意+不同意话轮组织"中，但这种话轮类型是被用来表示不同意的，而不是用于表示同意的，是一种非优先的组织（Pomerantz，1984：74-75）。总体来看，同意是直接的，而不同意是含蓄的，同意的话轮并不需要附加不同意的形式。

通常情况下，同意的回应是优先的，不同意的回应是非优先的，但也存在例外情况。比如，自贬情形中，同意的回应就是非优先的，不同意的才是优先的（Heritage，1984a：269）。比如，在语料3.3.17中，听话人的不同意回应显然是优先的。

语料3.3.17（Pomerantz，1984：85）

1　G：... but it's not bad for an old lady.

→2　C：You're not old, Grandma ...

优先性组织的这种文化特点和语境特殊性是研究者需要加以关注的。比如，在欧美文化中，在面对他人的赞美的时候，被赞美的人往往需要接受对方的赞美并致以谢意，这种对赞美的接受在欧美文化中是一种优先的回应。然而，在中国的文化中，面对他人的赞美，被赞美者往往会自贬或给出不同意回应，但这种否定或拒绝却是优先的回应。优先性组织反映了规则的社会文化语境依赖性。

2. 反转

谢格洛夫发现，在实际会话活动中，优先的回应可以被反转（default），很多实际的非优先的回应可能会被塑造成优先的形式。在语料3.3.18 中，面对 A 的提问，B 首先给出了一个同意的优先的回应，说自己有朋友。但是，B 随后进行了解释，那些朋友只是名义上的朋友，而且是 B 曾经拥有的朋友，对之前给出的肯定回应进行了反转，表明自己没有朋友。

语料 3.3.18（Sacks，1987：62）

1　A：F→How about friends. Have you friends?

2　B：S→I have friends. So-called friends. I had friends.

3　→Let me put it that way.

在实际会话活动中，一般是这样的情形，会话者快速地给出一个回应，但却紧接着推翻刚才自己所做的回应，甚至在说完之前就进行修正，而且这种修正是一种自我引发和修复的修正。在通常情况下，会话者通过对前面的内容表示默认来首先给出一个优先的回应，但在随后的过程中以修正的形式将其反转为一个非优先的回应类型。在语料 3.3.19 中，Ava 在第 3 行首先给出了一个优先的回应"Y-"，但随后便进行了修正，她是在周三而不是周一有课。

语料 3.3.19（Schegloff，2007：66）

1　Ava：[Oh I ha] ve thee- I have one class in the e：vening.

2　Bee：F →OnMondays?

3　Ava：S →Y-uh：：：Wednesdays. =

4　Bee：=Uh-Wednesday，=

在实际会话活动中，还会产生一种"同意+不同意"结构。谢格洛夫认为，在这种实际会话活动中，优先的回应被用于拖延非优先的回应的出现，最常见的这种结合就是"是的，但是……"形式。在这种形式中，真实的互动后果是非优先的，SPP 被处理成为优先的回应的一种例外或修正（Schegloff，2007：69-70）。在语料 3.3.20 中，当 B 面临 A 的询问（反问）时，B 首先给出了一个同意形式的优先的回应，但随后又用一个"除非"开头的语句对自己刚才给出的答案进行了限定或部分否认。

語料 3.3.20（Sacks，1987：63）

1　A：F → 'N they haven't heard a <u>word</u> huh?

2　B：S →Not a word, <u>uh</u>-uh. Not-not a word. Not at all.

3　　　→<u>Except</u>- Neville's mother got a call …

3. 其他

"同意/不同意"的行为是判定 SPP 是优先的/非优先的一种重要行为特征，但在日常会话活动中，还存在很多其他会话类型，同意/不同意的行为特征可能并不适用于这些会话活动的优先性组织的判断。谢格洛夫说道，不同的相邻对类型适用于不同的判断方法。对于一些类型的 FPP，比如评价或者答案为"是或否"的提问，正向回应一般指向为同意，而负向回应则指向为不同意。而对于另外一些类型的 FPP，比如请求、建议、邀请、告知等，同意/不同意就显得没那么恰当了（Schegloff，2007：59）。

对于优先性组织的分析来说，会话的行为特征是识别优先性组织的重要参考因素。正如会话分析所坚持的：不仅要分析行为，更要在序列中分析行为。本研究将在下文说明，序列的结构特征也是帮助我们分析优先性组织的重要因素。

（三）优先性组织的结构特征

会话分析创立以来，研究者发现了相邻对的优先性组织的结构，并对其进行了广泛的研究。那些被用于体现和执行优先和非优先的回应的话轮，常常都具有一些结构特征。虽然优先性组织的结构特征并非每次都会在话轮中出现，但确实可以通过一系列规律性的特征将话轮区分为优先的和非优先的。

1. 直接的/间歇的或拖延的

波梅兰茨发现，优先的回应一般会立即被给出，优先的行动类型往往表现出话轮间歇的最小化，而非优先的行动类型往往具有行动拖延（delay）、内容不明确等特征（Pomerantz，1984：64）。在对"邀请—接受/拒绝"的相邻对研究中，赫里蒂奇发现，作为优先的组织的接受一般会表现为没有拖延的直接接受，而拒绝则具有较为复杂的形式，比如：①拖延，话轮之前的停顿，或通过在相邻对的 SPP 之前插入成分来拖延拒绝的回应；②引语，在话轮开始处加入"uh""well"等成分，或使用同意、感激或道歉等语言，或使用限定词；③解释，通过解释来说明拒绝邀请的理由；④缓和（declination）成分，这些成分通常是缓和的、限定性的或间接性的（Heritage，1984a：266-267）。优先性行动一般是直接的、非拖延的，而非优先行动则是拖延性的、限定性的或解释性的。现有研究表明，这种特征极为普遍，受社会语境或说话人的主体因素（个人的愿望和偏好）的影响很小。

拖延是说话人最常用的一种策略或工具，它预示着可能的"损面子"拒绝，最大化地展现了非优先的回应的出现的可能性。一般来说，在一个话轮结束以后，优先的回应往往会立刻被给出，或在一个短暂沉默后就立刻产生，也就是说，相邻对的 FPP 和 SPP 中间没有插入任何内容，下一个话轮很快产生，没有任何话轮拖延。这些回应与其相应的 FPP 是连续的。而那些非优先的回应则与之相反，它们通常与 FPP 是不连续的。其中，最为常见的就是话轮之间的间歇和话轮内部的拖延两种情形。

第一种常见情形就是话轮间歇。在邀请、建议、请求和提议中，话轮间歇往往预示着被拒绝的可能性。比如，在语料 3.3.21 中，在 H 向 S 发出一起去购物的请求后，会话中出现了间歇（第 3 行），最终，S 委婉地拒绝了 H 的购物请求，因为她还要在家带孩子。这个事例说明了会话中的间歇通常预示着非优先的回应的出现。

语料 3.3.21（Heritage，1984a：273）

1　H：I mean can we do any shopping for her or.

2 something like tha：t?

3 → (0.7)

4 S：Well that'smost ki：nd Heatherton . hhh At the.

5 momentno：. because we've still got two bo：ys at home.

第二种常见情形是话轮开始位置的拖延。谢格洛夫认为，话轮开始位置的拖延是指，当回应话轮开始了，回应的开始位置不是被 SPP 而是被其他成分所占据，并且这种情况通常伴随着拖延，使得 SPP 在话轮内被拖延，或是话轮的起始位置由一些阻碍性的成分及其他话语标记所占据（Schegloff，2007：68）。这些特征都是较为明显的非优先性的结构特征。比如，在语料 3.3.22 中，Bee 的回应也是使用了语气词、深呼吸、解释性话语等各种阻碍性成分来拖延回应，在话轮末尾告诉对方自己甚至可能都不在家，给出了一个非优先的回应。

语料 3.3.22（Schegloff，2007：68）

1 Ava：Well if you wan' me（to）give you a ring tomorrow morning.

2 Bee：Tch! ·hhh We：ll y–you know, let's, eh–I don' know, I'll see（h）may.

3 ［be I won' even be in,］

又比如，在语料 3.3.23 中，B 在回应之前插入了一个疑问的话轮成分，减缓随后的非优先的回应的给出。

语料 3.3.23（Schegloff，2007：63）

1 A：F →Is it near Edinburgh?

2 B：S →Edinburgh? It's not too far.

在会话活动中，上述两种结构特征往往是一同出现的。比如在语料 3.3.24 中，当 Donny 向 Marcia 发出了请求（第 11 行和第 12 行），在 Marcia 进行回应之前，出现了一个 0.3 秒的间歇（第 13 行），由于 Marcia

没有接过话论，Donny 重新发起了会话①。Marcia 在进行回应之前，又用了很多的语气词（Yea<u>h</u>：- en 等）拖延给出回应的时间。

语料 3.3.24（Schegloff, 2007：64）

→11　Don：I don' know if it's po：ssbible, but ｛（·hhh）/
（0.2）｝see.

12　Ihaveta open up the b<u>a</u>：nk . hh.

13　（0.3）

14　Don：a：t uh：（.）in Brentwood? Hh=

→15　Mar：= Yea<u>h</u>：- en I know you want-（.）en I whoa-
（.）en I.

16　<u>w</u>ould, but- except I've gotta leave in aybout five.

17　min（h）utes.⌈（hheh）

从语料 3.3.24 可以看出，非优先的回应是缓和的，甚至在某些时候，非优先的回应可能几乎消失了。从行为特征上看，虽然 Marcia 并没有给出一个答应或拒绝的行为，但通过对这些结构特征的分析可以看出，Marcia 最终在第 15~17 行给出的回应是非优先的，实际上是一种相当委婉的拒绝行为。

2. 简洁的/解释性的

赫里蒂奇认为，在邀请、请求等会话类型中，FPP 投射了具有亲和力的 SPP 的可能性，而且与说话人之间的面子和关系有着密切关系。如果 SPP 的说话人要给出一个非优先的 SPP，往往需要进行说明，从而表明自己的回应是基于一种无过失（no fault）的考虑（Heritage, 1984a：272）。因此，在会话实践活动中，优先的回应一般都简短而且直接，它们通常不被认为是需要进行解释的，而非优先的回应则是说明性的，尤其是非优先的回应往往都伴随着解释、道歉或评价等（Schegloff, 2007：65-66）。比如，在邀请会话中，"拒绝"作为非优先的回应，往往会避免直接被给出，

---

① 根据话轮转换规则，当下说话人说完一段话，如果没有人接话论，当前的说话人应该继续说话（参照附录 A）。

会话者往往会给出一些与不能接受邀请相关的信息。同时，伴随详尽解释的优先的回应在会话实践中是非常少见的。

比如，在语料 3.3.25，面对 B 的邀请，A 首先表示了谢意，然后委婉地拒绝了对方的邀请，同时给出了自己为什么不能赴约的原因。

语料 3.3.25（Schegloff，2007：65）

1 B：And uh the- Uh if you'd care to come over and visit a little.

2 while this morning. I'll give you a cup of coffee.

3 A：→hehh! Well that's awfully sweet of you. I don't think I can.

4 make it this morning, hh uhm I'm running an ad in the paper.

5 and-and uh I have to stay near the phone.

在会话实践中，当说话人给出 FPP 之后，听话人有时候会立即给出一个非优先的 SPP，但更为常见的情况是，在真正给出非优先的 SPP 之前或之后，往往会进行一番解释。非优先的回应不仅会伴随障碍性的成分，而且往往会伴随解释、理由、评价等成分，并且这些成分往往会出现在话轮中比较靠前的位置，破坏 FPP 和 SPP 之间的连续性，从而拖延非优先的 SPP 出现。如果联系参与者的主体性因素，这种特征就更加容易被理解。赫里蒂奇调侃说，一个人如果在拒绝的时候甚至都不给个理由说明，对被拒绝的人来说，那简直是伤害之外再附加侮辱，因为对于被拒绝的人来说，拒绝的人甚至都懒得去"发明"一个借口（Heritage，1984a：273）。在一般情况下，直接的、不给出解释理由的非优先的回应往往会让对方难堪或受打击，参与者有必要采用一些方法来表明自己行动的充分性，同时保全对方的面子。

会话活动是说话人之间的双向互动，会话双方都会竭力保障会话过程的连续性，因此，作为 SPP 的说话人，在会话可能遭遇障碍性成分时，他们会积极调整 SPP 的结构，先给出一个优先的 SPP 或尽量拖延非优先的 SPP 的给出，保障会话活动过程的连续性。在会话实践中，上述结构特征可能单独出现也可能联合出现，所以我们在判断日常会话活动的优先性组织时，往往需要结合具体语境来综合判断。所有这些结构特征都能单独出现，也可能联合在一起被使用，我们要根据实际情景来理解具体会话活动的回应的优先性。

相邻对的优先性组织具有一些一般性的特征：①从行为上看，优先的回应一般是同意的、支持的、肯定的、正向的、积极的等，非优先的回应一般是不同意的、反对的、否定的、负向的、消极的等，或是以"同意+不同意"这一类更弱的形式出现；②从结构上看，优先的回应一般是直接的、简洁的，非优先的回应一般是委婉的、拖延的、解释性的；③从扩展相关性上看，优先的或正向的 SPP 都是非扩展性的，非优先的或负向的SPP 则是扩展相关的。相邻对的优先性组织的行为和结构特征见表 3-1。

表 3-1　相邻对的优先性组织的特征

	优先组织	非优先组织
行为特征	同意的、正向的、积极的、附和的（自贬、夸奖情况相反）	反对的、负向的、消极的、否定的（自贬、夸奖情况相反）
结构特征	直接的、简洁的	委婉的、拖延的、解释性的
扩展特征	非扩展性的	扩展相关的

在会话实践中，优先的 SPP 的回应方式较为简单，非优先的 SPP 的回应方式要复杂很多。会话者总是希望采取各种方式来避免非优先的 SPP，致力于在序列组织中让自己那一部分是连续的、同意的或处于优先关系，努力维持会话过程的连续性。尽管优先性组织的行为与结构特征是社会的、制度化的，但根据常人方法学的反身性的分析，行动与规则之间存在反身性关系，参与者的主体性因素被纳入考量，这不仅不会破坏优先性组织的客观性，而且能更加丰富地展现优先性组织的动态性。相邻对的优先性组织是一种既存的社会事实，是人们开展社会活动可利用的资源，是人们的一种社会互动成就。在广义论证的研究中，我们要结合论证者的主体性因素来帮助我们更好地理解论证者的论证性话语和行为。如果我们结合参与者的目的和意图来分析会话的序列组织，就有助于我们理解行动者的

话语和行动的功能。

　　无论是会话序列的层次性结构，还是相邻对的优先性组织的行为和结构特征，它们都不是僵死的客观对象，而是人们的行动成就。它们是人们行动的资源，也是研究者可以利用的资源，但我们并不能把这些行为和结构特征看作必然具有普遍合理性的规则。对于广义论证的研究来说，会话序列组织的行为和结构特征提供了分析人们组织和实施论证行动的资源，但不能将这种资源看作与论证实践无关的抽象特征。

第四章

面向广义论证的会话分析

会话是日常论证最常见的形式。然而，从表面上看，日常会话的数据表现出散漫的、碎片化的特点，日常会话的现象往往显得杂乱无章、内容琐碎、无规律可循。在日常的会话活动中，会话的参与者好像在任何时候可以随意说话，并不需要遵守什么规则，想什么时候说就什么时候说，想说什么就说什么，谁也约束不了谁。会话型论证数据不具备明显的有意义的结构性特征，难以被论证研究所分析。此外，实际发生的广义论证往往都是以口语进行的，转瞬即逝，如果只是凭借传统的回忆、笔录等方式来进行材料搜集和记录，论证活动过程就相当于被记录者进行了全面重构，许多具有重要功能的微观行为结构（比如音调变化、沉默、深呼吸和肢体动作等）极容易被忽视，使研究者不能对论证性话语和行为的意义进行准确理解。因此，我们需要面对和解决的问题是：如何能够真实记录广义论证的数据？如何将这些数据如实转变为可供分析的文本材料？如何从这些文本中提取论证的结构和规则？

会话分析的研究表明，人们的日常会话活动并不是随意的，人们的日常会话活动不仅会遵守规则，而且具有结构性特征。会话分析的录音和录像的手段可以让我们如实记录下广义论证的过程，而会话分析的转写工具能够将广义论证的数据转写成可供分析的文本材料，呈现论证过程中的真实话语和行为的序列。会话分析的理论和方法在广义论证的数据分析中具有强大的能力，会话的优先性组织和序列组织的层次性结构对于论证研究都具有重要意义：优先性组织展现了论证者之间的意见一致性或分歧性特征，而序列组织则反映了论证者管理意见分歧的方法。会话分析为广义论证数据，尤其是会话型论证的数据处理与分析提供了有利的工具和资源。

第一节　会话型论证模型研究

　　自然发生的会话是日常交流活动的主要形式，是北美交流理论研究的重要对象①。北美交流理论的代表人物雅各布斯和杰克逊认为，只要我们对日常会话的内容稍加考察，我们就能发现其中所普遍存在的论证，论证是人们的日常生活的基本组成部分（Jacobs and Jackson，1982：205）。在他们看来，日常会话活动是一种受规则约束的合作性成果，具有分歧管理的论证性特征，他们将这些具有论证性特征的会话交流称为会话型论证（conversational argument）。这种论证不是某个人独自推理得出结论的过程，而是两个或两个以上的人通过交流管理意见分歧的方法。杰克逊和雅各布斯的研究表明，使用会话分析的理论和方法来分析日常交流活动的数据，自然发生的表面上无规律的论证数据能够被有序的、理性的组织结构所处理，一些曾被人认为是无法进行形式分析的现象（比如日常交流会话）可以进行系统的形式分析（Jackson and Jacobs，1980：264）。20世纪80年代，雅各布斯和杰克逊注意到了用会话分析的方法来研究日常会话中的论证的可能性，并率先进行了一些尝试。

---

　　①　北美交流理论并不是一个统一的理论体系，它有着诸多不同的研究进路。北美交际研究的传统是区分确信（conviction）和说服（persuasion）：前者主要与推理和逻辑相关，即通过逻辑或说理能够使听者确信某种观点或立场；后者主要与情感相关，比如，通过情感感染等手段达成说服的目的。一般认为，北美交流理论关注语篇与交流的关系，关注如何通过符号创造意义的过程。北美交流理论的研究范围比论证的范围更广，但论证一直都是其主要研究对象之一（van Eemeren, et al., 2014：425-427）。

一、会话型论证的序列规则模型

雅各布斯和杰克逊认为，论证是一种语言活动，它是在各种语言游戏内进行的一种语言游戏——协商请求的结果、发出和接收抱怨、攻击和辩护断言。论证的作用是调节同意和分歧的出现，从而协调个人对这些更广泛的语言游戏的贡献。论证是根据抽象规则系统来进行的，这些抽象规则系统定义了该活动为论证。人们不能在这些游戏之外暗示、制造或从事一个论证。在这个游戏中，人们能够通过语言进行交流，他们知道这个游戏的规则，并且或多或少能基于这些规则来理性地玩这个游戏。雅各布斯和杰克逊基于交流理论的框架来理解论证，他们想知道论证是如何被理解和被交流的（Jacobs and Jackson，1982，1983，1989）。他们试图将论证理论与如下考虑联系起来：论证如何被识别和表达，论证在更广泛的会话交流中发挥了什么样的作用。在交流理论的视野下，论证研究的根本问题是：我们要去了解论证是如何进行的。

根据雅各布斯和杰克逊的研究，在会话型论证中，作为主相邻对的话轮暴露了分歧，而为了管理或消除分歧，会话者基于主相邻对进行了扩展，在这个过程中，既有可能暴露更多分歧（甚至最终无法解决分歧），也有可能通过扩展的对话最终消除或修复了分歧（Jackson，2015）。论证者对分歧的管理过程最终呈现为会话型论证的结构性特征，分歧管理的功能是会话型论证的核心，而扩展结构是分歧管理的过程的结果表现。杰克逊和雅各布斯认为，会话型论证具有两个特征。其一，会话型论证需要具备分歧管理的功能性条件，即论证是与分歧相关的言语事件，是对分歧的投射、避免、产生或解决。其二，会话型论证需要满足结构性条件：论证要呈现为对一个主相邻对的结构性扩展（Jackson and Jacobs，1980：253-254）。功能性条件和结构性条件都是会话型论证的特征，但分歧管理功能是会话型论证的核心，结构性条件是分歧管理的结果呈现。

杰克逊和雅各布斯认为，会话分析所揭示的会话序列组织的特征为理解各种会话现象提供了实质性的框架，如果将会话分析的方法和成果应用于日常会话型论证的分析，这对于会话型论证的研究是非常有益的（Jackson and Jacobs，1980：251）。以相邻对为基础的会话序列组织体现了参与者如何管理分歧和形成序列组织的。雅各布斯和杰克逊在交流理论的视野下分析了论证交流的特点，借助会话分析的研究成果，提出了会话型论证模型。

雅各布斯和杰克逊提出的第一种会话型论证模型是序列规则模型（sequencing rules model）。雅各布斯和杰克逊提出，序列规则模型尝试通过确定那些直接在会话表层起作用的不可简化的惯例，从而建立一种论证语法（grammar of argument）。这种语法是：①会话结构的组成部分是话语；②这些话语可以被分成不同的言语行为类型；③会话中话语的连续性是由一些规则所决定的，这些规则规定了在给定的任何言语行为之后，哪些言语行为类型是有意义的、恰当的。基于这些论证性语法，序列规则模型呈现了会话结构的有序性（Jacobs and Jackson，1989：156）。在交流理论的视野下，会话型论证是一种遵守规则的游戏，序列规则模型的论证语法充当了管理这些游戏的规则。论证语法由结构扩展规则和功能规则两个相联系的方面组成。

第一，论证语法中的结构性规则与会话分析的序列扩展有关。杰克逊和雅各布斯认为，在会话型论证中，相邻对中的任意一个可能引发论证扩展的部分都可能是论证性的。FPP 或 SPP 的说话人都可以通过主动提出对自己的话轮中的观点的支持来暗示他们的话轮是论证性的。论证性话轮的扩展方式与会话分析的发现是一致的，即前扩展、插入扩展或后扩展，并且这种扩展方式可重复性地、递归性地被运用（Jackson and Jacobs，1980：257-258）。会话分析所揭示的序列的扩展结构反映了会话型论证管理的结构性规则，会话型论证的结构被看作围绕主相邻对的扩展。相邻对的可扩展性特征为会话型论证提供了一种灵活的生成机制。

第二，论证语法中的功能性规则与相邻对的条件相关性有关。如上所述，在会话分析的研究中，会话的基本构成单位是相邻对，相邻对的 FPP

和 SPP 显示了条件相关性。这种条件相关性不仅使 FPP 限定了 SPP 的类型，并且具有对同意的结构优先性。与 FPP 相一致的 SPP，倾向于以会话分析者所称的结构上的优先方式来表达，即立即的、直接的、绝对的、不加考虑或没有条件限制的形式来表达。恰当的 SPP 成为可预期的，它的缺失具有显著意义。杰克逊和雅各布斯认为，相邻对的条件相关性，尤其是对同意的优先性表明，出现分歧就说明存在特定的交流困难，肯定存在某种实质性的理由使得参与者未能产生优先的回应。因此，会话型论证的组织应该遵循这些一般性的会话规则，这些会话规则就是关于如何管理非优先的 SPP，促使会话型论证的话轮尽量产生同意的、优先的 SPP，避免分歧的产生（Jackson and Jacobs，1980：252-253）。会话型论证的功能性规则在于对分歧的管理，相邻对的优先性组织的研究满足了会话型论证的这种要求。

相邻对的扩展特征也为分析论证的功能组织结构提供了方法，各种类型的扩展结构为实施不同类型的论证策略提供了可能性。杰克逊和雅各布斯认为，一个前扩展可以预见一个主相邻对的 FPP 得到反对意见的可能性，或者，它可以建立一个共同承认的前提来为主相邻对的 FPP 进行辩护。前扩展被设计用来取得预先同意，从而确保即将产生的主相邻对 FPP 的论证性的核心议题避免遭遇反对或产生分歧。当前扩展的回应造成了对同意的可能阻碍时，主相邻对的 FPP 通常就不会产生。插入扩展投射了分歧可能性，插入扩展是在尽力不提供非优先的主相邻对的 SPP 的情况下从令人不快的主相邻对的 FPP 中退出，使主相邻对的 FPP 可以被撤回或修改，而不是被拒绝。插入扩展具有分歧相关性。后扩展可以重复失败的主相邻对的 FPP，或者它们可以探究主相邻对的 SPP 本身的正当性。它们或者被用于撤回一个相邻对成分，从而避免非优先的主相邻对 SPP，或者在后扩展的位置上暗示新的论证，以减轻已被接受或被允许的主相邻对的 SPP 的效力。重要的是，每个扩展位置（在主相邻对的 FPP 之前，主相邻对 FPP 和主相邻对 SPP 之间，或主相邻对 SPP 之后）提出的相同问题可能具有不同的论证功能和不同的互动结果（Jackson and Jacobs，1980：258-

261）。会话分析的几种序列扩展形式与论证策略有着不同联系，这取决于扩展形式是否涉及修复分歧或相关预期。这些扩展方式揭示了日常会话型论证中的各种可能性，它们暗示或提出一个论证，避免一个论证或撤回一个论证。

通过引入会话分析的理论和方法，杰克逊和雅各布斯的序列规则模型的解释力展现了优势。在序列规则模型中，相邻对的条件相关性和优先性组织的特征说明，会话序列绝不是简单的前后相继的位置关系，会话序列的层次性结构则揭示了论证行动序列内部的深层结构。雅各布斯和杰克逊认为，在序列规则模型中，每个表达式之间的关系都可以被刻画成一种层级结构，被时间分割开的表达式仍然会被看作一个整体，这对于链式模型来说是一个巨大的改进，从而避免链式交流模型中出现的许多明显的反常现象。同时，我们可以将会话型论证看成是相邻对的多种结构扩展。这种模型可以提供一种足够灵活的生成机制，这些机制可以被连续地和递归地运用，理论上，该模型可以刻画具有无限大范围的高度复杂的论证模式（Jackson and Jacobs，1989：157-159）。比如，在一段对话中，如果仅仅把言语行为过程看成是一条前后相接的行为链，那么就很难解释，为什么在经过一段时间之后，谈话者会回到之前所谈论的某个话题，而且双方认为这是合理的。如果借助会话分析的层级结构分析，我们就能清楚地分析其各个层级之间的关系，从而发现相隔数个话轮之间的两个话轮之间的条件关系，进而为会话活动提供更合理的解释。

二、会话型论证的言语行为模型

雅各布斯和杰克逊通过引入会话分析的方法研究会话型论证，提出了会话型论证的序列规则模型。虽然会话型论证的序列规则模型对于理解和分析会话型论证具有很多优点，但序列规则模型存在很多局限。在经验研究中，对会话序列进行纯粹的结构分析将面临一系列困难，主要包括如下五个方面。①相邻对无法解释什么类型的话语可以或不可以引发一个相邻对，许多话语没有很强的或明显的条件相关性，序列规则路径只能将这些不同类型的语言表达式处理为一些特设性的范围条件；②对 FPP 的许多恰当回应并不符合 SPP 的范畴，相邻对概念并没有提供一种清晰的方式来刻画可能构成恰当回复的话语的广泛类型；③即使我们在一定程度上接受了相邻对关系的完整性，这个概念也没有为识别相邻对提供一种原则性基础，没有一种原则性的方式来识别哪一对应该组合在一起，哪一对不应该组合在一起；④序列规则模型不能提供一种原则性方法来决定哪些话语可以或不可以成为结构上的从属扩展；⑤序列扩展存在无限多样性，序列的扩展策略和反策略的可能性是开放的，这意味着没有什么分类模式有希望涵盖所有可能的模式（Jacobs and Jackson，1989：159-161）。在雅各布斯和杰克逊看来，序列规则模型无法满足其对建立具有普遍适用性的论证语法规则模型的愿望，不能满足描述性能力和解释性能力的双重要求。仅仅通过会话序列的形式结构①来建构会话型论证的语法规则模型的途径是不可行的，有必要对序列规则模型进行改进，发展出更为合理的论证规则模型。

分歧管理是论证的核心功能。杰克逊和雅各布斯认为，分歧是相邻对的 FPP 与 SPP 之间的语用关系，这不仅与论证性话轮的命题内容相关，而且与其执行相关，需要利用言语行为理论来分析论证活动（Jackson and Jacobs，1980：257）。序列规则模型所面临的困难则恰恰源于，序列规则模型将组织融贯性的基础解释为结构单元的形式结构或语法，而不是将其看作一种交际行为，话的语用功能没有被纳入分析。因此，雅各布斯和杰克逊提出，序列规则模型不仅要关注语言结构，还要关注语用功能（Jacobs and Jackson，1989：161）。他们尝试结合语用学理论来解释会话的序列组织，提出了会话型论证的言语行为模型。

杰克逊和雅各布斯认为，采用语用学理论来分析会话型论证的序列组织，需要从两个方面来讨论会话型论证的言语行为模型。第一个方面是关

---

① 如无特殊说明，本研究所说的形式结构是指在语篇行动序列（会话序列）的各个组成部分之间的层次结构关系，而非指形式逻辑蕴义下的逻辑推理结构。

于言语行为的惯例性质，即恰当性条件（felicity condition）的概念。第二个方面是关于言语行为的合理性性质，即交际意图和语力（illocutionary force）的概念。他们首先讨论了会话型论证的言语行为模型的恰当性条件。

第一，雅各布斯和杰克逊认为，论证活动应该遵守恰当性条件。根据传统的言语行为理论，人们要实现以言行事，需要遵守命题内容条件、必要条件、真诚条件和预备条件四个恰当性条件①。上述条件决定了论证行为类型的恰当表现。根据这些恰当性条件，我们可以解释人们在会话型论证中的实施相应行为的依据。基于对恰当性条件的分析，他们提出了会话型论证的言语行为的惯例模型（conventional model），说明会话型论证中的言语行为是如何依照恰当性条件来进行的。雅各布斯和杰克逊认为，会话型论证的言语行为的惯例模型的恰当性条件应该包括四个：①命题内容条件，话语必须表达与其效力相应的命题内容，比如，承诺就引入了一个未来的事态，而报告则不能引入一个未来事态；②必要条件，言语行为的以言行事点（illocutionary point），比如，对于承诺行为来说，必要条件就是说话人的话语被认为是保证去执行所表达的未来行为或引起所表达的未来事件状态；③真诚条件，真诚条件规定了说话人承诺自己去执行这个言语行为的内心状态，比如，对于承诺来说，说话人承诺自己愿意去履行他们的承诺；④预备条件，规定了说话人应具有实施特定言语行为的惯例性的资格或身份，比如，对于承诺来说，这些条件包含了说话人在原则上有能力去履行自己的承诺（Jacobs and Jackson，1989：162）。

第二，论证研究应该关注论证的目的和意图因素。虽然言语行为的惯例模型能够解决序列规则模型所遇到的一些困难，但雅各布斯和杰克逊很快发现，恰当性条件是通过联系结构与功能、识别层级组织的实质基础来

① 命题内容条件是指，说话人说出一个命题，就是要引入一个将来可能要发生的事件或行为；必要条件是指，说话人说出一些话语就需要承担执行这些话语的义务；真诚条件是指，说话人说出一段话时，他是真心愿意去执行相应的行为；预备条件是指说话人有执行相应行为的能力或资格。

解释言语行为的，这将导致言语行为的惯例模型遭遇序列规则模型相同的困难，而这种困难主要来源于将言语行为作为会话组织结构的成分。经验事实的反例表明，通常情况下，人们并非是依据交际者所实施的言语行为类型，而是依据他们所感知到的交际者目的和计划来理解和回应的。言语行为的惯例分析和序列规则分析一样，都依赖于将言语行为范畴作为话语相互关系的基础，但日常会话活动却似乎是将目的和计划假定作为话语相互关系的基础（Jacobs and Jackson，1989：163-164）。仅仅依赖于对言语行为的恰当性条件的分析，不能够对会话型论证的行为序列的融贯性进行合理解释。为了更加合理地解释人们在会话型论证中的行为，他们将交际者的目的和计划纳入分析，提出了会话型论证的言语行为的合理性模型（rational model）。

与通过言语行为的恰当性条件来分析会话型论证的言语行为相比，在言语行为的合理性模型中，会话被看作一个协调计划和磋商会谈的过程，而不是人们将规则应用于理解行为的结果。这一过程并非是简单地依照行为规则行事，而是一个努力解决问题的过程，人们根据合作行为和实践推理来达到交流目的。

如果我们将会话看作一个由目的和计划组成的结构，会话型论证的融贯性就可以被解释，许多惯例模型中的反例就变得合理，因为它们可能没有遵守恰当性条件，但却实现了特定的交际目的。雅各布斯和杰克逊认为，言语行为的合理性模型强调了言语行为的目的结构。言语行为是实现目标的惯例手段，这些言语行为本身可能是一个更广大的目的结构或计划中的子目的。它们是完成任务计划的要素。比如，提出一个论证通常与让听话人接受（或拒绝）某些观点有关，而这种效果可能是一个更广大计划中的一个子目的，让一个论证得到承认就是达成更大目的的一个步骤（Jacobs and Jackson，1989：165）。根据这种看法，会话型论证都是要为了达到一定的交流目的而进行的，在遵守特定的言语行为规则的基础上，会话型论证的言语行为致力于实现这些交流目的。对会话型论证过程的融贯性解释不仅涉及言语行为的惯例性条件，还要考虑论证行为是否有助于会话的交流目的的实现。

在过去 30 年的研究中，雅各布斯和杰克逊关于会话型论证的规则模型的研究随着经验研究的发展而不断推进，主要分为三个阶段。在第一个阶段，他们发现了会话型论证中存在以相邻对为核心的序列组织，试图发展一种能够解释相邻对结构的生成的论证语法规则。随着经验研究的发展，他们发现，这种序列规则模型遭遇了许多难以解决的困难。在第二个阶段，他们又试图引入言语行为理论来解释序列规则模型所遭遇的问题，建构了会话型论证的言语行为的惯例模型。在第三个阶段，他们发现，单凭言语行为的规则模型还难以对某些话语行为的合理性进行解释，因此，必须对会话的目的进行考察。结合会话目的和言语行为规则，他们建构了会话型论证的言语行为的合理性模型。

会话型论证的序列规则模型、言语行为的惯例模型、言语行为的合理性模型三者并非是简单的替换关系。雅各布斯和杰克逊强调，在规则模发展的每一个阶段，后一阶段的模型并非是对前一阶段模型的简单取代。言语行为解释并没有被抛弃，而是对“行为对子”概念的重新理解。这些在先前被认为是结构规则的配对，被证明为更深层的功能原则。虽然序列规则模型不能为会话型论证的结构特征提供一种普遍合理的解释，但毋庸置疑的是，会话分析所揭示的结构性特征是会话型论证的结果，是开展进一步的论证研究的基础。合理性模型保留了早期模型的概念和原则，并将序列规则模型和言语行为的惯例模型重新解释为更深层次的社会合作原则的一种外化表现。

三、会话型论证模型的价值与局限

在 20 世纪 80 年代，杰克逊和雅各布斯注意到了会话分析在论证研究中的价值，在会话分析与论证理论研究的跨学科研究中做出了具有重要价值的探索。他们的研究表明，运用会话分析的方法研究会话型论证，可以从广义论证的杂乱无章的数据中抽离出论证的结构和功能特征。然而，仅仅依赖于对广义论证的形式结构的分析，还不足以解释论证性话语和行为的合理性，因此还需要充分考察论证话语和行为的目的、功能，以及其依赖的社会文化规范。

一个基本的论证语篇（会话分析中的序列）是基于相邻对扩展而来的，会话序列的有层次的结构特征体现了双方的分歧管理过程。但是，对这样的一个互动过程的分析，仅仅局限于表达的形式结构的分析是不够的，我们还需要关注参与者的目的和意图。对于一个具有意见分歧的会话序列，主相邻对的 FPP 的说话人竭力试图说服对方给出一个主相邻对的优先的 SPP，而主相邻对的 SPP 的说话人则往往在这个过程中推动或阻碍主相邻对的 FPP 的说话人的论证目的的实现。一个基于主相邻对扩展而来的序列，既在形式结构上是一个完整的单位，也是实现论证目的的一个功能单位。雅各布斯和杰克逊的研究给当代论证研究带来了重要启发：我们可以采用会话分析的方法来研究广义论证，但要使论证目的和意图足够充分。这种跨学科研究可以帮助我们分析广义论证的形式结构，也有助于我们在此基础上研究论证活动的功能。

结合论证的目的和意图，论证行为的融贯性就能得到更深层次的合理性解释。就如雅各布斯和杰克逊所说，合理性模型能够处理许多对于会话序列的惯例模型来说是异常的会话现象。对于合理性模型，相邻对是以下问题的标准解决方案：说话人传达了一个听话人需要满足的目的，然后，听话人以推动或阻碍这些目的的方式进行回应。而扩展话轮的功能就是推动或阻碍这些目的的实现，序列的扩展现象也能得到合理解释，扩展的话语和行为被看作用于建立或取消一个计划中的高阶行为的有效执行所必需的先决条件（Jacobs and Jackson，1989：166）。一旦我们了解了会话者是如何将他们的行为与交流目的联系起来的，会话的各种结构性特征的合理性就可以得到解释。因此，在论证实践活动的研究中，我们需要关注论证的目的和意图，以及论证者为了实现这些目的和意图所实施的行为的功能。

通过引入会话分析的理论和方法，雅各布斯和杰克逊对实际发生的会话型论证进行了研究，提出了会话型论证模型，推动了相关研究的发展。但是，他们的研究也存在一定局限性。雅各布斯和杰克逊的研究仍致力于提出一种普遍交流模型的理想，在言语行为模型中，他们通过引入言语行为理论来克服序列规则模型的不足，将言语行为的恰当性条件当作具有普遍适用的语用原则，将其作为论证功能实现的普遍规则。

我们对雅各布斯和杰克逊试图提出的恰当性条件进行了批评，根据常人方法学的研究，人们的日常社会活动都是权宜性的，人们的行动并不会普遍遵守某些抽象规则或规则模型，雅各布斯和杰克逊的理论目标在理论上是无法实现的。其一，雅各布斯和杰克逊将抽象的语用学规则当成论证者使用语言所必须遵守的普遍社会义务，并促使他们产生一种关于论证活动的普遍性规则模型的愿望。根据常人方法学的研究，人们的行动是权宜性的，无论规则模型怎么发展、变得如何复杂，终将会遭到无穷无尽的意外事件的挑战，规则总是存在意外情况。抽象规则是人们开展权宜性活动的资源，但其自身也是这些权宜性活动的成就，是在不断被建构的，是动态发展变化的。其二，根据会话分析的理论，恰当性条件的理论依据是存在问题的。在塞尔的理论中，人们的话语是执行某种行为的方式，命题内容条件、必要条件、真诚条件和预备条件是使言语行为被成功执行的普遍条件。但是，塞尔的这种理解方式遭到了谢格洛夫的批评。谢格洛夫认为，在语言与社会行动关系方面，塞尔的言语行为理论是误解性的，塞尔的理论将日常话语的局部结构看作形式分析的静态对象，往往不能对实际发生的话语和行为产生正确理解，比如"我保证……""我承诺……"这样的话语有时完全不是一个承诺。塞尔的言语行为理论必然会遭遇两方面的困难：①为什么不同的语言学形式能够实施相应的行为；②为什么相同的语言学形式能实施不同的行为？我们不能通过将日常语言还原为特定的语言学形式来分析其语用意义，而是要将其放到具体的序列中，根据其出现在序列中的位置，联系前后话语和行为来理解其意义（Schegloff，1984：29-35）。博格认为，语言形式和社会义务之间的语用关系作为可理解的话语和行动的情景化产生的一种权宜资源，是作为"工具"而不是"规则"的。语言形式与社会义务之间的关系构成了一个庞大的、异质性的、基本上未经研究的社会现象的领域，而且这一领域是无法被简单的言语行为理论的形式和类型所捕捉的（Bogen，1999：60）。根据会话分析的研究，广义论证是通过一步一步的权宜性活动来进行的，对他人行动意义的理解以及自我行动的组织和实施并不是完全受塞尔的言语行为规则支配的，研究者如果想要为人们的广义论证提供合理性的解释，必然要以活动自身的内在组织方式来进行，而不是凭借外部的理论、模型或规则来解释。谢格洛夫和萨克斯认为，在实际发生的会话活动中，会话者是这么来理解和行动的：一个人说一段话，然后停下来，听话人理解了其意义然后做出相应的恰当行为（Schegloff and Sacks，1973：295-296）。研究者所能依赖的资源就在于会话材料本身。

或许正因如此，在近二十年的研究中，雅各布斯已不再试图继续发展关于会话型论证的具有普遍性的抽象理论模型，而是将论证研究看作一种规范语用学（normative pragmatics）的研究，重点关注论证性行为的语用功能。雅各布斯认为，这些与理性决策相关的言语表达效果和机构性效果，涉及一系列的效果、子目标和后果，是无论在哪一方获胜的情况下都能使人们能够做出理性决策的功能（Jacobs，2000：274；Jacobs，2006：429）。同时，在规范语用学中，雅各布斯不再强调恰当性条件，而是关注具体情景中的社会文化规范，强调论证研究需要在特定语境中对论证实践进行分析和评价（Jacobs，1998：398）。论证的规范和功能都要与修辞情景的实践要求以及满足这些要求的修辞策略所能提供的实践可能性相适应（Jacobs，2000：282）。论证规则不可能是塞尔的言语行为理论所谈论的抽象行为规则，而是与具体论证实践密切相关的社会文化规范，与广义论证达成了默契的一致。

杰克逊和雅各布斯在开始阶段试图通过结合会话分析和言语行为理论提出一套具有普适性的规范语用论证模型，但遭遇到了极大的困难。他们遭遇的根本困难在于，会话分析将行动放到会话序列中理解其意义和功能，而会话序列的生成是高度语境化的，杰克逊和雅各布斯却试图基于会话的序列结构提出一种关于会话型论证的具有普适性的规范性模型，抛弃了会话序列的语境化特点，对会话序列的形式结构的理解产生了偏差，并最终导致其研究设想落空。

在广义论证视域下，论证规则应该是特定社会文化语境下的社会文化规范和习俗，具有文化和语境依赖性。论证研究要致力于对论证规则开展本土化研究，揭示论证规则的文化和语境特征，而不是致力于提出一种具有普适性的规则模型。广义论证理论提倡一种本土化的行动意义和功能理解，坚持将会话序列的结构性成分放在特定语境下来理解，并不追求从中抽象出一种理想化的模型，契合了会话分析的研究方法和成果，这为会话分析在论证研究中的应用提供了保障。

第二节　会话分析在广义论证研究中应用的可行性

在广义论证视域下，广义论证语篇既具有表达层面的形式特征，也具有功能特征，论证者每说出一段话或做出一系列行为，都是为了实现一定功能，促进或阻碍论证目的的实现。因此，对论证实践活动的分析应该关注论证的目的和意图，不仅要分析论证语篇的形式结构，还要关注论证语篇的功能结构。会话分析的研究方法注重对语篇的形式结构的分析，缺乏对语篇的功能结构的深入分析，就不能满足论证研究的需求。因此，我们需要充分考虑论证者的目的、意图等因素，将形式分析和功能分析两个层面结合起来，在广义论证的功能分析的框架下发展会话分析的研究方法。需要说明，论证者为了实现论证目的，在论证过程中采取了什么样的话语和行为，这些话语和行为在论证目的的实现的过程中发挥了什么样的作用和功能。通过考察分析广义论证理论和会话分析在方法论立场、行为序列组织等方面特点，本研究认为，会话分析能够应用于广义论证的数据分析，不仅能直接用于会话型论证的数据分析，还具有拓展独白式论证的数据分析的可能性。通过引入会话分析的理论和方法，广义论证的本土化研究方法能够被进一步完善，有助于广义论证理论的广泛应用。

本研究从三个方面考察了会话分析在广义论证研究中的应用可行性。

一、持有相同的研究目标和方法论立场

广义论证理论和会话分析所持有的相同研究目标和方法论立场为会话分析在广义论证研究中的应用奠定了基础。第一，广义论证理论和会话分析的研究目标都是揭示人们组织实施社会互动的方法，以及这些社会互动方法所依据的社会文化规范。在人际互动中，参与者在不断建构和获得特定的身份，是需要遵守特定团体的显性和隐形的社会文化规范的团体成员，通过揭示该团体所普遍接受的社会文化规范，有助于更加准确地理解论证行动的意义和功能。第二，广义论证理论和会话分析都坚持彻底的本土化研究方法。广义论证理论和会语分析都坚持本土化的描述性研究方法，旨在揭示论证活动的内在合理性，要求尽量摒弃抽象理论资源和成见，发现材料背后所蕴含的社会规则和组织关系。会话分析根据行动在序列中的位置，联系前后行动来理解其意义，而不是将行动抽离出其实际情况、还原为某种言语行为类型来分析其意义，这将有助于克服传统研究的缺陷，为本土化研究奠定基础。

二、为数据的采集与转写提供技术手段

广义论证活动大多以口语进行，转瞬即逝，回忆、笔录等传统的数据搜集和记录方式不仅难以呈现论证过程中的许多重要的非言语行为（音调、沉默、呼吸、眼神和肢体动作等），而且往往会破坏甚至重构论证的过程和结构，这不仅妨碍对论证活动的意义和功能的准确理解，也难以被他人验证分析，不能满足广义论证的本土化的、可归纳验证的研究要求。会话分析的转写方法为材料的转录提供了一套简洁、易操作、可重复的标准系统，不仅能最大化地真实再现论证活动的实际过程，还能尽可能保留所有有意义的言语和非语言行为，为研究的客观性提供了保障，并且能使研究者本人和其他人对会话材料进行反复研究和分析，大大提高了研究结论的精确性和可靠性。

三、为语篇数据分析提供技术手段和资源

（一）会话分析为语篇行动的意义分析提供了资源

会话分析认为，要将语篇行动的意义放在会话序列中理解。如何结合会话序列来理解？萨克斯、谢格洛夫和杰弗逊在开创会话分析的论文中首先发现并被后世不断发展的分析方法就是通过会话序列的话轮转换来理解行动的意义。话轮转换（turn taking）是指说话人和听话人的角色在会话中不断转换，这种角色转换过程体现了参与者的相互理解过程，我们可以通过考察话轮转换的方式来理解行动的意义。话轮转换是需要会话参与者高度协作的一个过程，话轮转换的一个基本特征就是"在一个时间段只有一个人讲话"，与之相对应，会话中的所有话轮都是呈线性排列的（Sacks et al.，1974：730-731）。正常的会话过程通常是，说话人得到一次说话权，说完之后放弃说话权，由对方接过说话权并给出回应①。为了保障会话流畅进行，这种话语权的交换过程要尽量减少话轮转换时的重叠和间歇等影响会话流畅进行的因素的产生（Clayman，2013：151）。因此，我们可以根据话轮转换的流畅性分析行动的意义，尤其是当话轮转换过程中出现了重叠、沉默、修正等阻碍话轮转换流畅进行的因素时，需要关注话语是否表达了某种言外之意。比如，双方争夺说话权导致话语重叠，都不接受说话权导致话语间歇，那么，话轮转换中出现的这些影响会话流畅进行的阻碍因素往往传达了参与者的"言外之意"，研究者可以结合话语内容和行为特征来分析语篇行动的意义。

（二）会话分析为语篇结构分析提供了资源

会话分析的研究表明，会话互动并不是杂乱无章的，而是具有稳定的组织结构的，这些组织结构是交流双方共同理解和协调彼此立场、观点的

---

① 说话权的分配被萨克斯、谢格洛夫和杰弗逊认为是话轮转换应该考虑的重要因素，他们在1974年合作的经典文章中对说话权的分配有全面的考察，本研究这里只说明了二人对话的情形，对于多人对话的说话权分配可以参考他们1974年的论文。

基础，即社会秩序。同时，会话分析展示了序列组织的高度灵活性，使得序列组织的层次性结构能够用于刻画不同社会文化语境或场景中的社会互动。此外，序列组织的层次性结构还展示了某种递归性质。每个表达式之间的关系都可以被刻画成一种层级结构，被时间分割开的表达式仍然会被看作一个整体，可以提供一种足够灵活的生成机制，其结构规则在理论上可以被递归地运用，可以刻画高度复杂的论证模式（Jacobs and Jackson，1989：158）。会话分析的理论和方法有助于论证数据的分析，借助会话分析的理论，那些原本被认为不能进行形式分析的会话型论证呈现出结构化特征（Jacobs and Jackson，1989：153-171）。

（三）会话分析为语篇功能分析提供了资源

优先体现在始发行为和回应行为的关联性上，尤其是回应行为是否与始发行为匹配和一致（李梅，2022：38）。维护社会团结是人类社会的一种普遍交际行为，优先是实现社会团结的交际方式之一（Clayman，2002：230）。赫里蒂奇认为，优先的行为一般是具有亲和力的、有利于社会团结的，而非优先的行为是不具有亲和力的、是破坏性的（Heritage，1984a：269）。虽然优先性组织并不与参与者的心理状态有直接关系，但优先性组织为论证行为的功能实现状态提供了依据，优先的回应往往意味着符合对方的期望（达成目标），非优先的回应则意味着未能满足对方的期望（未能达成目标）①。优先性组织能够作为功能评价的依据，并为会话序列的层次性结构提供功能性解释：会话序列的扩展成分是为了尽量避免主相邻对出现非优先的 SPP，或是将得到优先回应的可能性最大化。比如，前扩展的功能是为了避免产生非优先的主相邻对的 SPP，插入扩展的功能往往是

---

① 从会话常规（conversation practice）角度看，为什么优先性组织可以象征着功能的实现？参与者发起一个行动，必然要以符合会话常规的方式让对方明白自己的意图，而对方也要以符合会话常规的方式表达自己的态度。根据会话分析对会话常规的分析，在许多类型的对话中，优先的回应往往表达了肯定、赞成和同意等，往往是有利于团结的，非优先的回应往往表达了否定、反对和拒绝等，往往是有损于团结的。优先的回应符合对方的期望、非优先的回应不能够满足对方的期望应该是一种会话常规，这种判断可以不以个人的心理状态为依据。

对接下来的话语进行铺垫，非最小化后扩展的功能是试图扭转听话人的立场或态度或减弱非优先的主相邻对的 SPP 的效力（Schegloff，2007：97－168）。研究者指出，如果论证是两个或两个以上的人通过交流来管理意见分歧的方法，那么会话序列的结构性特征就展现了参与者管理意见分歧的方法，为理解会话现象提供了实质框架（Jackson and Jacobs，1980：251）。

结合会话分析的分析，那些原本被认为不能进行形式分析的会话型论证呈现出结构化特征，其论证过程的功能结构可以被理解为：说话人在主相邻对中传达了一个听话人需要满足的目标，听话人会以推动或阻碍这些目标的实现的方式进行回应，扩展的言语行为是用于建立或取消计划中的一个高阶行为的有效执行所必需的先决条件（Jacobs and Jackson，1989：166）。如果会话者不存在意见分歧，或者就意见分歧已经达成了一致，论证者往往就会直接给出具有优先性的回应。如果论证者之间存在意见分歧，听话人往往会在给出回应前插入一段话语或行为，再根据情况给出回应，而非优先的回应则往往预示着意见分歧并没有得到解决。在插入的话语和行为中，会话者通常会对自己的立场进行说明和辩护。此外，说话人为了尽可能地得到听话人的优先的回应，还会提前试探对方的态度。如果听话人没有给出优先的回应，说话人就会在对方给出回应后再发起对话，试图扭转对方的意见、观点或立场。

会话分析展现了在论证研究中的应用价值和技术可行性，会话分析为广义论证的数据分析提供了更多技术手段和资源，有助于进一步完善广义论证的本土化研究方法，提升论证数据的处理和分析的水平。

第三节　会话分析在广义论证研究中的应用

　　本研究采用录音录像的方式直接采集经验数据，或者是直接使用他人通过录音录像等方式采集到的经验数据。同时，借助会话分析的方法和工具对语料进行转写，将语料按实际发生的时间先后顺序转写成为文本。本研究采用了萨克斯、杰弗逊等人所创立的转写方法，结合刘虹、于国栋、吴亚欣等汉语研究者的经验，采用了较适用于中文的转写符号（见附录 C）。

　　在广义论证的功能分析框架下，本研究利用和发展了会话分析的研究方法，对广义论证开展一种描述性的本土化研究，这种研究应该从实际发生的论证活动出发，揭示人们的论证方法，从数据中提取论证的结构和规则。借助会话分析的方法和工具对语料进行转写，将语料按实际发生的时间先后顺序转写成为文本，之后进行论证。论证的结构和规则的提取程序可以分为三个步骤。①语篇的形式结构的分析：借助会话分析的理论和工具，对语篇的形式结构进行分析，区分不同的会话序列并分析序列内部的形式结构特征。②语篇的功能结构分析，这种分析又包含三个方面：论证者对语篇块的微观语境的定义和态度；论证者希望通过这个语篇块实现的目的；论证者采取了什么策略来推动或阻碍目的的实现，以及这些策略所发挥的实际功能。③语篇的论证规则分析：论证性话语和行为实现论证功能所依赖的规则。在广义论证视域下，论证规则是论证者能够实现说理功能的基础，它们是论证者或更大范围的社会群体所共同认可的社会行为规范。

一、语篇的形式结构分析

一段会话中往往包含多个序列，这里说的序列是指围绕主相邻对扩展而形成的话轮串。因此，对一段论证性语料进行分析首先要识别和区分不同的序列。会话分析的研究者并没有给出一个识别和区分主相邻对和其他扩展相邻对的方法，甚至在他们看来，这样一种普遍适用的方法是不存在的。在会话分析的研究者看来，只有在具备理解一个语篇的"常人能力"的基础上，以行动者的视角参与会话，对材料进行反复观察、理解和分析，才能得出结论。在这个过程中，需要坚持的方法论标准只有一条，即梅纳德和克莱曼所强调的：研究者需要与社会成员保持持久的联系，研究者要"参与"行动者的行动过程，从而理解他们在其所在场景中的行动过程（Maynard and Clayman，1991：412）。研究者需要具备分析所研究的语篇的地方性知识和能力，并不需要给出一套普遍适用的解决方案。

虽然我们并不能为会话序列的识别和区分提供一套普遍性的标准，但还是可以根据会话分析的研究成果提供一些识别会话序列的参考建议，可以从"行为特征"和"结构特征"两个方面来识别对话中的序列。

第一，可以通过分析言语行为特征来识别和区分不同的序列。

根据会话分析的看法，行动的意义必须要放到会话序列中去理解，而相邻对是会话序列的基本单位，要把行动放到相邻对中理解其意义①。相邻对是存在条件相关性的两个话轮，先出现的话轮（FPP）与后出现的话轮（SPP）的行为类型具有相关性。一般而言，相邻对的 FPP 和 SPP 都是同一类型的行为，由不同行为类型构成的相邻对往往会被认为是荒谬的。比如，如果说话人给出一个"邀请行为"的 FPP，听话人需要给出的相应

---

① 会话序列中的话语和行为为什么会成对存在？这源于非常强烈的直觉：一个人说出一段话或做一个行为，总是希望对方能够理解，然后期望对方能够给予回应。回应可能是话语，也可能是行为，在某些特定的情形下，沉默也是一种恰当的回应。这也说明了，行动的意义为什么必须放在序列中去理解，这是因为行动只能在互动过程中才能呈现和获得意义。

回应就应该是一个"接受/拒绝行为"类型的SPP；如果说话人给出的是一个"命令行为"类型的FPP，听话人需要给出的相应回应就应该是一个"执行/拒绝行为"类型的SPP。我们可以根据言语行为的这种联系来识别和区分不同的序列。这里所说的行为类型并不同于塞尔对言语行为类型的抽象区分，而是要根据行为在序列中的位置来进行分析和区分。

第二，可以通过序列的结构性特征来识别序列。

根据对会话分析的理解，每个序列都是由根相邻及其相关扩展话轮共同组成的，序列存在有层次的结构特征。一般来说，前扩展都是为主相邻对的产生扫清障碍。插入扩展一般可以分为两种情况，要么是关于主相邻对的FPP的扩展（比如，FPP的听众没听清或没理解FPP的说话人的意思，FPP的听众要求FPP的说话人澄清、重复或解释等），要么是与SPP的产生有关（比如，FPP的说话人往往会在给出非优先的SPP前进行解释、给出辩护理由等）。后扩展也分为两种情况，最小化的后扩展往往意味着双方达成了意见一致，而非最小化的后扩展往往代表了FPP的说话人不满意、未听清或不理解对方的回应，需要对方对其给出的被扩展的SPP内容进行重复、解释或说明等。我们可以通过分析不同话轮之间的结构性关系来识别序列。

此外，还可以通过一些具有序列结束功能的行为或结构特征来识别和区分不同的序列。比如，在日常会话活动中，第三个话轮出现的往往是SCT，比如，英语中常见的有"Oh""Okay"等，汉语中的有"哦""好""行"等，这些话语都发挥了指向话轮结束的作用，可以看作结束一段序列的标记。谢格洛夫认为，在日常会话中，存在一种专门用于结束一段序列或主题的"序列结束序列"（sequence-closing sequence），这种序列能够适应几乎无限范围的序列、主题类型以及内容，可以灵活地以各种不同形式被组合和应用，这种序列的基本形式由三个话轮组成。第一个话轮是引入结束序列的可能性的话轮，显示了将结束会话的立场。最常见的话轮类型是：回述序列或主题的起始内容（通常是重新强调或包含了其中一些词汇），总结，评价，以惯用或格言形式表达的序列或主题的结果，以及与这个主题/序列相关的笑话。第二个话轮是听话人可能会采取的回应方式，既可能以合作的方式来结束主题/序列（比如给出优先的回应），也可能会拒绝和反抗，使得双方不能结束序列或主题。如果听话人在第二个话轮给出了优先的回应或就序列结束达成一致，那么，在第三个话轮中，结束序列的发起方可能会产生第三个步骤，即最后的结束标记或评价，也可能在第三个话轮中启动一个新主题或序列（Schegloff，2007：186-187）。我们可以通过这些指向序列结束的结构性特征来识别会话序列。

对语篇的形式结构分析并不是一蹴而就的，这个过程往往是"猜想—验证"式的。面对一个语篇，研究者往往需要结合社会文化语境对自己的理解和假设进行验证，直至会话序列中的每一个话轮都能得到一个较为合理的"常人理解"，最终得出分析结论。

在分析过程中，为了便于操作，会话分析采用了一套方法来标记序列组织的不同成分，我们沿用了会话分析的这种标记方法。相邻对的 FPP 一般用大写字母"F"表示，SPP 用大写字母"S"表示，不同类型的 FPP 和 SPP 通过加下标来进行区别。语篇的主相邻对的 FPP 和 SPP 一般分别用"F_b"和"S_b"表示。主相邻对的前扩展相邻对的 FPP 和 SPP 一般用"F_{pre}"和"S_{pre}"表示；如果存在多个前置相邻对，则在下标加注阿拉伯数字以示区别，比如，"F_{pre1}"与"S_{pre1}"，"F_{pre2}"与"S_{pre2}"。主相邻对的插入扩展相邻对一般用"F_{ins}"与"S_{ins}"表示；如果存在多个插入扩展相邻对，则同样以加注阿拉伯数字以示区别，比如"F_{ins1}"与"S_{ins1}"，"F_{ins2}"与"S_{ins2}"；如果插入扩展的相邻对又存在插入扩展的相邻对，则继续标注阿拉伯数字序号，比如，插入扩展相邻对"F_{ins1}"与"S_{ins1}"的插入扩展相邻对可以表示为"$F_{ins1.1}$"与"$S_{ins1.1}$"，依此类推。主相邻对的后扩展相邻对表示为"F_{post}"与"S_{post}"。如果主相邻对的 SPP 被给出后，只有一个导向会话结束的单一话轮而没有更多扩展，这个话轮就被称为序列终止话轮，用"SCT"表示。序列组织的扩展结构如图 4-1 所示。

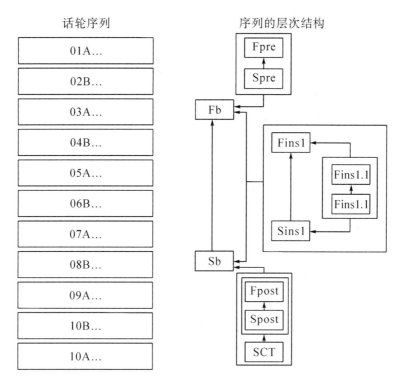

図 4-1 序列组织的扩展结构

并不是每个序列都包含这些成分，很多序列甚至只有两个话轮，只包含一个 FPP 和一个 SPP。但是，如果会话序列中出现"有意义的缺失"，研究者则需要补充这些成分，或对这些缺失的成分的意义进行分析。正如加芬克尔所强调的，理解一段语料，必须由能够分析会话者的理解过程的研究者补充这些背景信息，使那些可能断裂的、不易理解的话轮序列展现出其连续性（Garfinkel，1967：25-27）。当我们处理一个序列时，如果出现有意义的结构成分缺失，就要根据社会文化语境信息，定位其缺失的结构的成分和位置，理解其所表达的意义，展现话轮序列的连续性。

在实际的分析过程中，我们要结合行为和序列的组织结构来进行分析，行为的意义要在序列中被理解和分析，序列的结构也要根据行为来被分析，这是一个相互影响的辩证过程。

根据广义论证理论，语篇是指由一个以上的语段或句子组成的语言整体，其组成部分形式上相互衔接，语义上前后连贯，是实际使用的语言单位，具有交流功能。在论证实践活动中，一个序列的目的或目标往往是一个更大的语篇的子目的或子目标，广义论证理论所说的语篇往往由多个序列组成，这些序列虽然在形式结构上彼此独立，但都与某个话题（topic）密切相关。而会话分析的研究也表明，会话中的序列是具有联系的。会话分析研究者认为，每一段会话都有一个关注点，就是他们所谈论的东西，即话题（Maynard，1980：263；Covelli and Murray，1980：382）。基于会话的序列组织分析，我们可以进一步分析会话中的论证语篇，即那些关注同一个话题的一个或多个序列。

第一，可以基于会话序列的内容来识别各个序列的相关性。根据上述分析，一段会话序列往往是围绕一对主相邻对进行扩展而产生的，主相邻对表达了序列的主要论证或交流目的，因此，可以分析会话的内容，即通过主相邻对的内容的相关性来分析不同序列之间的话题相关性。我们可以将那些在主相邻对中谈论相同话题的不同序列识别为一个论证语篇。

第二，可以通过话语和行为特征来识别语篇，会话分析研究者也在这一方面开展了一些相关研究。会话分析研究者认为，"话题性"是会话者的一项共同成就，是可描述的、有组织的（Maynard，1980：263）。在会话过程中，为了避免话题转换带来的突兀感、对会话活动的顺利进行造成阻碍，会话者在进行话题转换的时候往往会采取一些特定的话语和行为，具有较明显的特征。会话分析研究者对发生话题转换的话轮的形式特征进行了研究。梅纳德认为，在叙事告知类型的会话中，话题转换具有一些常见的结构性特征，比如，会话过程中连续多次出现话轮间的较长沉默，出现"Oh really"等最小化的话题请求标志（Maynard，1980：264-270）。刘虹认为，发生话题转换的话轮具有如下几个常见特征：①出现较多或较长的沉默和停顿；②引入一些不太重要的话题来为结束会话进行铺垫；③重复在之前的话轮已经说过的话；④总结，评价，或给出一些结论性的话语等；⑤做出一些表示将要结束会话的行为，比如，移走视线、转身走开、拿东西等（刘虹，2014：170-172）。在实际的分析过程中，这些结构特征既可以单独出现也可以一起出现，我们需要结合语料来具体分析话题的转换。

每一个社会场景都充斥着各种利益、立场等因素，会话活动并不完全受会话的结构性特征所支配，人们在会话活动中的论证方法是权宜性的。会话分析要求研究者具备理解语篇的本土性知识和"常人能力"，以行动者的角度来理解话语和行为的意义。研究者总结出了关于会话的有层次的序列组织，但并没有给出一套能够分析语篇的序列组织的系统研究方法。正如杰克逊和雅各布斯所抱怨的，会话分析并没有一套分析序列的形式结构的语法规则（Jackson and Jacobs：1989）。不存在一种普遍的方法或标准，并不代表我们不能识别语篇的形式结构，因为在日常会话和论证活动过程中，会话和论证者都能够熟练地将这种结构作为开展行动的资源，根据序列的结构性特征来理解其他人的话语和行为的意义。我们对会话序列的形式分析有赖于我们的知识和能力，按照我们在日常生活中与他人进行对话时理解自己和对方的话语和行为方式，我们就能理解会话活动的意义和结构。

二、语篇的功能结构分析

（一）语境和受众分析

广义论证理论认为，论证是在社会文化背景下开展的、具有说服功能的动态的社会互动，其论证方式和合理性均依赖于社会文化背景。如果不结合具体的社会文化语境，论证话语和行为就得不到恰当的理解。语境是开展论证活动的背景，是实现论证目的和功能的前提。我们可以把语境分为"宏观语境"与"微观语境"。宏观语境是指论证发生时的社会文化背景。广义论证理论认为，论证研究首先要给出研究对象的相关社会文化语境的信息，从而用来识别、刻画、解释和评价论证实践活动。本研究在这里讨论微观语境，主要是指论证者的话语和行动，也包括对论证者的话语和行为有直接影响的时间、地点、受众等因素。其中，受众也是需要重点考察的语境因素。因为论证是与受众不可分割的，是为了说服受众而采取的行动，论证的模式与策略依赖于受众的品质（Perelman and Olbrechts-Tyteca，1969：23-26）。

根据会话分析的看法，行动序列是参与者所考虑的最直接、最重要的语境。动态性是微观语境的一个重要特征，就如赫里蒂奇所认为的，我们将语境看作一个参与者的谈话所内在生成的东西，它是通过谈话所创造的（Heritage，1984a：283）。在实际论证过程中，论证者基于一定的目的与他人互动，在给定语境下开展某个行动，构建了新的论证语境，对方在新语境中实施言语行为，循环往复，最终生成行为序列。论证具有语境依赖性，而语境具有动态性①。语境并不是一成不变的，语篇行动序列本身是论证研究最主要的语境，我们需要根据语篇行动序列自身分析每个语篇块中的微观语境。

要分析论证语篇块的目的和功能，首先需要分析论证者对语境的定义和态度，判定论证活动的语境，尤其是微观语境的性质与动态变化。我们很难给出一些具有普遍性的识别语境的技术手段和方法，大体来说，我们需要努力从论证者的话语中识别那些具有语境标识的词语（比如在第五章案例二的语篇行动 L09 中，驾驶员使用的"人民公仆"就显示了她对语境的定义），并考察对方的反应，判断他们是否就语境定义达成一致。论证的受众也是重要的语境因素，在许多情况下，论证发生在公开场合（比如第五章案例一中的网络直播），论证的受众可能并不仅仅是与其直接对话的参与者，还有第三方的旁观者，论证者可能会以特定的旁观者作为受众组织开展论证行动，产生一定的效果（比如给对手施加压力），促进自己所预想的论证目标的实现。

（二）目的与功能关系分析

论证是基于语篇的、具有说理功能的社会互动。根据广义论证理论研究者的分析，在特定的社会文化背景下，当隶属于一个或多个社会文化群

---

① 常人方法学认为，人们的社会行动不仅受语境约束，也不断建构着语境。社会行动与语境之间的这种复杂的相互影响关系被称为反身性。

体的成员存在意见分歧或尚无一致意见时，就试图通过说理的方式对对方产生影响，使对方接受己方立场或达成意见协调一致。语篇的目的及其相关的功能结构是论证研究需要重点分析的对象。在广义论证视域下，对论证语篇块的功能分析主要关注两个方面：①论证者希望通过语篇块实现什么目的；②为了实现该目的，论证者采取了什么行动步骤，它们在论证过程中的功能是什么。

对会话分析的研究表明，我们不仅可以采用会话分析的方法来分析和处理广义论证的数据（语篇），发现广义论证的语篇中的形式结构特征，而且这种形式结构还能为论证语篇块的功能分析提供依据。正如杰克逊和雅各布斯所揭示的，论证不是某个人经过独自推理而得出结论的过程，而是两个或两个以上的人通过交流来管理意见分歧的方法，会话的序列组织为理解会话现象提供了实质框架，展现了参与者是如何管理意见分歧的（Jackson and Jacobs，1980：251）。语篇块的形式结构的功能可以这样被理解：在以某个主相邻对为基础扩展而形成的序列中，会话或论证者往往会在主相邻对的 FPP 中给出其主要的目的或意图，主相邻对的 FPP 的听话人通过主相邻对的 SPP 给出自己的立场或态度，在这个过程中，参与者还会在扩展的话轮中以推动或阻碍交流目的的实现的方式来扩展论证语篇块。因此，基于语篇块的形式结构，我们可以分析各个语篇块成分之间的功能关系：主相邻对中的主张或论断就是论证者所要试图实现的目标，而扩展成分在推动或阻碍论证目的实现的过程中发挥着不同作用。

相邻对的"优先/非优先"组织特征和会话序列的层次性结构为分析论证者行动的目的和功能提供了重要依据。可以将一个语篇块的各个成分的功能关系理解为：主相邻对的 FPP 的说话人需要在主相邻对的 FPP 中表达自己的互动目的；主相邻对的 FPP 说话人为了避免得到非优先的主相邻对的 SPP，往往会在给出主相邻对的 FPP 之前给出一段前扩展，试探听话人的态度，为自己将给出的主相邻对的 FPP 提供铺垫或辩护；一般来说，对于主相邻对的 FPP 的听话人来说，主相邻对的 FPP 的听话人如果要给出优先的回应，往往会直接、明确地给出回应内容，而当 FPP 的听话打算给出非优先的回应时，他们就会尽量避免直接给出非优的回应，往往会采取各种策略来拖延回应，比如在给出主相邻对的 SPP 之前给出插入扩展成分，为即将给出的非优先的回应做铺垫或辩护；如果主相邻对的 FPP 的听话人最终给出一个非优先的主相邻对的 SPP，主相邻对的 FPP 说话人可能还会给出一段非最小化的后扩展，扭转听话人的立场或态度，从而得到优先的回应。

根据对主相邻对的目的和功能分析，语篇块的扩展成分的功能也可以被解释。扩展成分是为主相邻对服务的，其功能结构可以被解读为：说话人在主相邻对中传达了一个听话人需要满足的目标，听话人和说话人在扩展的言语行为中进行互动，推动或阻碍论证目标的实现。论证者在主相邻对中给出阶段性的论证目标，在扩展的语篇块中推动或阻碍论证目标的实现。语篇块的不同成分的具体功能可做如下解释。①前扩展的功能：为了避免产生非优先的主相邻对的 SPP，说话人往往在给出主相邻对的 FPP 之前给出前扩展，试探听话人的态度，或为自己将给出的阶段性目标提供铺垫或辩护，将得到优先回应的可能性最大化。②插入扩展的功能：为了使会话活动流畅进行，在插入的话语和行为中，说话人往往会对自己的立场进行辩护和说明，而听话人则可能会采取各种策略为非优先的主相邻对的 SPP 进行铺垫①。③后扩展的功能：如果听话人最终给出一个非优先的主相邻对的后件，说话人往往就会给出一段非最小化后扩展，试图扭转听话人的立场或态度，或减弱非优先的主相邻对的后件的效力。

（三）论证策略分析

论证策略分析具有重要的理论和现实意义，比如，雅各布斯强调，我们要分析论证会话交流过程中的说服设计，策略设计是分析的核心（Jacobs，2000：263）。在实际的案例分析中，基于功能分析步骤对语篇块的主相邻对和扩展成分的目的和功能分析，研究者可以分析，论证者运用

---

① 听话人往往会直接给出优先的主相邻对的 SPP，但在给出非优先的回应前，说话人往往会插入一段话语或行为。研究表明，插入扩展的出现与非优先的主相邻对的 SPP 的出现具有高度的正相关性。

了什么策略来组织主相邻对、前扩展、插入扩展和后扩展四种成分，从而促进和阻碍论证目的的实现。

在论证实践中，不同的论证有不同的社会文化背景，论证者个人也有不同的文化背景、社会地位、教育水平、语言习俗，论证策略可以说是形形色色、难于归类，想要整理出一本《论证策略手册》来为论证策略分析提供依据，似乎是一项不可能完成的任务。比如，哈伊姆·佩雷尔曼（Chaim Perelman）和露丝·奥布莱茨-泰特卡（Lucie Olbrechts-Tyteca）在《新修辞学》（*The New Rhetoric: A Treatise on Argumentation*）中描述了种类繁多的论证策略，不仅难于分类，而且还有无限延长的趋势（Perelman and Olbrechts-Tyteca，1969）。不过，论证理论和会话分析为论证策略的分析提供了一些可借鉴的分析思路。比如，策略操控理论研究者认为可以从话题选择、受众适应和表达设计三个方面分析论证者的策略（van Eemeren and Houtlosser，2000：293-305）。会话分析研究者也对论证者的话轮设计策略进行了研究，他们主要关注说话人如何通过对话轮进行一些细小但作用明显的调整，使话轮能够有效传达出说话人所想要传达的东西，从而实现某种功能或达成某种目的。比如，德鲁认为，可以从序列、行为类型和受众三个方面考察行动者如何设计话轮：话轮在序列中的什么位置发生、在这个话轮里做了什么、这个话轮是向谁说的（Drew，2013：131-149）。这些研究都可以为论证策略的分析提供一些分析思路和资源，研究者可以从话题、序列位置、受众、行为类型、表达方式等方面分析论证者所采取的策略，重点基于论证者对语篇块不同成分的组织方式来分析他们所采取的论证策略。

三、论证规则分析

几乎所有论证理论都认为，无论是作为思维推理的科学，还是作为社会互动的形式，论证都需要遵守特定规则，论证规则是论证研究最重要的对象之一。在广义论证视域下，论证是一个遵从论证者所属社会文化群体规范的社会互动过程。正如马克思在《关于费尔巴哈的提纲》中所批判的：人的本质，不是单个人所固有的抽象物，在其现实性上，它是一切社会关系的总和。论证者总是作为某个社会群体的成员而存在，享有该文化中相应的信念系统和价值观等文化要素，其行动也被相应的社会文化规范所约束。而正是具有社会约束力的规范控制论证者的言行，论证才有可能终止于某个具有主体间性和被相关社会文化群体所接受的结果。与传统论证理论所致力于追求的抽象的普遍规则不同，广义论证理论所分析的对象是被论证者所在群体所接受的社会文化规范。

根据广义论证的分析，论证规则（社会文化规范）是论证功能得以实现的前提，我们可以从论证目的或功能的实现情况分析论证背后的规则：如果论证的目的得以实现（比如达成意见协调一致），说明论证者的行动策略遵守了论证规则；如果论证的目的未实现（比如意见分歧仍然存在），说明论证者的行动策略可能违反了某些论证规则。根据社会文化规范在论证中所发挥的作用，我们主要关注两类论证规则：第一类论证规则是功能规则，为一个论证行动与其所想要达成的目标的联系提供保证，就如图尔敏模型中连接根据和主张的"保证"一样，这类规则就是广义论证的功能规则；第二类论证规则是行为规则，即话语或行为的表现方式是否符合社会文化规范，这类规则就是广义论证的表达规则。

1. 功能规则

本研究分析的第一类论证规则是功能规则。功能规则能够为一个论证行动到论证目标实现的传导过程提供合法性依据，本研究认为，图尔敏模型很好地刻画了论证不同成分之间的功能关系和功能规则。图尔敏的研究表明，论证者要说服对方接受或拒绝某个主张（观点、立场），除了要给出证据（理由），还需要借助一些能确保从事实根据中推出主张的规则、原则或推理许可，即保证（warrant）。保证说明了证据为什么能够为主张或论断提供合法性依据，具有领域相关性（Toulmin，2003：87-95）。我们可以根据论证策略行为中给出的证据（理由）与主张之间的实质性关系来提取论证规则。比如，如果某人主张"哈里是英国人"，他给出的理由是

"哈里出生在百慕大"，那么，这个理由能够证成该主张所需的规则就是"百慕大是英国的领土"。又比如，在本研究将要分析的第五章的案例中，在交通警察和驾驶员的对话过程中，驾驶员主张"警察的态度应该好一点"，给出的理由是"警察是人民公仆"，这个论证所依赖的规则就是"人民公仆应该态度好"。如果论证者都认同论证行动背后的社会文化规范，并且对论证者给出的事实无异议，论证者就必须接受论证的结论。因此，基于对上述语篇块的功能关系的分析，我们就可以提取为各个语篇块成分之间的"功能传导"提供依据的功能规则。

2. 表达规则

要使一个论证行动尽可能实现论证者所预想的功能，该行动的表达就需要尽量符合社会文化规范。符合论证者所在群体的社会文化规范的表达方式显然有利于论证功能的实现，违反社会文化规范的表达方式则无疑制造了功能障碍。我们同样可以基于论证目的和功能的实现情况分析论证的行为规范或表达规则：如果论证目标得以实现，那么论证行动的表达方式可能遵守了社会文化语境的规范；如果论证目标未能实现，那么论证行动的表达方式可能违反了社会文化语境的规范。此外，我们还可以从两个方面分析论证行为背后的规则：一是看论证者的态度，如果论证者对论证行为的合理性提出异议，表明该行为可能违反了某种行为规范，反之，表明该行为符合某种行为规范；二是分析法律法规、公序良俗等通行的社会文化规范在论证中的应用，分析论证行为是否符合这些规范。

通过上述的形式结构分析和功能结构分析步骤，我们可以识别出不同话轮中的言语行为的层次关系，分析为论证行动（内含理由或证据）与所期望的论证目标（主张或论断）之间的功能关系提供合法性保证的功能规范，以及论证行动的表达所依赖的社会文化规范。通过这样的方法提取出的论证规则就是论证者所属社会文化群体规范的候选答案。结合社会文化语境进行合理性分析，不断通过归纳检验，最终就能获得受辩护的论证规则。

四、扩展讨论

1. 递归分析

在开展广义论证理论和会话分析的跨学科研究的探讨中，本研究关注到了会话分析的序列组织的灵活并且"可递归"的结构特征，这为广义论证的升阶分析提供了一种分析思路。在对 L1 层语篇块的分析中，可以通过分析每一对相邻对之间的关系来识别 L1 层语篇块并分析其结构和功能关系，最后提取背后的论证规则。可以采取同样的方法分析 L2 层的语篇块。将每个 L1 层语篇块中代表阶段性目标的主相邻对提取出来，这些相邻对又构成了 L2 层语篇块，我们就可以重复 L1 层的分析方法来识别 L2 层的语篇块并分析其结构和功能结构，以及 L2 层语篇块的论证规则。同理，我们还可以继续按照上述方法继续进行升阶分析，直至最终完成整体语篇的结构和功能结构分析，这样，最重要的论证规则就能被揭示出来，从而完成广义论证的数据分析。

如果会话序列以某个相邻对为基础扩展形成一个具有层次性的结构，并且展示了某种"可递归"的性质，这就为广义论证理论对论证语篇块和语篇整体结构的分析提供了资源。基于会话分析的广义论证的形式结构分析表明，L1 层语篇块是以主相邻对及其以之为核心扩展而来的相邻对共同构成的，L1 层语篇块分析主要分析主相邻对与扩展成分的形式结构关系。如果每个 L1 层语篇块的主相邻对反映了该语篇块的主要目的或态度，那么可以将 L1 层语篇块的主相邻对提取出来，与其他相关的 L1 层语篇块的主相邻对共同构成 L2 层语篇块，再分析各个相邻对在 L2 层语篇块中的地位和形式结构关系，以此类推，最终，整个语篇块的主要论证就可以被精炼为一些相邻对构成的具有层次性结构的语篇块。由此，从最简单的相邻对出发，我们可以从 L1 层语篇块（最小化的会话序列）向上开展升阶分析，从而实现对大型语篇的整体结构的分析。

2. 独白型论证语篇的数据处理与分析

本研究只是探讨了分析和处理会话型的广义论证的数据的方法，那这种研究方法是否能够用于演讲、独白、广告等其他类型的论证实践活动的数据的处理呢？事实上，独白型论证也可以被看作一种社会互动，可以被分析为论证者与其所设想的目标受众之间的一种互动。我们可以分析独白型论证语篇中的每个论证行动与论证者所设想的可能的受众反应，按照文本顺序将其处理为论证者与其（潜在的或设想的）论证对手的互动序列。可以依据上文所提出的方法识别语篇块，分析语篇块的形式结构、功能结构和论证规则，提取论证策略和规则。当然，通过这种处理方式得到的语篇行动序列与真实的互动形成的序列可能存在很大差异，尤其是论证者所假想的论证对手的反应也仅仅是论证者自己的设想，这种互动只能反映论证者自己的思维博弈。不过，我们可以通过分析他人对语篇的反应来验证分析的结果，为语篇行动序列的合理性分析和评价提供依据。

上述研究展望还需要更多经验研究的验证，我们只开了一个头，还有更多更艰巨的理论和实践问题等待被研究和解决，这依赖于广大论证研究者的共同努力。笔者有幸在这一方面做了一些尝试性的研究，期望将来能和更多研究者一起共同推动这项研究，提出更加合理的数据处理与分析方法。

第五章

案例分析

通过结合广义论证理论和会话分析的成果，笔者提出了一种从论证数据中提取论证规则的研究程序。在这一章，笔者将运用上述研究程序来分析两个实际发生的案例。第一个案例是论证双方有准备的网络直播辩论案例（案例一），在这个案例中，双方都做了充足的准备，但这个案例并不具有典型的机构性特征，论证的步骤和行为规范都缺乏明确的机构性规范。第二个案例是在突发情况下的执法警察与被执法市民的对话案例（案例二），作为一个突发事件，双方并没有做什么准备，但作为一种较为典型的机构性活动，双方的言行都有一些较为明确的论证步骤和行为的机构性规范。通过这两个案例，笔者演示了如何利用上述研究程序处理论证实践活动并从得到的数据中提取论证的功能结构和规则，尝试对论证规则进行合理性解释，对论证者的论辩策略进行分析和评价。

第一节 日常语境的会话型论证研究

以广义论证的五步法研究程序为基础，结合会话分析的研究方法，笔者对罗永浩和王自如在 2014 年的一场直播辩论进行分析，探讨如何将会话分析的研究方法运用于广义论证的数据处理和分析，并从中提取论证策略及其所依赖的社会文化规范。

一、分析社会文化语境

笔者选取的论证材料来自罗永浩（以下简称"罗"）和王自如（以下简称"王"）在 2014 年进行的一场网络直播辩论。这场直播辩论发生于中国智能手机行业蓬勃发展的时期，行业的热度让资本和创业者大量涌入相关产业，罗创立了智能手机制造企业锤子科技，王创立了数码产品测评公司 Zealer，锤子科技和 Zealer 都从投资机构获得了数亿元的投资。罗号称其生产的第一款智能手机"Smartisan T1"（以下简称"T1"）是史上最接近完美的智能手机。然而，在 T1 上市时，作为测评行业意见领袖的王在 Zealer 上发布了一段关于 T1 的评测视频，并直指 T1 的工业设计、电池续航、抗摔性、发热性、屏幕现实效果、相机拍摄效果等多项核心指标低于业界标准。随后，罗王二人的"网络喊话"引发了这场直播辩论。该事件成为当年网络舆论的一大热点。

牵扯巨大商业利益的这场辩论注定不是一场关于能否达成一致意见的论证，笔者需要从整合营销传播的角度来理解论证的语境，以及罗、王二人的目标。①作为品牌方的创始人，罗需要通过这场直播化解王的评测报告对 T1 的负面影响，赢得消费者的信任和支持，从而促进 T1 的营销转化。因此，这场直播不仅是一场关于评测报告事实的对质，更是一场关于 T1 的营销传播。②作为数码评测行业的名人，王在普及数码知识、分享评测观点上具有权威话语权，引导普通群众，对大众传播产生重要影响，是传播学中非常典型的意见领袖。因此，面对罗的质疑，王具有回应质疑、维护话语权的需求。同时，王创立的 Zealer 也开展了咨询顾问、手机维修等业务，王同样扮演了营销者的角色。③对于直播平台优酷来说，罗和王在网络世界具有很强的号召力，优酷希望通过这场直播引流并将观众转化成自己的会员。

谁会关注这场直播辩论呢？首先，作为网络名人的罗永浩拥有数量庞大的支持者，他们中的许多人当然会成为这场直播的观众。其次，作为评测行业知名人士的王自如，拥有许多爱好数码产品的支持者，这部分人群也会成为这场直播的观众。此外，优酷网把这个事件作为当时的热点事件进行大规模推送，势必会吸引相当一部分关注数码知识的旁观者（立场中立者）成为这场直播的观众。这些受众的立场和态度都关系着罗和王的切身利益，罗和王必须考虑如何维系好与受众的关系。

这场直播辩论不仅向观众普及数码产品知识，更是借助网络名人、商品和品牌的争议话题来实现热点营销。对于罗王二人来说，辩论的首要目标并不是说服对方接受自己的观点或达成理性一致，赢得观众当中目标消费者的支持才是他们开展这场对话的目标。

二、数据采集与转写

数据来源是罗永浩与王自如进行辩论的录像。数据采集方式为录音录像。

这段直播辩论持续时间为 2 小时 59 分钟，可以分为 5 个部分。第 1 部分是从开始辩论到 2 小时 3 分 58 秒，罗和王就王发布的测评报告中的关于 T1 的手机屏幕、抗摔性、静电击穿等技术细节进行了辩论。第 2 部分是从 2 小时 3 分 59 秒到 2 小时 24 分 46 秒，罗质疑了其他手机厂商对 Zealer 的股权投资导致了王发布的测评报告的公正性，双方进行了辩论。第 3 部分是从 2 小时 24 分 47 秒到 2 小时 33 分 55 秒，罗将话题转向 Zealer 的咨询顾问业务，指出作为锤子科技咨询顾问的 Zealer 此前出具的评测报告与网络发布的评测报告的不一致，质疑其测评报告的可信度，双方进行了辩论。第 4 部分是从 2 小时 33 分 56 秒到 2 小时 42 分 58 秒，罗将话题转向了 Zealer 的手机维修业务，双方进行了辩论。第 5 部分是 2 小时 42 分 59 秒至最后，双方对论辩中的一些问题进行了回顾和总结，罗还说明了发起这场直播辩论的目的。

罗为什么设计了第 4 部分并引入了与主题看似无关的话题？该语篇发挥了什么作用？罗通过什么策略来实现自己的目标？限于篇幅，笔者截取了第 4 部分的开头部分（2 小时 34 分 2 秒—2 小时 35 分 38 秒）进行分析。

笔者使用了会话分析的方法对该语料进行转写（转写符号及说明见附录 C），并将第一个话轮编号为 L01，将第二个话轮编号 L02，以此类推。

01→罗：你今天呢：当着这个直播的观众告诉我你们官方宣
称的：苹果：官方的原厂的：配件是

02　从哪里来的.　　　　　　　　　　　　　　　（L01）

03　王：是从外面渠道采购的呀↑　　　　　　　（L02）

04　罗：什么渠道采购的. 　　　　　　　　　　　　　　（L03）

05　王：华强北采购的呀↑ 　　　　　　　　　　　　　　（L04）

06　罗：什么渠道采购的. 　　　　　　　　　　　　　　（L05）

07　王：华强北啊↑ 　　　　　　　　　　　　　　　　　（L06）

08　罗：华强北怎么采购的. 　　　　　　　　　　　　　（L07）

09　王：华强北有供应商啊↑>°这我们°<找供应商采购的.

　　　　　　　　　　　　　　　　　　　　　　　　　（L08）

10→罗：你给我：私下是怎么讲的呢↑你敢把私下给我讲的
话再讲一遍↑ 　　　　　　　　　　　　　　　　　　　（L09）

11　王：我就是这么给你讲的呀↑ 　　　　　　　　　　（L010）

12→罗：华强北的是哪儿来的你知道对吗↑ 　　　　　　（L011）

13　王：对啊↑我知道啊↑ 　　　　　　　　　　　　　（L012）

14　罗：哪儿来的↑ 　　　　　　　　　　　　　　　　（L013）

15　王：华强北是通过这-各种其他渠道从工厂里边出来的
呀↑ 　　　　　　　　　　　　　　　　　　　　　　　（L014）

16　罗：工厂里怎么可能出来呢↑苹果的工厂里对外卖零件
是吗↑= 　　　　　　　　　　　　　　　　　　　　　（L015）

17　王：=我们的-我们的供应关系= 　　　　　　　　　（L016）

18　罗：=我们已经问过苹果了，［苹果：　　］ 　　　（L017）

19　王：　　［我们找-我们的供应商］就是-我们的供应商-
就是华强北

20　-我-我是-是-完-我们的采购渠道是完全合法的，至于
他的配件怎么样是他的问题

21　你可以去查他的问题呀↑ 　　　　　　　　　　　（L018）

22→罗：但你知道是怎么回事对吗↑ 　　　　　　　　　（L019）

23　王：对↓我当然知道呀，［因为这是唯一的　　］ 　（L020）

24　罗：　　　　　［怎么回事方便讲吗↑］ 　　　　　（L021）

25　王：嗯↑ 　　　　　　　　　　　　　　　　　　　（L022）

26　罗：方便讲吗↑　　　　　　　　　　　　　　　（L023）

27　王：（1.2）可以讲啊↑　　　　　　　　　　　（L024）

28　罗：对，那是哪儿来的↑　　　　　　　　　　　（L025）

29　王：可以讲啊，如果＝　　（L026）

30　罗：＝苹果作为一个不卖::元器件的厂商，你们的::

上游::渠道:是从哪里得到苹果官方的↑　　　　　　（L027）

31　王：通过-通过这个-呃-通过其他的渠道去-去找到的

　　　　　　　　　　　　　　　　　　　　　　　（L028）

32　罗：我来跟你讲吧＝　　　　　　　　　　　　　（L029）

33　王：＝恩　　　　　　　　　　　　　　　　　　（L030）

34→罗：你肯定不老实嘛，我来跟你讲＝　　　　　　（L031）

35　王：＝不是不老实，这是行业现状，所有手机都是这样的

　　　　　　　　　　　　　　　　　　　　　　　（L032）

36　罗：对呀，[行业现状是什么样的　]，行业现状是什么

样的.　　　　　　　　　　　　　　　　　　　　（L033）

37　王：　　　[哪怕是国外买的手机都是这样的]①

38　王：行业现状就是当苹果不官方销售的时候，[我们可

以通过]　　　　　　　　　　　　　　　　　　　（L034）

39→罗：　　　[OK，行业现状]是什么样↓这个行业里

40　灰色收入流氓收入多＝

41　王：＝对↓＝

42→罗：＝没有任何一个流氓收入的这些机构出来像你这样

出来假装理想主义者，Zealer2.0

43　你讲了那么多理想主义，你的粉丝根本不知道你的这

个:苹果原厂配件是哪里来的.　　　　　　　　　（L035）

44　王：那，好，如果我想要解决修手机这个问题，我应该

---

① 王在这里的插话并没有迫使罗放弃说话权，因此王放弃了说话权的争夺，第
37行是一种重叠现象，不被认为是一个独立话轮。

怎么办? 您告诉我怎么办?① （L036）

三、数据分析

(一) L1 层的分析

结合广义论证和会话分析的理论, 笔者首先从语篇中分离出围绕特定相邻对扩展而成的最小化会话序列, 即围绕阶段性目标展开的 L1 层语篇块, 再分析语篇块的语境、功能与规则。可以从这个语篇中分离出 6 个 L1 层的语篇块。

1. 形式结构分析

语篇块 L1.1（L01～L06）（见表 5-1）：罗在 L01 提出了问题, 王在 L02 给出了回应, 但这个回应是一个缺乏实质内容的非优先回应。因此, 罗在 L03 和 L05 发起了非最小化的后扩展, 王在 L04 给出了明确的答案并在 L06 确认了答案。L01 和 L02 是主相邻对, L03/L04 是第一个后扩展相邻对, L05/L06 是第二个后扩展相邻对, L01～L06 是语篇块 L1.1。

表 5-1　语篇块 L1.1

01　罗: 你今天呢: 当着这个直播的观众告诉我你们官方宣称的: 苹果: 官方的原厂的: <u>配件</u>是 02　从哪里来的.	L01	F_b	
03　王: 是从外面渠道采购的呀↑	L02	S_b	
04　罗: 什么渠道采购的.	L03	F_{post1}	L1.1
05　王: 华强北采购的呀↑	L04	B_{post1}	
06　罗: 什么渠道采购的.	L05	F_{post2}	
07　王: 华强北啊↑	L06	B_{post2}	

语篇块 L1.1 的形式结构图见图 5-1。

---

① 王在 L041 的说话并不是为了夺取说话权, 罗也没有放弃说话权, L039～L044 是一个连续的话轮。

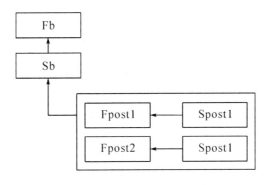

图 5-1　语篇块 L1.1 的形式结构图

　　语篇块 L1.2（L07～L10）（见表 5-2）：罗在 L07 追问华强北的采购渠道，王在 L08 给出模糊答案来回避问题，罗不满意这个答案，在 L09 发起了一个后可扩展，王在 L010 给出了回应。L07 和 L08 是主相邻对，L09 和 L010 行是后扩展，L07～L10 是语篇块 L1.2。

表 5-2　语篇块 L1.2

08　罗：华强北怎么采购的.	L07	F_b	
09　王：华强北有供应商啊↑>°这我们°<找供应商采购的.	L08	S_b	
10→罗：你给我：私下是怎么讲的呢↑你敢把私下给我讲的话再讲一遍↑	L09	F_{post}	L1.2
11　王：我就是这么给你讲的呀↑	L010	B_{post}	

　　语篇块 L1.2 的形式结构图见图 5-2。

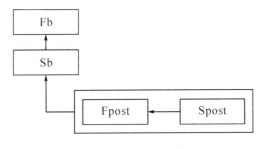

图 5-2　语篇块 L1.2 的形式结构图

　　语篇块 L1.3（L011～L018）（见表 5-3）：罗在 L011 让王首先承认知道

华强北的采购渠道，为 L013 的提问做铺垫，王在 L012 承认了知道华强北的
采购渠道。因此，罗在 L013 要求王说出华强北的采购渠道，王在 L014 回避
了问题。罗在 L015 发起了后扩展，旨在揭示华强北不可能通过合法渠道采
购苹果的零配件，王进行了回应。L011 和 L012 是前扩展，L013 和 L014 是
主相邻对，L015 至 L018 是后扩展，L011~L018 是语篇块 L1.3。

表 5-3　语篇块 L1.3

12→罗：华强北的是哪儿来的你知道对吗↑	L011	F_{pre}	
13　王：对啊↑我知道啊↑	L012	S_{pre}	
14　罗：哪儿来的↑	L013	F_b	
15　王：华强北是通过这-各种其他渠道从工厂里边出来的呀↑	L014	S_b	
16　罗：工厂里怎么可能出来呢↑苹果的工厂里对外卖零件是吗↑ =	L015	F_{post1}	L1.3
17　王：=我们的-我们的供应关系 =	L016	S_{post1}	
18　罗：=我们已经问过苹果了，[苹果：　　]	L017	F_{post2}	
19　王：　　[我们找-我们的供应]　就是-我们的供应商-就是华强北 20　　-我-我是-是-完-我们的采购渠道是完全合法的，至于他的配件怎么样是他的问题 21　你可以去查他的问题呀↑	L018	S_{post2}	

语篇块 L1.3 的形式结构图见图 5-3。

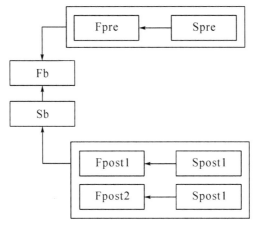

图 5-3　语篇块 L1.3 的形式结构图

语篇块 L1.4（L019~L028）（见表5-4）：罗在 L019、L021 和 L023 迫使王承认知道华强北的渠道来源并可以将其所知道的内容告知观众，为 L025 的提问做了铺垫，王在 L026 试图通过给出解释来拖延回应，但被罗打断，这迫使王在 L028 给出回应。L019/L020 是第一个前扩展相邻对，L021/L022 是第二个前扩展相邻对，L023/L024 是第三个前扩展相邻对，L025 和 L028 是主相邻对，L026 和 L027 是插入扩展，L019~L028 是语篇块 L1.4。

表 5-4　语篇块 L1.4

22→罗：但你知道是怎么回事对吗↑	L019	F_{pre1}	
23　王：对↓我当然知道呀，［因为这是唯一的　］	L020	$S_{pre\,1}$	
24　罗：　　　　［怎么回事方便讲吗↑］	L021	F_{pre2}	
25　王：嗯↑	L022	S_{pre2}	L1.4
26　罗：方便讲吗↑	L023	F_{pre3}	
27　王：（1.2）可以讲啊↑	L024	S_{pre3}	
28　罗：对，那是哪儿来的↑	L025	F_b	
29　王：可以讲啊，如果 =	L026	F_{ins}	
30罗：= 苹果作为一个不卖:: 元器件的厂商，<u>你们的</u>:: 上游:: 渠道:: 是从哪里得到苹果官方的↑	L027	S_{ins}	
31王：通过－通过这个－呃－通过其他的渠道去－去找到的	L028	S_b	

语篇块 L1.4 的形式结构图见图 5-4。

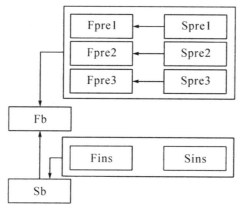

图 5-4　语篇块 L1.4 的形式结构图

语篇块 L1.5（L029~L032）（见表 5-5）：罗在 L029 表示要自己讲出华强北的采购渠道，王在 L030 表示了同意。罗在 L031 对王进行道德指责，随后准备讲出华强北的采购渠道，但被王打断，王在 L032 诉诸了行业现状，反驳罗对他的"不老实"的定义。L029 和 L030 是前扩展，L031 和 L032 是主相邻对，L029~L032 是语篇块 L1.5。

表 5-5　语篇块 L1.5

32　罗：我来跟你讲吧 =	L029	F_{pre}	
33　王：= 恩	L030	S_{pre}	L1.5
34→罗：你肯定不老实嘛，我来跟你讲 =	L031	F_b	
35　王：= 不是不老实，这是行业现状，所有手机都是这样的	L032	S_b	

语篇块 L1.5 的形式结构图见图 5-5。

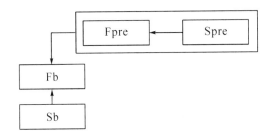

图 5-5　语篇块 L1.5 的形式结构图

语篇块 L1.6（L033~L036）（见表 5-6）：罗在 L033 要求王说出行业现状，当王在 L034 给出答案"苹果不官方销售"时，罗立刻打断了王的解释，在 L035 对王展开道德批评，王在 L036 诉诸行业现状消解罗的道德指责。L033 和 L034 是前扩展，L035 和 L036 是主相邻对，L033~L036 是语篇块 L1.6。

表 5-6　语篇块 L1.6

36　罗：对呀，〔行业现状是什么样的　　〕，行业现状是什么样的.	L033	F$_{pre}$	
37　王：　　〔哪怕是国外买的手机都是这样的〕			
38　王：行业现状就是当苹果不官方销售的时候，〔我们可以通过〕	L034	S$_{pre}$	
39→罗：　　〔OK，行业现状〕是什么样↓这个行业里灰 40　色收入流氓收入多＝ 41　王：＝对↓＝ 42→罗：＝没有任何一个流氓收入的这些机构出来像你这样出来假装理想主义者，Zealer2.0 43　你讲了那么多理想主义，你的粉丝根本不知道你的这个：苹果原厂配件是哪里来的.	L035	F$_b$	L1.6
44　王：那，好，如果我想要解决修手机这个问题，我应该怎么办？您告诉我怎么办？	L036	S$_b$	

语篇块 L1.6 的形式结构图见图 5-6。

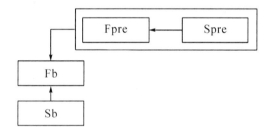

图 5-6　语篇块 L1.6 的形式结构图

2. 功能结构分析

语篇块 L1.1（L01~L06）。①语境：罗构建了 Zealer 与其顾客之间的消费决策语境，Zealer 手机维修业务的顾客是王的支持者，将王与其支持者对立起来，受众主要为王的支持者。②功能：主相邻对 L01 和 L02 反映了 L1.1 的主要功能。对罗来说，L1.1 的功能是让王说出 Zealer 的采购渠道，为下一个问题做铺垫；对王来说，L1.1 的功能是回避罗的诘问，在保守商业秘密与尊重消费者知情权之间保持平衡。由于王在 L02 没有给出罗预期的答案，罗在 L03 发起了后扩展，要求王进一步明确渠道来源，王在

L04 给出了罗预期的答案。罗在 L05 重复了问话，其功能在于确认王的回答，为接下来的问题奠定基础，王在 L06 给出了罗预期的回应。③策略。为了让王说出 Zealer 的苹果手机零配件的采购渠道，罗首先在 L01 中将王与观众对立起来，给王施加压力。王在 L02 中采取了回避策略，给出了一个模糊答案。罗并不满意王的回答，在 L03 中重复了问题。王在 L04 被迫给出了罗所期望的回答。罗在 L05 再次采取了重复的策略，固定答案，王在 L06 确认了答案。所以，罗在 L01 中采取了将观众与王对立起来的表达策略，在 L03/L05 采取了重复策略。王在 L02 采取了回避策略。

语篇块 L1.1 的功能结构图见图 5-7。

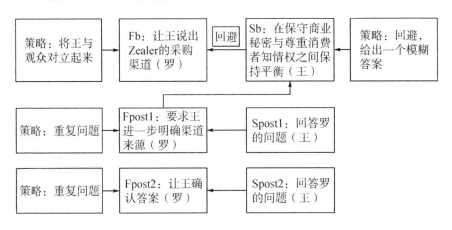

图 5-7　语篇块 L1.1 的功能结构图

语篇块 L1.2（L07~L10）。①语境：延续 L1.1 的消费者决策语境，受众为王的支持者，罗在 L09 将"王在私下同罗讲"和"王当着观众讲"对立起来，新构建了知识传播的语境，受众为对数码知识感兴趣的旁观者。②功能：基于主相邻对 L07 和 L08 分析 L1.2 的功能。对罗来说，L1.2 的功能是让王说出华强北的采购渠道；对王来说，L1.2 的功能是回避罗的问题，在保守商业秘密与维持意见领袖形象以及尊重消费者知情权之间保持平衡。L07 的主要功能是让王进一步说出华强北的采购渠道，L08 的主要功能是回避罗的问题，L09 的主要功能是让王进一步明确地说出华强北商家的采购渠道，L010 的功能是回避罗的问题。③策略。罗为了让王说出华强北的供应商来源，在 L1.2 采取了对比的修辞策略和反问的表达策略，将王在私下同罗讲的语境与王面对观众的语境对立起来，再通过反问的表达方式呈现，给王施加压力。王没有给出相应的回答，采取了回避策略，而是强调自己在两种情形下的答案都是相同的。

语篇块 L1.2 的功能结构图见图 5-8。

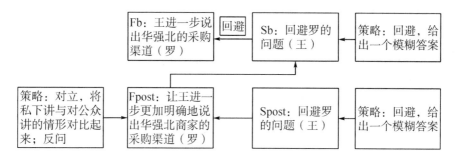

图 5-8　语篇块 L1.2 的功能结构图

语篇块 L1.3（L011~L018）。①语境：L1.3 延续了 L1.2 的消费者决策语境与知识传播语境，受众同 L1.2。②功能：L011 的主要功能是让王承认知道华强北的渠道来源，为接下来的问题做铺垫。王在 L012 给出了肯定回应，维护其商家身份和意见领袖的专业形象。罗在 L013 提出了关键问题，要求王说明华强北商家的渠道来源。王在 L014 给出了一个模糊回应，旨在回避罗的问题，在保守商业秘密与维持意见领袖形象之间保持平衡。罗在 L015 驳斥了王在 L014 的回应，给王施加压力，迫使其说出华强北的确切渠道来源。王在 L016 回避了罗的指责，并试图提供合理性说明，但遭到罗的打断。罗在 L017 试图援引苹果公司的官方答复对王在 L014 中的回答进行进一步驳斥，给王进一步施加压力。王在 L018 回避了罗的指责，通过分离 Zealer 和华强北供应商之间的商业关系，以及华强北和上游供应商的商业关系为自己做合法性辩护。因此，可以基于主相邻对 L013 和 L014 分析 L1.3 的功能。对罗来说，L1.3 的功能是让王说出华强北的采购渠道；对王来说，L1.3 的功能是在保守商业秘密与维持意见领袖形象之间保持平衡。③策略。罗在 L1.3 中为了迫使王说出华强北的供应商，采取了递进的策略，先让王承认比较容易接受的前提（知道华强北的渠道来源），再迫使王讲出华强北的供应商；同时，罗还试图采取引用权威的策略，通过苹果公司的官方回复给王施加压力。王在 L1.3 中采取了回避策略（L014），给出一个模糊答案回避罗的问题，当罗进一步施加了压力之后，王在 L018 采取了分离策略，将华强北的供应商问题与华强北与 Zealer 的合作关系分裂开来，从而拒绝说出华强北的供应商。

语篇块 L1.3 的功能结构图见图 5-9。

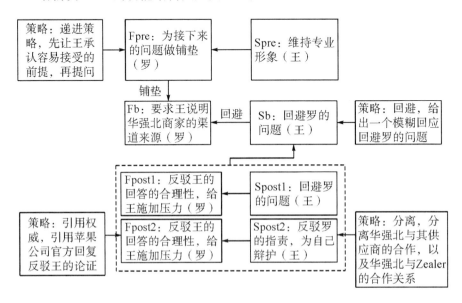

图 5-9　语篇块 L1.3 的功能结构图

语篇块 L1.4（L019~L028）。①语境：罗在 L022、L024、L026 的提问强化了 L1.4 的知识传播语境及王的意见领袖身份，受众主要为对数码知识感兴趣的旁观者。②功能：罗在 L019 让王承认知道华强北的渠道来源，为接下来的问题做铺垫。王在 L020 给出了肯定回应，承认知道华强北的渠道来源，维护其专业形象，但试图对与华强北的合作关系进行说明，被罗打断。罗在 L021 让王承认华强北的渠道来源是可以对公众讲述的。王在 L022 给出了肯定回应，承认这种华强北的渠道来源是可以被公众知晓的，从而维护其企业家和意见领袖的形象。罗在 L023 重复了 L021 的问题，目的在于让王确认答案。王在 L024 给出了肯定回应。罗在 L025 让王讲述华强北的渠道来源。王在 L026 试图在给出答案前进行合理性说明，但被罗打断。罗在 L027 打断了王的说明，并说明华强北的商家不可能从合法渠道获得苹果的零配件，给王施加压力。王在 L028 回避了罗的问题和指责。从主相邻对 L025 和 L028 分析 L1.4 的功能：对罗来说，L1.4 的功能仍然是让王说出华强北的采购渠道；对王来说，L1.4 的功能是在保守商业秘密与维持意见领袖形象之间保持平衡。③策略。罗为了让王说出华强北的供应商，采取了递进的策略，先让王承认一些比较容易接受的前提（知道内情、可以讲内情），迫使王讲出华强北的供应商。同时，罗在 L027 又采取了引用权威的策略，引用了苹果公司不（向其他商家）出售零配件的规定，迫使王承认华强北的供应商以不合法渠道获得了苹果手机的零配件。王在 L028 继续采取回避策略，不做出具体回应，只给出模糊答案。

语篇块 L1.4 的功能结构图见图 5-10。

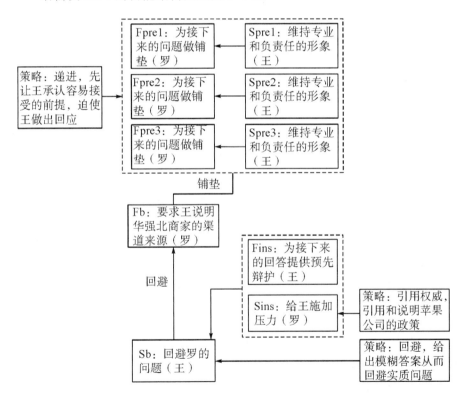

图 5-10　语篇块 L1.4 的功能结构图

语篇块 L1.5（L029~L032）。①语境：罗在 L029 表示要由自己说出华强北的采购渠道，取代王的意见领袖身份，并在 L030 征得了罗的同意。罗取代了王的意见领袖身份，在 L031 对王的行为进行了定义并展开了讨论，将知识传播语境转变为道德批评语境（所有观众都成为受众）。②功能：罗在 L029 试图夺取意见领袖的话语权，王在 L030 表示了认同，保持了意见领袖的风度。罗在 L031 夺取了意见领袖的话语权并开启了对王的道德批评，王在 L032 对罗的批评进行了反驳。基于主相邻对 L031 和 L032分析 L1.5 的功能：对于罗来说，L1.5 的功能是取代王的意见领袖身份并对王展开道德批评；对于王来说，L1.5 的功能主要是消解罗的道德批评。③策略。当罗在 L1.5 抢夺了意见领袖身份的话语权并对王进行道德批评时，王的策略是诉诸行业现状的无奈情形来消解罗的道德批评，为自己做"无罪辩护"。

语篇块 L1.5 的功能结构图见图 5-11。

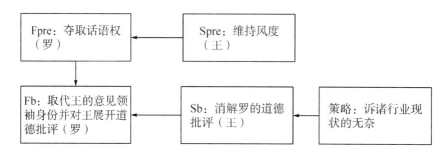

图 5-11　语篇块 L1.5 的功能结构图

语篇块 L1.6（L033~L036）。①语境：罗在 L1.6 构建了道德批评语境，受众为所有观众，王的事业被定义为"流氓事业"，与王曾经发表的"理想主义情怀"形成了对照。②功能：罗在 L033 想要王告知公众苹果手机零配件市场供应链的现状，为接下来的道德批评做准备。在这个过程中，王试图夺取话语权并为自己进行辩护，但没有成功。王在 L034 希望通过陈述行业的窘迫情况为自己做道德辩护，但被罗打断并抢夺了话语权。罗在 L035 抢夺了话语权，并直接指出了苹果手机供应链市场的灰色性质，将 Zealer 的业务收入定义为"流氓收入"，对王展开道德批评。王在 L036 继续诉诸行业的窘迫情况来消解罗的批评。根据 L035 和 L036 分析 L1.6 的功能：对于罗来说，L1.6 的功能是塑造王的虚伪形象；对于王来说，L1.6 的功能是通过诉诸行业现状来消解罗的道德批评。③策略。罗为了对王展开道德批评，首先采取了定义策略，在 L035 将王的事业定义为"流氓事业"（营业收入是"流氓收入"）；罗还进一步采取对比策略，将王的言行与其他"流氓事业"从业者的言行进行对比，树立王的"虚伪"形象。王在 L034 和 L036 都试图继续通过诉诸行业现状的策略来消解罗的批评。

语篇块 L1.6 的功能结构图见图 5-12。

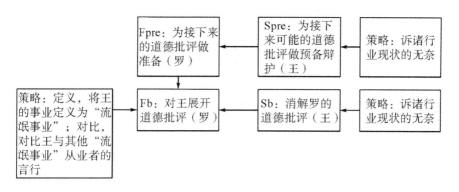

图 5-12 语篇块 L1.6 的功能结构图

3. 论证规则分析

语篇块 L1.1（L01~L06）：王有义务告诉 Zealer 的消费者 Zealer 的采购渠道，辩论双方遵循了消费决策语境中的规则 R1.1——消费者有权利知晓商品的来源。语篇块 L1.1 的功能—规则图见图 5-13。

语篇块 L1.2（L07~L10）：在 L1.2 延续了消费决策语境，罗的策略要取效，需要依赖规则 R1.1——消费者有权利知晓商品的来源。同时，罗在 L1.2 中建构了知识传播语境，在这个语境中，王作为意见领袖，应遵循规则 R1.2——意见领袖有责任向公众揭示真相。

语篇块 L1.2 的功能—规则图见图 5-14。

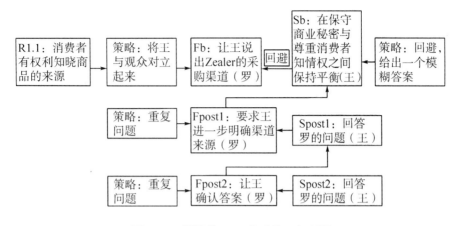

图 5-13　语篇块 L1.1 的功能—规则图

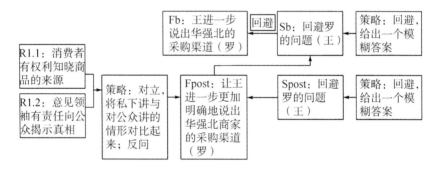

图 5-14　语篇块 L1.2 的功能—规则图

　　语篇块 L1.3（L011～L018）：L1.3 延续了 L1.2 的知识传播语境，罗的递进策略要能够迫使王说出华强北的渠道来源，需要双方继续遵守规则 R1.2——意见领袖有责任向公众揭示真相。罗引用苹果公司的说法来反驳王的回应如果能取效，就需要双方都承认苹果公司的权威地位，即认同规则 R1.3——苹果公司是值得信服的权威消息来源。对于王的策略来说，如果这个分离策略要取效，就需要参与者都认同规则 R1.4——商家没有追溯商品来源的义务。

　　语篇块 L1.3 的功能—规则图见图 5-15。

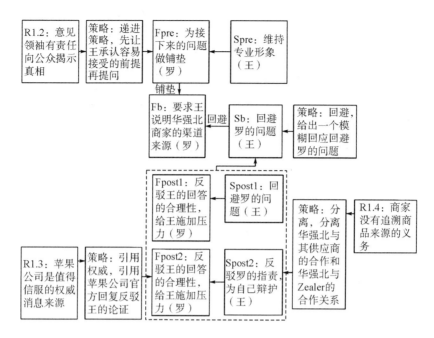

图 5-15　语篇块 L1.3 的功能—规则图

语篇块 L1.4（L019~L028）：虽然在 L031 继续回避问题，但出现了数个自我修正，表明罗的递进策略成功给王施加了压力，说明双方都遵循了知识传播语境中的规则 R1.2——意见领袖有责任向公众揭示真相。罗引用苹果公司的说法来反驳王的回应如果能取效，就需要双方都承认苹果公司的权威地位，即认同规则 R1.3——苹果公司是值得信服的权威消息来源。

语篇块 L1.4 的功能—规则图见图 5-16。

语篇块 L1.5（L029~L032）：罗从 L029 获得的意见领袖身份，将王之前的回避行为定义为"不老实"，王在 L032 拒斥了罗的道德指责，但没有质疑罗利用意见领袖身份行为进行解释和定义的权力，双方都遵循了规则 R1.5——意见领袖享有解释权等话语权力。同时，王通过诉诸行业的无奈现状为 Zealer 的商业模式做辩护，需要规则 R1.6 的支持——人被迫做不对的事情是值得原谅的。

语篇块 L1.5 的功能—规则图见图 5-17。

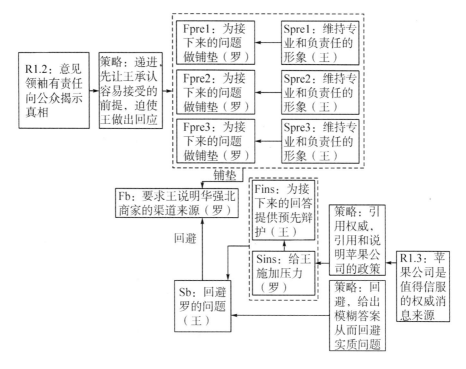

图 5-16 语篇块 L1.4 的功能—规则图

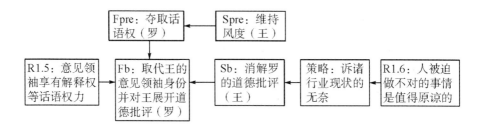

图 5-17 语篇块 L1.5 的功能—规则图

　　语篇块 L1.6（L033～L036）：在道德批评语境中，罗将 Zealer 的手机维修业务定义为"流氓事业"，依赖了规则 R1.7——销售灰色渠道商品的行为都是"流氓行为"。同时，罗将王的理想主义口号与"流氓事业"对立起来，塑造了王的言行不一的形象，对王展开了道德批评，这依赖了规则 R1.8——言行不一致是严重的道德污点。对于罗的批评，王在试图通过诉诸行业现状消解罗的道德批评，这个辩护如果能取效，就需要规则

RR7 的支持，R1.6——人被迫做不对的事情是值得原谅的。但是没有否认罗的定义，表明罗和王都遵循规则 R1.4 和 R1.5。

语篇块 L1.6 的功能—规则图见图 5-18。

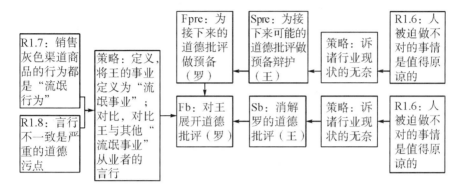

图 5-18 语篇块 L1.6 的功能规则图

综合以上分析，我们得到了语篇在 L1 层语篇块中的目标、受众、语境和规则。罗操控着论证过程的发展，将论证目标分解为六个阶段性子目标，并在不同语篇块中构建了不同语境，争取不同受众的支持，从而对王施加压力，掌控辩论方向的发展，为最终的论证目标服务。相比之下，王缺乏对论辩过程的掌控，只能被动回应罗的问题，陷入了较为被动的情景。从罗的视角可以将语篇在 L1 层的目标、语境、受众和规则归纳如下（见表 5-7）。

表 5-7 L1 层语篇块的目标、语境、受众和规则

语篇块	目标	语境	受众	规则
L1.1	让王说出 Zealer 的采购渠道（罗）	消费决策	王的支持者	R1.1
L1.2	让王说出华强北的采购渠道（罗）	消费决策	王的支持者	R1.1
		知识传播	旁观者	R1.2
L1.3	让王说出华强北的采购渠道（罗）	知识传播	旁观者	R1.2；R1.3
	为 Zealer 业务做合法性辩护（王）	消费决策	王的支持者	R1.4
L1.4	让王说出华强北的采购渠道（罗）	知识传播	旁观者	R1.2；R1.3

表5-7(续)

语篇块	目标	语境	受众	规则
L1.5	取得意见领袖身份（罗）	道德批评	所有观众	R1.5
	为 Zealer 业务做合法性辩护（王）	道德批评	所有观众	R1.6
L1.6	塑造王的虚伪形象（罗）	道德批评	所有观众	R1.7；R1.8
	为 Zealer 业务做合法性辩护（王）	道德批评	所有观众	R1.6

（二）L2 层的分析

L2 层的分析：在 L2 层，L1 的六个语篇块可以从功能上划分成三个语篇块。L1.1 单独成一个二阶语篇块 L2.1，旨在澄清 Zealer 零配件采购渠道。L1.2、L1.3 和 L1.4 旨在澄清华强北的采购渠道，归为语篇块 L2.2。L1.5 和 L1.6 旨在开展道德批评，归为语篇块 L2.3。我们可以继续采用广义论证的研究方法分析 L2.1、L2.2 和 L2.3 的语境、功能和规则。

L2.1 的语境、功能和规则与 L1.1 相同，分析略。

L2.2 的语境、功能和规则分析如下。①语境：如上分析，L2.2 主要处于消费者决策语境和知识传播语境。②功能：对于罗来说，L2.2 的功能是让王说出华强北的采购渠道，即苹果代工厂。对于王来说，L2.2 的功能是要在保守商业秘密与维护意见领袖形象、尊重消费者知情权之间保持平衡，因为王的商业秘密可能损害其支持者的情感、破坏他的意见领袖形象。③规则：在 L2.2 中，罗的问题"华强北通过什么渠道采购的苹果手机的零配件"之所以能够对王施加压力，依赖了规则 R1.1 和 R1.2。

L2.3 的语境、功能和规则分析如下。①语境：罗在 L2.3 构建了道德批评的语境，将所有观众都置于道德批评者的地位，使王置于观众对立面。②功能：对于罗来说，L2.3 的功能是对王展开人身攻击，塑造王的虚伪形象。对于王来说，L2.3 的功能是维护自身形象。③规则：在 L2.3 中，罗对王发起了人身攻击，但王并没有否认这种人身攻击行为本身的合理性，而只是对人身攻击的具体内容进行了反驳，双方均认同了规则 R2.1——在辩论中展开人身攻击是被允许的。

（三）L3 层的分析

L3 层的分析：L2.1 是为 L2.2 做铺垫，L2.2 又为 L2.3 做铺垫，罗通过设计这 3 个语篇块逐步揭露 Zealer 从灰色渠道采购零配件的事实，进而对王展开人身攻击，故可将 L2.1、L2.2 和 L2.3 纳入一个语篇块 L3.1。①语境：罗首先通过构建消费决策语境、知识传播语境迫使王说出答案，最终构建了道德批评语境并对王展开道德批评，L3.1 包含了消费决策语境、知识传播语境和道德批评语境的多层语境。②功能：对于罗来说，L3.1 的功能就是是对王展开人身攻击，塑造王的虚伪形象。对于王来说，L3.1 的功能是在保守秘密与维持形象之间保持平衡。③规则：为 L3.1 的功能实现提供规则支持的仍然是与 R2.1 相同的规则，王并没有质疑罗的人身攻击行为的合理性，说明罗和王都遵循了规则 R2.1。

由此，根据广义论证的分层结构理论，这个语篇的分层结构可如图 5-19 所示。

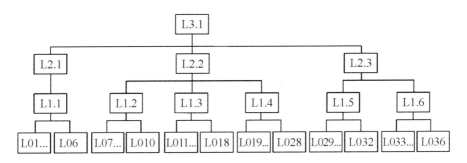

图 5-19　案例一的分层结构

我们可以继续进行升阶分析，将 L3.1 放到 3 个小时的直播论辩中考察其作用。L3.1 的作用是对王展开人身攻击，塑造王的虚伪形象。将这个语篇放到整个直播辩论中，罗在这个语篇中隐藏了其营销目的：通过塑造王言行不一致的虚伪形象，削弱王发布的评测报告的公信力，维护 T1 的产品形象，使更多关注数码知识的旁观者转化为 T1 的消费者，实现营销目的。罗的策略要实现目标，就需要观众认可辩论中的人身攻击行为的合理性，同时，还需要观众将道德评价置于事实评价之前，将王的道德品行作为其评测报告可靠性的前提。

图 5-19 展现了广义论证的自下而上的研究方法。它从直播辩论的原初语言数据出发，通过逐层解释的方式，揭示了罗和王直播辩论的整体布局，如何将营销活动嵌入知识传播的语境并获得受众的支持。

四、规则的合理性说明与策略评价

（一）规则的合理性说明

联系社会文化语境对提取到的候选论证规则进行辩护和解释，揭示深层次的文化背景。

规则 R1.1：消费者有权利知晓商品的来源。根据《中华人民共和国消费者权益保护法》第八条规定：消费者享有知悉其购买、使用的商品或者接受的服务的真实情况的权利。其中，明确规定消费者有权要求经营者提供商品的产地、生产者和相关产品信息。罗在 L1.1 构建了消费决策语境，使 R1.1 得到了法律条文的支持，获得了辩护。

规则 R1.2：意见领袖有责任向公众揭示真相。直观而言，"关键意见领袖"是指在人际传播网络中经常为他人提供信息，同时对他人施加影响的"活跃分子"，在大众传播效果中起着重要的中介作用（拉扎斯菲尔德、贝雷尔森、高德特，2011：43-45）。作为对舆论导向具有重要影响的信息传递中介，意见领袖具有社会监督责任、舆论导向责任、文化导向责任等社会责任。王发布的评测报告点击量高达数百万，在数码评测领域具有重要影响力，其评测意见和观点能引导网络舆论，其是数码知识领域的关键意见领袖，有责任通过各种渠道努力还原真相，用其影响力让更多网友接近真相。罗在 L2.2、L2.3 和 L2.4 中构建了知识传播语境，强化了王的关键意见领袖身份与责任，R1.2 获得了辩护。

规则 R1.3：苹果公司是值得信服的权威消息来源。苹果公司作为苹果手机零配件的供应商，天然享有对其产品销售渠道的解释权，R1.3 自然获得辩护。在辩论过程中，当罗引用苹果公司的消息来源时，王并没有提出任何异议，表明他认同了这条规则。

规则 R1.4：商家没有追溯商品来源的义务。在辩论中，王试图通过分割 Zealer 和华强北的合作关系与华强北和其上游供应商的合作关系来为自己辩护，罗并没有反驳这条规则的适用性，但在接下来的对话中，罗还在继续追问华强北的渠道来源，说明他并不认可这条规则。如果明知道华强北的手机零配件来自灰色渠道，那么这条规则是否能获得辩护呢？一种看法认为，王知道华强北的手机零配件来自灰色渠道，这种情况应该适用"掩饰、隐瞒犯罪所得、犯罪所得收益罪"，Zealer 的业务是违反法律法规的，不仅应该受到道德谴责，甚至应该受到法律制裁。另一种看法认为，如果当事人能够通过符合法律规定的程序和手续与他人进行交易，当事人可以不受追究。这似乎是一条有争议的规则。

规则 R1.5：意见领袖享有解释权等话语权力。根据人们的通常看法，在信息爆炸的年代，关键意见领袖的首要任务是对先行接收到的大量的信息进行加工与解释，从而为公众提供更接近真相或高质量的信息，意见领袖天然地享有解释权。这可以说明，为什么王即便遭到了指责也没有质疑罗对其行为的解释权力。

规则 R1.6：人被迫做不对的事情是值得原谅的。王在 L1.5 和 L1.6 都援引了规则 R1.6 为自己辩护。无论在法律中还是在伦理道德领域中，对当事人进行法律惩罚或道德谴责的一个重要前提是当事人主观有意实施行为，如果是由于他人或其他非个人因素等原因被迫实施该行为，那么当事人所应该负有的法律责任和道德责任都要大大减轻，R1.6 能够获得强有力的辩护。罗在辩论中并不认同这条规则（他将这种行为定义为"流氓行为"），但并没有直接反驳这条规则的合理性，而是在随后的 L16 中将焦点对准了王的言行不一致并塑造王自如的虚伪形象，这说明 R1.6 对罗的论证策略产生了很大影响。

规则 R1.7：销售灰色渠道商品的行为都是"流氓行为"。规则 R1.7 是罗在 L1.6 对王展开人身攻击的基础，且这条规则具有很大的争议。因为，通过代工厂获得工厂原单尾货、通过代购等非官方渠道获得串货商品的行为似乎早就"见怪不怪"，大众并不将其看成违反商业伦理的严重不当行为。同时，王在 L018 说明了 Zealer 从华强北的采购手续是完全合法的，因此 R1.7 似乎并不容易为罗的定义提供支持。然而，王在 L041 仍然对王的定义表示认同，此处可以将其理解为王基于商业伦理瑕疵的一种论辩退让。

规则 R1.8：言行不一致是严重的道德污点。在中国的文化语境中，关于知行合一的论述十分普遍，言行一致通常也被认为是为人处世的基本修养，这条规则天然地获得了辩护。然而，王在 L036 并没有反驳 R1.8 在 L1.6 的适用性，而是诉诸行业现状的无序来减轻罗的道德批评，这事实上承认了罗的这个严重指控，这不可避免地导致王在观众心目中意见领袖形象的崩塌。这使得王在此之后的辩解很难扭转局面，因而这也成为其失去论证"取效性"的关键步骤。

规则 R2.1：在辩论中展开人身攻击是被允许的。通过关键字"罗永浩 vs 王自如"在优酷网搜索相关话题和视频，笔者分析了网络评论的反应。在优酷网的搜索结果中被置顶的视频"回顾：互联网史上第一约架：罗永浩王自如对骂完整版"的下方评论中，截至 2022 年 1 月 24 日，约 960 位用户留下了约 1 700 条评论。其中，有约 600 位用户明确支持罗或反对王，只有 20 位用户明确支持王或仅对罗提出批评，没有人质疑罗采取的人身攻击策略的正当性。值得注意的是，在西方主流的论证理论中，对对手展开与论题无关的人身攻击往往被认为是一种谬误①。罗的策略并没有引起大众的质疑，这个案例折射了中国大众传播语境与西方相关语境下的论证遵循着不同的社会文化规范。

（二）策略分析与评价

上述案例分析展示了广义论证的分层理论和升阶分析方法对分析论证者在语篇行动中的多层意图的显著优势，集中体现了论证者的多层意图及其相互关系与实现方式。在上述语篇中，罗通过逐步构建消费决策语境、

---

① 罗和王对质的主题是王出具的评测报告是否属实，而罗在这场对质最后对王的道德品行展开的人身攻击与评测报告本身是否属实无关。

知识传播语境和道德批评语境来塑造王的虚伪形象，其首要意图是营销意图（促进 T1 的成功营销），次要意图才是传播意图（向公众揭露行业内幕）。但在表现方式上，罗只有传播意图（丝毫没有向观众推销 T1），成功将营销目的隐藏到知识传播语境中，从而消除测评报告对 T1 的负面影响。在策略上，罗通过构建不同语境来迎合不同受众的需求，赢得受众对其策略所依赖的规则的支持，迫使王一步一步地接受存有争议的规则。相反，王在论证中没有采取正确论证策略，没有驳斥 R1.7、R1.8 和 R2.1 三条不利于自己且存有争议的规则，使自己陷入了非常被动的境地。

在上文中，笔者根据网络直播语境下的辩论背景对它们的合理性进行了辩护。作为得到辩护的规则，它们可以被认为是合理的。这些规则以及依据它们构建的辩论构成分层结构，对未来直播等公开语境下的辩论活动的策划和评价具有正面价值。

第二节　机构语境的会话型论证研究

一、分析社会文化语境

笔者选取的案例来源于一名交通事故当事人自发拍摄和上传的一段视频。根据有关报道，2017 年 7 月 9 日中午 12 时许，山东省青岛市开发区一位开奔驰牌豪华轿车的女性驾驶员，压碎了路边的几块大理石板。由于该驾驶员拒绝通过协商来赔偿，涉事民工报警求助。该事件的主要参与者分别为着警服、戴眼镜的中年男性警察和一名女性驾驶员，两人站在路边进行交涉。110 民警调解未果，交通警察到达现场后与驾驶员发生如下对话①。从拍摄角度和对话内容基本可以判定，涉事女性驾驶员拍摄了这段对话并上传至互联网。笔者将这个案例记为案例二。

案例二发生于警察与驾驶员之间，并非是个人之间的交流对话，警察是执法者，代表着行使法律权力的公权力机构，驾驶员是身处法律纠纷中的责任人。与散漫自由的日常个人对话交流不同，法律对该类事件的处理程序和参与各方的行为往往有着较为明确的规定，这是一种较为典型的警察执法的机构性语境。此外，案例二的这段对话有着复杂的社会文化语境因素，这也将对这段论证对话产生重要影响，是分析研究这段论证对话的重要参考因素。

中国共产党自成立以来，长期强调和坚持"从人民群众中来、到人民群众中去"的群众路线，毛泽东在1944年纪念张思德的讲话中强调，"我们是为人民服务的"。"为人民服务"的口号不仅被镌刻在各级党政机关大门前，也被广大大众传播媒介不断颂扬，"公务人员要甘当人民公仆、为人民服务"的理念是当前中国社会普遍接受的社会文化规范。在这种社会文化语境下，公务人员不仅对社会负有管理职能，还是"人民公仆"，有服务人民群众的义务。这一点可以从近些年来的一些案例中得以反映。随着互联网和自媒体的发展，一些关于公务人员在执法、办理行政业务过程中态度恶劣、不符合规范等情况被曝光，相关责任人员被追责或处罚。在人民网所转发的《中纪委连发七个形式主义官僚主义案例 党员干部需对照查找》一文中有这么一个案例：2017年，成都市一名公务人员在处理群众申请房屋租赁补贴的工作中与申请人发生了冲突，这位公务人员在冲突过程中态度强硬，导致冲突升级并引发肢体冲突。这个事件在被媒体曝光后，纪委监察部门随后进行了跟进调查，对涉事公务人员进行了问责和处分②。

----

① 相关报道参见山东高速警察发布的公告（https://baijiahao.baidu.com/s? id = 1572771014090539&wfr = spider&for = pc）。

② 参见人民网的报道（http://fanfu. people. com. cn/n1/2018/1113/c64371 - 30397665. html）。

在全面推行依法治国的背景下，普通公民在日常生活和工作过程中要学法、懂法、守法。配合公安机关的调查，是每个公民的义务。同时，在我国的传统文化和当下语境中，我们一般认为，警察作为执法者，是法律权威、国家和公众意志的实际捍卫者。有研究表明，包括中国、新加坡等国家在内的整个东亚文化圈至今都受到数千年来所形成的威权主义的影响，这种传统强调的是国家和群体意志高于个人利益诉求（Meloen，2000：108-115）。同时，作为执法人员，警察的行为也受法律法规约束。比如，2018年，哈尔滨市延寿县路政、运管、交警三部门在开展联合治超过程中，有三名执法人员在查处一辆闯卡货车时，对肇事驾驶员使用了催泪瓦斯等方式。有路过的老百姓将执法过程拍摄并曝光，随后，执法警察及相关的辅警和领导等9人均因违规执法、执法形式粗暴等原因被处罚①。国家法律和公众意志赋予了警察执法的权威，但其执法过程也是受严格约束的。如果上述社会准则是当前社会普遍接受的社会文化规范，那我们在实际的分析过程中就应该将这些文化背景因素纳入考量。

根据画面拍摄角度和对话内容可以看出，案例二发生在白天，事件发生的场合位于市区内的一条公共道路旁边，路旁有诊所、商店等，并且不断有行人路过和看热闹。这个事件不仅是一个警察执法的机构性语境，而且这个事件暴露在大量围观群众视野之中，围观群众是论证者需要尽量考虑到的语境因素。此外，驾驶员在对话过程中一直在用设备拍摄视频，对于参与者尤其是警察来说，这些视频极有可能被上传到互联网或被交给其他媒体，视频的潜在观众甚至相关机构都是潜在的受众，构成了参与者所需要考虑的语境因素。

---

① 参见央视网的报道（http://news.cctv.com/2018/11/21/ARTIAcKwo8 KHOcywD-vYJlQax181121. shtml）。

二、数据采集与转写

此视频为被执法人在事发时自己所拍摄的，即采取了录像的手段①。

网络上所流传的视频具有较为明显的剪辑痕迹，共由两段视频合并而成，一共3分1秒，第一段视频长度为2分6秒，第二段视频长度为55秒。在第一段视频中，警察和驾驶员主要围绕着驾驶员是否出示证件进行辩论；在第二段视频中，警察和驾驶员之间的冲突严重升级，他们相互进行道德指责。笔者主要分析了第一段视频，主要关注了："为什么双方在第一段视频中的交流没有能解决问题，反而让冲突进一步升级？""为什么驾驶员拍摄的视频上传到互联网之后不仅没有得到支持，反而遭到了网络舆论的批评？"带着这些问题，笔者主要分析了网络流传视频的0分5秒到1分44秒这段时间的交流。

笔者采用了会话分析的方法对该语料进行转写。由于所分析的这一段语料为视频语料，视频中有较多的非言语行为特征，笔者统一按照转写者评论的方式对言语行为特征进行转写。互联网上广泛流传的这段材料可分为两个片段，笔者采用会话分析的方法对第一个片段进行了转写，"P"代表警察，"D"代表驾驶员。笔者使用了会话分析的方法对该语料进行转写（转写符号及说明见附录C），并将第一个话轮编号为L01，将第二个话轮编号为L02，以此类推。

语料5.1②

01 D：警号是多少.［25（...）258　　］　　（L01）

02 P：　　［（（亮出警号））］　　（L02）

03 D：你叫什么名字这位警察同志？　　（L03）

---

① 会话分析一般要求不能对真实发生的语料进行编辑，但本研究认为，虽然这段视频是被剪辑过的，但其呈现的内容是真实发生的，保留的信息是足够的，可以被用来进行研究。

② 语料视频可以登录优酷网查询（https://v.youku.com/v_show/id_XMjg5MzQ3NTQ2OA==.html？spm=a2h0k.11417342.soresults.dtitle）。如若该网址不可用，可登录笔者的个人主页查看（http://yangshuchao.com）。

04 P：警号我告诉你了，啊？　（L04）

05 D：麻烦问下您的姓名．　（L05）

06 P：给你出示证件．啊？〔（（从上衣口袋掏出警证向驾驶员展示））〕＝　（L06）

07 D：　　〔同志．咱们执法不应该这个态度．　　〕　（L07）

08 P：＝看明白了::?＝　（L08）

09 D：＝咱们就是人民公仆，咱们不是这个〔态度．　〕

　　　　　　　　　　　　　　　　　　　　　　　（L09）

10 P：　　〔看明白了没有．　〕看明白了？＝　（L010）

11 D：＝不要这个态度，啊:?　（L011）

12 P：现在可以－可以配合我的工作了吗？　（L012）

13 D：有什么需要帮您的你说吧．　（L013）

14 P：（（头转向一边））把你的驾驶证行驶证拿出来．（（收起证件））　（L014）

15 D：刚才已经拿一遍了．　（L015）

16 P：我希望你配合．啊？你不配合的话就上升到违法的问题了．啊？知道了吗？我现在

17 是来给你处理这个交通事故的．现在你这个事就是交通事故．你录也没有用．明

18 白了吗？(.) <不是道路上的，法律－规定－参照－道路的处理>，你明白？(1.1)

19 明白不明白？(0.6) 明白不明白？（（警察在说话过程中用手指向司机））

　　　　　　　　　　　　　　　　　　　　　　　（L016）

20 D：态度好一点．再说一遍．　（L017）

21 P：我问你配合不配合？（（手指向司机））　（L018）

22 D：不配合．　（L019）

23 P：不配合是吧？　（L020）

24 D：嗯．　（L021）

25 P：不配合把你逮住啊.   （L022）

26 P：（（走开，拿出对讲机通话，持续过程 1.3 秒））

27 P：证件也不出示，是吧？（1.1）对吧？   （L023）

28 D：你这个态度，警察同志，我是不会出示的.   （L024）

29 P：（（用手指驾驶员））你配合不配合和我态度没关系.
（0.6）［知道］了吗？   （L025）

30 D：　　　　［（…）］

31 D：＝好吧，［　那我（…）　　］   （L026）

32 P：　　　　　［这个东西，不需要］::你-来-怎么衡量.（0.6）
听明白啦？（1.6）我不需要你来

33　怎么衡量，［你的-你的义务］就是配合我.（（整个过程
都在用手指向驾驶员）（L027）

34 D：　　　［　　　　　　　　　　　　　　　（…）　　］

35 P：（…）（（对着对讲机呼叫））要不然连你车也扣住啊？
                                                        （L028）

36 D：°扣吧°   （L029）

37 P：（（对着对讲机讲话，呼叫执勤车支援））（7.9）

38 P：证件也不拿，是吧？   （L030）

39 D：不是不拿，警察，我再说一遍，你的态度好一点.
                                                        （L031）

40 P：我问你拿不拿证件？   （L032）

41 D：我让你-再说一遍，你的态度好一点.   （L033）

42 P：（（摆手走开））不拿（…）（（未听清的内容猜测是
不文明的方言））   （L034）

三、数据分析

（一）L1 层的分析

1. 形式结构分析

在 L1 层的分析中，我们可以将这个整体语篇分解成具有不同目的和功能的相对独立的 L1 层语篇块，每个 L1 层的语篇块按照其出现的先后顺序分别标记为语篇块 L1.1、L1.2、L1.3……，依此类推。

语篇块 L1.1（L01~L02）（见表 5-8）：在 L01，驾驶员询问警察的警号，警察以亮出警号的行为进行了回应。L01/L02 行是一个相邻对，L01 是一个相邻对的 FPP，L02 是其回应的 SPP，L01 ~ L02 标记为语篇块 L1.1。

表 5-8　语篇块 L1.1

01 D：警号是多少. ［25（...）258 ］	L01	F_b	L1.1
02 P： ［（（亮出警号）） ］	L02	S_b	

语篇块 L1.1 的形式结构图见图 5-20。

图 5-20　语篇块 L1.1 的形式结构图

语篇块 L1.2（L03~L04）（见表 5-9）：与语篇块 L1.1 类似，在 L03，驾驶员询问警察的名字，但警察并没有立即给出相应的回应，而是强调他已经出示过自己的警号，回避了驾驶员的提问。L03/L04 行是一个相邻对，L03 是一个相邻对的 FPP，L04 是其回应的 SPP，L03 ~ L04 标记为语篇块 L1.2。

表 5-9　语篇块 L1.2

| 03 D：你叫什么名字这位警察同志？ | L03 | F_b | L1.2 |
| 04 P：警号我告诉你了，啊？ | L04 | S_b | |

语篇块 L1.2 的形式结构图见图 5-21。

图 5-21　语篇块 L1.2 的形式结构图

语篇块 L1.3（L05~L06）（见表 5-10）：与语篇块 L1.1 和 L1.2 类似，在 L05，驾驶员继续询问警察的名字，警察拿出了证件并向驾驶员进行展示，对其进行了回应。L05/L06 是一个相邻对，L05 是一个相邻对的 FPP，L06 是其回应的 SPP，L05~L06 标记为语篇块 L1.3。

表 5-10　语篇块 L1.3

| 05 D：麻烦问下您的姓名. | L05 | F_b | L1.3 |
| 06 P：给你出示证件. 啊？〔（（从上衣口袋掏出警证向驾驶员展示））〕= | L06 | S_b | |

语篇块 L1.3 的形式结构图见图 5-22。

图 5-22　语篇块 L1.3 的形式结构图

语篇块 L1.4（L07~L011）（见表 5-11）：在 L07，驾驶员对警察的态度进行了指责，警察给出了一个非优先的回应，意味着对驾驶员的指责的否认。而驾驶员对警察的回应并不满意，因此接下来对自己给出的指责行为进行支持，在 L09 给出了一个后扩展。由于警察在 L10 又一次给出了一个非优先的回应，驾驶员 L011 再次指责警察的态度，给出了第二个后扩展相邻对的 FPP。警察在 L013 并没有与驾驶员就这个话题继续进行交流，而是开启了一个新的话题。因此，L07~L011 是一个独立的序列，L07 的话轮是主相邻对的 FPP，L08 是主相邻对的 SPP；L09/L010 行是这个序列的第一个后扩展相邻对，L11 是第二个后扩展相邻对，但出现了 SPP 的缺失。L07~L011 可以标记为语篇块 L1.4。

表 5-11　语篇块 L1.4

07 D: 　〔同志. 咱们执法不应该这个态度. 　　　〕	L07	F_b	
08 P: 　=看明白了::? =	L08	S_b	
09 D: 　=咱们就是人民公仆，咱们不是这个〔态度. 　〕	L09	F_{post1}	L1.4
10 P: 　〔看明白了没有. 　　〕看明白了? =	L010	S_{post1}	
11 D: 　=不要这个态度，啊:?	L011	F_{post2}	

语篇块 L1.4 的形式结构图见图 5-23。

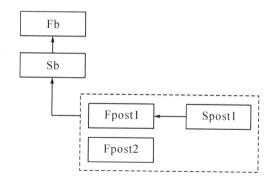

图 5-23　语篇块 L1.4 的形式结构图

语篇块 L1.5（L012~L017）：在 L012，警察给出了一个提问，这个提问是为 L014 的要求扫清障碍的，因此，L012 是一个前扩展相邻对的 FPP，而驾驶员在 L013 的回应是这个前扩展相邻对的 SPP。L014 是这个序列的主相邻对的 FPP，而驾驶员在 L015 给出的回应是这个主相邻对的 SPP。L016 是警察对驾驶员在 L015 的非优先回应的一个后扩展，表达了对驾驶员在 L015 的再反驳，而驾驶员在 L017 行给出了一个非优先的回应，否认了警察在 L016 的理由。因此，L012~L020 是一个独立的序列，L012/L013

是前扩展相邻对，L014/L015 行是主相邻对，L016/L017 是后扩展相邻对，L012~L020 可以标记为语篇块 L1.5。

表 5-12　语篇块 L1.5

12 P：现在可以-可以配合我的工作了吗？	L012	F_{pre}
13 D：有什么需要帮您的你说吧.	L013	S_{pre}
14 P：（（头转向一边）） 把你的驾驶证行驶证拿出来.（（收起证件））	L014	F_b
15 D：刚才已经拿一遍了.	L015	S_b
16 P：我希望你配合. 啊？你不配合的话就上升到违法的问题了. 啊？知道吗？我现在是来 17 给你处理这个交通事故. 现在你这个事就是交通事故. 你录也没有用. 明 18 白了吗？(.) <不是道路上的，法律-规定-参照-道路的处理>，你明白？(1.1) 19 明白不明白？(0.6) 明白不明白？（（警察在说话过程中用手指向司机））	L016	F_{post}
20 D：态度好一点. 再说一遍.	L017	S_{post}

（L1.5 位于表格右侧合并单元格）

语篇块 L1.5 的形式结构图见图 5-24。

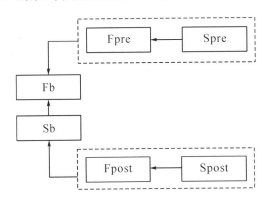

图 5-24　语篇块 L1.5 的形式结构图

语篇块 L1.6（L018~L022）（见表 5-13）：在 L018，警察给出了一个反问句，要求驾驶员配合，驾驶员在 L019 立即给出了一个拒绝行为的非优先回应。警察在 L020 给出了一个与 L019 相关的后扩展，确认驾驶员的回应，而驾驶员也在 L021 立即给出了不配合的回应。警察在 L022 给出了第二个后扩展相邻对的 FPP，随后走开，序列结束。L021~L025 是一个独立的序列，L018/L019 是一个主相邻对，L2020/L021 是第一个后扩展相邻对，L022 是第二个后扩展相邻对（后件缺失）。L021~L025 可以标记为语篇块 L1.6。

表 5-13　语篇块 L1.6

21 P: <u>我问你配合不配合?</u>（（手指向司机））	L018	F_b	
22 D: 不配合.	L019	S_b	
23 P: 不配合是吧?	L020	F_{post1}	L1.6
24 D: 嗯.	L021	S_{post1}	
25 P: 不配合把你逮住啊.	L022	F_{post2}	

语篇块 L1.6 的形式结构图见图 5-25。

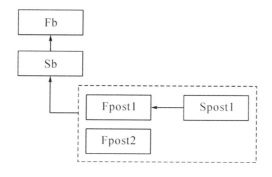

图 5-25　语篇块 L1.6 的形式结构图

语篇块 L1.7（L023~L027）（见表 5-14）：警察在 L023 提出了一个问题，驾驶员在 L024 随后对这个问题进行了回答，并且给出了一个不同意类型的非优先的回应。警察在 L025 给出了后扩展相邻对，对驾驶员 L024 进行反驳，而驾驶员在 L027 给出了一个表示同意的优先的回应。当驾驶员试图在 L027 进行辩解时，警察立即抢夺过话语权（注意重叠），对 L024 再次进行反驳。警察随后退出对话，序列结束。因此，L027~L033 行是一个独立的序列，L023/L024 是主相邻对，L025/L026 是第一个后扩展相邻对，L027 是第二个后扩展相邻对（后件缺失）。L027~L033 可标记为语篇块 L1.7。

表 5-14　语篇块 L1.7

27 P: 证件也不出示，是吧？(1.1) 对吧？	L023	F_b	
28 D: 你这个态度，警察同志，我是不会出示的.	L024	S_b	
29 P: ((用手指驾驶员)) 你配合不配合和我态度没关系.(0.6)〔知道〕了吗？	L025	F_post1	
30 D: 〔(...)〕			L1.7
31 D: =好吧，〔　那我 (...) 　〕	L026	S_post1	
32 P: 〔这个东西，不需要〕::你-来-怎么衡量.(0.6) 听明白啦？(1.6) 我不需要你 33 来怎么衡量，〔你的-你的义务〕就是配合我.((整个过程都在用手指向驾驶员))	L027	F_post2	

语篇块 L1.7 的形式结构图见图 5-26。

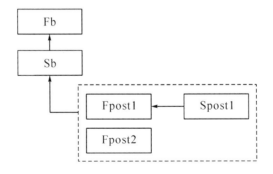

图 5-26　语篇块 L1.7 的形式结构图

语篇块 L1.8（L028~L029）（见表 5-15）：在 L028，警察给出了一个警告，驾驶员在 L029 给出了一个具有优先结构特征的非优先回应①，警察随后退出了会话。L035~L036 是一个独立的序列，L028/L029 是这个序列的主相邻对。可标记为语篇块 L1.8。

---

① 需要注意的是，在当前的文化和语境下，面对警察的警告，优先的回应应该是请求警察收回警告，避免被处罚，而表示对警告内容"无所谓"的态度显然是非优先的。

表 5-15　语篇块 L1.8

35 P：（…）（（对着对讲机呼叫）） 要不然连你车也扣住啊？	L028	F_b	L1.8
36 D：°扣吧°	L029	S_b	

语篇块 L1.8 的形式结构图见图 5-27。

图 5-27　语篇块 L1.8 的形式结构图

语篇块 L1.9（L030~L034）（见表 5-16）：在 L030，警察质问驾驶员是不是不出示驾照，为 L032 的命令扫清障碍，而驾驶员在 L031 的回应是一种反转形式的非优先回应。由于驾驶员在 L031 给出的非优先回应，警察在 L032 以加重的语气给出了命令，而驾驶员在 L033 给出了一个非优先的回应。警察在 L034 退出对话，序列结束。因此，L038~L042 是一个独立的序列，L030/L031 是主相邻对，L032/L033 行是第一个后扩展的相邻对，L034 是一个结束标记 SCT。L038~L042 可标记为语篇块 L1.9。

表 5-16　语篇块 L1.9

38 P：证件也不拿，是吧？	L030	F_b	
39 D：不是不拿，警察，我再说一遍，你的态度好一点.	L031	S_b	
40 P：我问你拿不拿证件？	L032	F_{post}	L1.9
41 D：我让你-再说一遍，你的态度好一点.	L033	S_{post}	
42 P：（（摆手走开）） 不拿（…）（（未听清的内容猜测是不文明的方言））	L034	SCT	

语篇块 L1.9 的形式结构图见图 5-28。

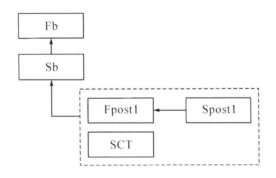

图 5-28　语篇块 L1.9 的形式结构图

2. 功能结构分析

语篇功能是说服立场有分歧或立场尚未达成一致的论证者相互协调立场和观点，试图让对方接受或拒绝的努力。因此，我们需要重点对那些存在意见分歧的序列进行研究，分析论证者是如何开展论证话语和行为，从而实现说理功能的。在语篇块 L1.1/L1.2/L1.3 中，在警察执法的语境下，驾驶员要求核实警察身份，警察按规定出示了相关证件表明身份，双方都基本按照法律法规规定和对方意愿做出了相应回应，没有出现明显意见分歧，没有出现具有实质的论证性对话互动，我们不在这里进一步分析这些语篇块在 L1 层的功能。

语篇块 L1.4（L07~L011）。①语境。在这个语篇块中，驾驶员对警察的执法态度提出了抗议，尤其是在 L09 中，驾驶员将警察的身份定义为"人民公仆"，将这个社会互动的语境理解为警察提供"公共服务"的语境。视频可见周围有大量围观群众，围观群众和警察一起构成了驾驶员话语的主要受众。②功能。驾驶员在主相邻对的 FPP（L07）中指责警察的执法态度差，警察在主相邻对的 SPP（L08）中给出了非优先的回应，说明双方存在意见分歧。这个序列是关于"警察执法态度"的话题的。当警察给出非优先的主相邻对的 SPP 之后，驾驶员在后扩展相邻对中为自己的立场提供了辩护，驾驶员提供的理由是：警察是人民公仆。③策略。为了要求警察提供更好的态度，驾驶员将警察的身份定义为"人民公仆"，驾驶员采取了定义的论证策略。警察没有回应驾驶员的诉求，而是要求驾驶员确认自己出示的证件内容，采取了回避的策略。语篇块 L1.4 的功能结构图见图 5-29。

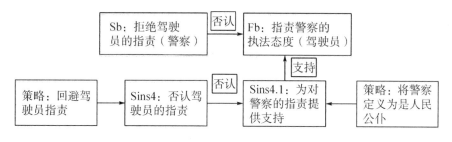

图 5-29　语篇块 L1.4 的功能结构图

语篇块 L1.5（L012~L017）。①语境。警察在这个语篇块中拒绝了驾驶员在上一个语篇块中的"服务"的语境定义，而是将这个语境重新定义为警察处理交通事故的"执法"语境。驾驶员没有明确拒绝警察的语境定义。在这个语境中，驾驶员成了警察的执法对象，是直接受众，周围群众也构成警察话语的受众。②功能。警察在主相邻对的 FPP（L014）中要求驾驶员出示证件，驾驶员在主相邻对的 SPP（L015）中给出了非优先的回应，拒绝了警察的要求，说明存在意见分歧。语篇块 L1.5 是围绕"驾驶员是否应该配合"的话题而展开的。在语篇块 L1.5 中，当驾驶员拒绝出示证件之后，警察在 L016 给出了一个扩展相邻对，指出了驾驶员不配合行为涉嫌违法，反驳了其不配合行为的正当性。警察还进一步论证了这个事件是一个交通事故，为刚才的论证提供了进一步的支持（L018）。驾驶员在 L017 的回应并没有反驳警察在 L016 中的论证，继续重申自己的要求（警察以更好的态度执法），这个回应并不与论证主题直接相关。③策略。警察为了让驾驶员出示驾驶证和行驶证，主要在后扩展中采取了警告的策略，警告驾驶员不配合执法的法律后果，给驾驶员施加压力。驾驶员在 L015 委婉拒绝了警察的要求，并给出了拒绝理由，在 L017 采取了回避策略，没有直接回应警察的请求。语篇块 L1.5 的功能结构图见图 5-30。

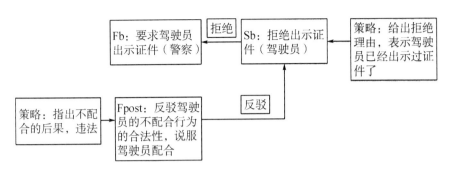

图 5-30　语篇块 L1.5 的功能结构图

语篇块 L1.6（L018~L022）。①语境。L1.6 延续了 L1.5 的执法语境，驾驶员没有反驳这个语境。驾驶员作为可能的被执行人，是警察话语的直接受众。②功能。警察在主相邻对的 FPP（L018）中通过反问的方式要求驾驶员配合，驾驶员在主相邻对的 SPP（L019）中给出了非优先的回应，拒绝警察的要求，说明存在意见分歧。语篇块 L1.6 是围绕"驾驶员是否应该配合"的话题而展开的。在语篇块 L1.6 中，驾驶员并没有为其不配合行为进行辩护。但警察给出了支持论证，对试图通过告知驾驶员不配合的后果来说服驾驶员进行配合。③策略。警察在 L018 和 L020 要求驾驶员确认是否配合，当驾驶员在 L019 和 L021 表示明确拒绝之后，警察在 L022 采取了警告的策略，给驾驶员施加压力，说服驾驶员配合执法。语篇块 L1.6 的功能结构图见图 5-31。

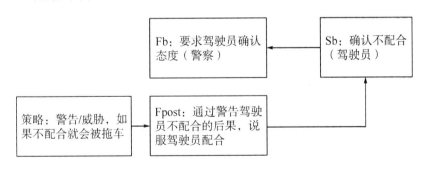

图 5-31　语篇块 L1.6 的功能结构图

语篇块 L1.7（L023~L027）。①语境。对于警察来说，L1.7 延续了 L1.5 和 L1.6 的执法语境，警察还进一步强调了在该语境中的参与者的权利和义务，驾驶员是警察话语的受众。对于驾驶员来说，她在为自己的不配合行为提供辩护，理由依然是警察的态度不好，援引了公共服务的语境定义，警察和群众是驾驶员话语的受众。②功能。警察在主相邻对的FPP（L023）要求驾驶员确认是否配合的态度，驾驶员在主相邻对的SPP（L024）拒绝了警察的要求，并且给出了一个理由，警察态度好是自己配合的前提。警察在L025对驾驶员的论证进行了反驳，区分开"警察的执法态度"与"驾驶员是否应该配合"两个问题。警察的这个反驳得到了驾驶员的同意形式的优先回应，成功实现了反驳（L026）。警察在L027为自己刚才所做的区分进行了论证，再次要求驾驶员配合，为自己的立场提供论证和支持理由。③策略。警察在L023要求驾驶员确认是否配合，驾驶员在L024中拒绝并给出了拒绝理由。警察在第一个后扩展的L025中采取了分离策略，将"警察的执法态度"与"驾驶员是否配合"两个问题区分开，反驳了驾驶员的理由，警察在L027中还进一步强调了这种区分，并进一步明确了驾驶员的权利和义务。语篇块L1.7的功能结构图见图5-32。

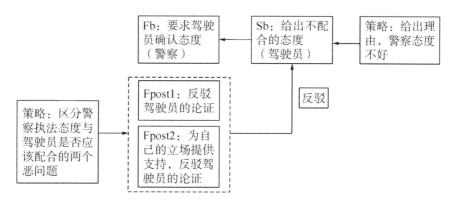

图 5-32　语篇块 L1.7 的功能结构图

　　语篇块 L1.8（L028～L029）。①语境。L1.8延续了L1.5/L1.6/L1.7的警察执法语境，驾驶员是被警告的对象，是警察话语的受众。驾驶员没有反驳。②功能。警察在主相邻对的FPP（L028）中警告会扣下驾驶员的车，驾驶员在主相邻对的SPP（L029）中给出了一个具有优先形式的非优先回应，说明双方存在意见分歧。语篇块 L1.8 关于扣车的话题是与语篇块 L1.6 相关的，因为警察在语篇块 L1.6 中警告驾驶员"不配合就扣车"。③策略。为了要求驾驶员配合，警察在 L028 采取了警告/威胁的策略，试图通过告知驾驶员不配合被拖车的严重后果，给驾驶员施加压力，说服驾驶员配合。驾驶员无视警察的警告，给出了一个同意性质的非优先的回应。语篇块 L1.8 的功能结构图见图 5-33。

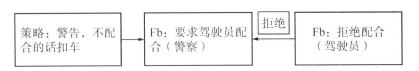

图 5-33　语篇块 L1.8 的功能结构图

语篇块 L1.9（L030~L034）。①语境。警察询问驾驶员是否出示证件，结合之前警察的一系列警告，这是警察准备执法（拖车）的准备，L1.8 继续延续了 L1.5/L1.6/L1.7 的警察执法语境，驾驶员是受众。对于驾驶员来说，她没有直接对警察的话语做出回答，而是通过指责警察执法态度为自己的不配合行为提供辩护，仍然援引的是公共服务语境，警察和群众都是驾驶员的受众。②功能。警察在主相邻对的 FPP（L030）中要求驾驶员确认是不是拒绝出示证件，警察在 L032 要求驾驶员重新确认，联系之前的警察的警告，这是在做执法（拖车）准备，是对驾驶员的进一步警告，意在要求驾驶员配合。驾驶员在主相邻对的 SPP（L033）中给出了非优先的回应，说明双方存在意见分歧。驾驶员在 L033 回避了警察的质问。语篇块 L1.9 仍然是围绕"驾驶员是否应该配合"的话题而展开的。在这个语篇块中，警察要求驾驶员配合，驾驶员拒绝了警察的要求，并且为自己的不配合行为提供了辩护（警察执法态度好是配合条件）。③策略。警察在 L030/L032 要求驾驶员配合，在表达上采取了反问的表达策略，加重语气，给驾驶员施加压力。驾驶员采取了回避的策略，因为受到警察在 L1.7 和 L1.8 中的警告/威胁的影响，驾驶员在 L031 和 L033 没有直接拒绝警察的要求，而是采取了回避的策略，将问题的焦点聚焦到警察的执法态度上，将其作为是否配合的前提。语篇块 L1.9 的功能结构图见图 5-34。

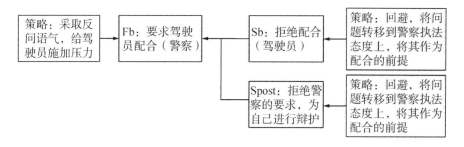

图 5-34　语篇块 L1.9 的功能结构图

3. 论证规则分析

语篇块 L1.4（L07～L011）。驾驶员指责警察的态度不好，其理由是"警察是人民公仆"。我们通常认为，"人民公仆"显然与"服务"概念联系，在当下的社会文化语境下，"人民公仆应该为人民服务"是一条被普遍接受的社会文化规范。如果这个论证行为要能够实现其预想的功能，那么，驾驶员的这个行为需要进一步的规则支持：人民公仆应该态度好（R1.1）。结合语篇块 L1.4 的结构功能和策略，我们可以得到语篇块 L1.4 的功能—规则图（见图 5-35）。

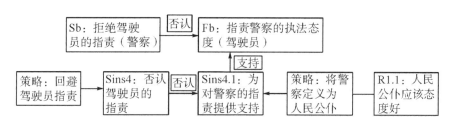

图 5-35　语篇块 L1.4 的功能—规则图

语篇块 L1.5（L012～L017）。面对警察的执法要求，驾驶员给出了一个非优先的回应，拒绝了警察的执法请求，并且提供了一个论证理由：已经向其他执法人员出示过证件。如果这个论证策略要生效，则需要得到如下这一条的规则的支持：被执法人可以不向警察重复出示证件（R1.2）。同时，由于驾驶员拒绝了警察的执法要求，警察在后扩展话轮中反驳了驾驶员的论证，将事件性质定义为警察执法，表明驾驶员的行为可能已经涉嫌违法。这个策略要实现说服驾驶员配合执法的功能，就必须满足这样一条规则：被执法人有义务配合警察执法（R1.3）。同时，根据警察的阐述，根据视频画面内容和警察的描述，事发地点并不是在市政道路上，而是在路边。警察为了使自己对该事件的定义生效，援引了另一条辅助规则，即非道路的交通事故应该参照道路的交通事故处理（R1.4）。结合语篇块L1.5 的结构功能和策略，我们可以得到语篇块 L1.5 的功能—规则图（见图 5-36）。

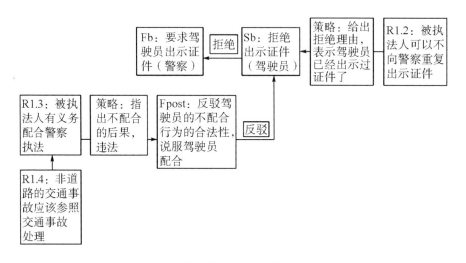

图 5-36　语篇块 L1.5 的功能—规则图

语篇块 L1.6（L018~L022）。当驾驶员表示拒绝配合之后，警察对驾驶员进行了警告（可能要"逮住"驾驶员，即扣车），即将对驾驶员采取强制措施，试图迫使驾驶员配合。这个论证策略要能够成功实现功能，则需要如下这条规则的支持：被执法人不配合执法，警察可以扣下当事人的车（R1.5）。结合语篇块 L1.6 的结构功能和策略，我们可以得到语篇块 L1.6 的功能—规则图（见图 5-37）。

图 5-37　语篇块 L1.6 的功能—规则图

语篇块 L1.7（L023～L027）。面对警察的执法要求，驾驶给出了拒绝的回应，并为自己的不配合行为进行辩护，其理由是"警察的态度不好"。如果这个论证要能够实现其预定的功能，那么，驾驶员的这个行为需要另一条规则的支持：警察执法态度好是被执法人配合执法的前提条件（R1.6）。在第一个后扩展的相邻对中，警察的第二个策略是区分"警察执法态度"与"驾驶员是否应该配合警察执法"两个问题，反驳驾驶员因为警察的执法态度不好而抗拒执法的借口。如果要这个策略能够生效，那么，就需要有这样一条规则来保障其功能实现：警察执法不需要态度好（R1.7）。在第二个后扩展的相邻对中，警察还对驾驶员的论证进行了反驳，认为驾驶员没有质疑警察执法的权利，强调了配合执法是驾驶员的义务，试图说服驾驶员配合，在这个过程中援引了规则 R1.3——被执法人有义务配合警察执法。结合语篇块 L1.7 的结构功能和策略，我们可以得到语篇块 L1.7 的功能—规则图（见图 5-38）。

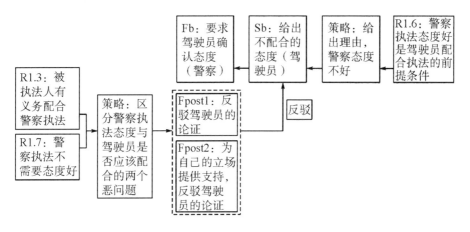

图 5-38　语篇块 L1.7 的功能—规则图

语篇块 L1.8（L028～L029）。警察警告驾驶员会扣下驾驶员的车，如果要这个警告能够取效，那么需要规则 R1.5 的支持——被执法人不配合执法，警察可以扣下当事人的车。结合语篇块 L1.8 的结构功能和策略，我们可以得到语篇块 L1.8 的功能—规则图（见图 5-39）。

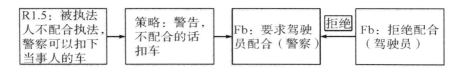

图 5-39　语篇块 L1.8 的功能—规则图

语篇块 L1.9（L030～L034）。在语篇块 L1.9 中，警察对驾驶员的警告能够取效，能迫使驾驶员配合，这需要规则 R1.5 的支持——被执法人不配合执法，警察可以扣下当事人的车。在语篇块 L1.9 的主相邻对和后扩展相邻对中，驾驶员都拒绝了警察的执法要求，并给出相同的理由，即警察的执法态度不好。如果要这两个策略能够取效，则需要规则 R1.6 的支持——警察执法态度好是被执法人配合执法的前提条件。结合语篇块 L1.9 的结构功能和策略，我们可以得到语篇块 L1.9 的功能—规则图（见图 5-40）。

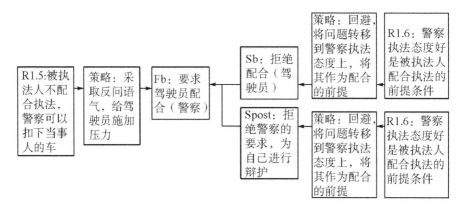

图 5-40　语篇块 L1.9 的功能—规则图

借助会话分析的研究方法，我们从序列组织的研究入手，结合论证实践的社会文化语境，对论证功能、策略和规则进行分析。论证过程的表述见表 5-17。

表 5-17　L1 层语篇块的目标、语境、受众和规则

语篇块	目标	语境	受众	论证规则
L1.4	指责警察执法态度（D）	公共服务	警察、围观群众	R1.1
L1.5	要求驾驶员配合工作（P）	警察执法	驾驶员	R1.2；R1.3；R1.4
L1.6	要求驾驶员配合工作（P）	警察执法	驾驶员	R1.5
L1.7	要求驾驶员配合工作（P）	警察执法	驾驶员	R1.3；R1.7
	为不配合行为提供辩护（D）	公共服务	警察、围观群众	R1.6
L1.8	要求驾驶员配合工作（P）	警察执法	驾驶员	R1.5
L1.9	要求驾驶员配合工作（P）	警察执法	驾驶员	R1.5
	为不配合行为提供辩护（D）	公共服务	警察、围观群众	R1.6

（二）L2 层的分析

在语篇块 L1.1/L1.2/L1.3 中，在驾驶员核实警察身份的过程中并没有出现明确的话题转换的结构特征，L1.1/L1.2/L1.3 中的话题与接下来的序列的话题不同，我们可以认为会话活动在 L07 发生了话题转换，L1.1/L1.2/L1.3 构成了语篇块 L2.1。在 L2.1 中，双方都基本上按照对方所期望的回应方式进行互动，没有产生实质性的意见分歧，没有发生明显的论证性行为。在语篇块 L1.4/L1.5/L1.6/L1.7 中，双方虽然都就"驾驶员是否应该配合"的话题而展开讨论，但讨论的问题焦点是"警察的态度"，警察在努力论证警察在这个事件中不需要履行驾驶员所要求的"好态度"，驾驶员则在努力论证警察的"好态度"是配合前提的正当性。然而在 L1.8 和 L1.9，双方虽然依旧围绕是否配合的问题在进行互动，但警察已经不再继续与驾驶员讨论"执法态度"的问题，而是通过警告手段要求驾驶员配合，驾驶员则在努力为自己辩护。因此，我们可以认为：L1.4/L1.5/L1.6/L1.7 构成了语篇块 L2.2，双方论证的焦点是警察的态度是否恰当；L1.8/L1.9 构成了语篇块 L2.3，双方论证的焦点是警察所要采取的执法行动（拖车）是否恰当。在 L042，警察转身走开，语篇结束。

L2.1 没有明显的意见分歧和论证，分析略。

L2.2 的语境、功能和规则。①语境。警察和驾驶员在 L2.2 对事件的语境产生了分歧，警察将事件发生的语境认定为警察处理交通事故的执法语境，驾驶员则将该事件发生的语境认定为警察提供公共服务的语境。②功能。驾驶员在 L2.2 中主要是通过指责警察执法态度不好来为自己的不配合行为辩护，警察在 L2.2 主要是论证了警察不需要驾驶员所要求的好态度来执法。③规则。驾驶员的这些论证要取效，需要得到规则 R1.1 和 R1.6 的支持，警察的这些论证要取效，则需要得到规则 R1.3、R1.5 和 R1.7 的支持。

L2.3 的语境、功能和规则。①语境。警察和驾驶员在 L2.3 继续对事件的语境产生分歧，警察虽然没有再继续将事件发生的语境认定为警察处理交通事故的执法语境，但他的一系列警告行为已经表明警察将执法语境作为了行动前提；驾驶员也没有继续强调该事件发生的语境是警察提供公共服务的语境，但她再次强调警察应该态度好，表明了她将公共服务语境作为了行动前提。②功能。警察主要通过 L2.3 中的一系列警告行为给驾驶员施加压力，迫使驾驶员配合，拿出证件；驾驶员在 L2.3 中主要通过指责警察态度不好来为自己的不配合行为作辩护。③规则。驾驶员的这些论证要取效，需要得到规则 R1.6 的支持，警察的这些论证要取效，则需要得到规则 R1.5 和 R1.7 的支持。

（二）L3 层的分析

L3 层的分析：L2.1 是警察执法的常规程序，作为一种机构对话，驾驶员有要求警察亮明身份的权利，警察按照规定履行了义务。L2.2 是在为 L2.3 做铺垫，警察在 L2.2 论证了警察不需要以驾驶员所要求的"好态度"执法的正当性，并为进一步通过警告迫使驾驶员配合提供铺垫。驾驶员则在 L2.2 试图确立公共服务的语境，从而为 L2.2 和 L2.3 的不配合行为做辩护。L2.2 和 L2.3 共同构成了语篇块 L3.1。①语境。驾驶员试图在 L3.1 构建公共服务语境，从而为自己的不配合行为辩护。警察在 L3.1 拒斥了驾驶员的语境定义，将该事件的语境定义为警察处理交通事故的执法语境

（具有强制性）。L3.1包含了两种语境，论证者双方各处于一种语境。②功能：对于警察来说，L3.1的功能是迫使驾驶员配合执法，出示证件。对于驾驶员来说，L3.1的功能是为自己的不配合行为做辩护。③规则。驾驶员的论证主要需要规则R1.6的支持，警察的论证主要需要规则R1.7的支持，而规则R1.6和R1.7是直接矛盾的。

根据广义论证的分层结构理论，这个语篇的分层结构见图5-41。

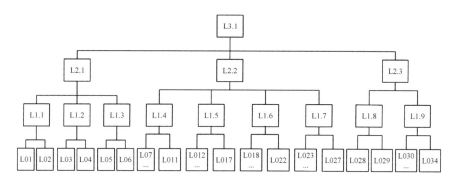

图5-41　案例二的分层结构

四、规则的合理性说明与策略评价

在广义论证视域下，如果一个社会群体能够持久地保持群体成员之间的协调关系，那么在社会群体的意义上，每一个文化和社会群体所认可的社会文化规范、规则和习俗应该是连贯的。因此，我们可以对论证语篇中的话语和行为所依赖的规则进行综合分析，结合社会文化语境，分析各个规则之间的融贯性关系，排除那些不融贯的规则，得到能对论证活动过程的合理性进行分析和评价的规则系统，即我们所说的规则模型，实现广义论证的研究任务。接下来，本研究将分析这个论证过程的规则模式与图中的规则之间的融贯性关系，排除不受辩护的不融贯的规则，保留受辩护的规则。在这个过程中，本研究将尽量以论证者双方对规则的态度来进行评价，在必要的时候引入背景进行讨论。

（一）规则的合理性分析

1. 规则 R1.1 的分析

在当前语境下，我们可以认为，规则 R1.1（人民公仆应该态度好）本身的合理性是毋庸置疑的，警察也没有进行直接反驳。但是，警察不认同这条规则适用于这个语境，不然，警察就会按照驾驶员的要求以更好的态度执法，也就不会产生这个论证语篇。警察是公职人员，在当下的社会文化语境中，公职人员应该为人民服务。但是，这种看法是否会受到法律或舆论的支持呢？

从视频拍摄角度可以看出，这段视频是驾驶员拍摄的，而且这段视频最初应该也是由驾驶员上传网络的。在当下借助网络舆论曝光公职人员的事件层出不穷的情况下，我们完全有理由相信，驾驶员想通过这个视频来赢得舆论支持，指责和曝光警察的执法态度，为自己拒绝配合的行为进行辩护争取舆论支持。然而，戏剧性的是，该事件引起网络舆论关注后，网络舆论却把矛头指向了驾驶员。从网民的评论可以看出，在大多数人看来，该事件场景应该被定义为"执法语境"而不是"服务语境"。警察具有强制执法的权力，虽然是"人民公仆"，但不是"居委会大妈"和"服务员"，而是"国家强力的执法部分"，没有"态度好"的义务。社会舆论显然将"人民公仆"和"执法人员"区分开来，并不认为作为执法人员的警察应该对被执法人"态度好"，这说明规则 R1.1 不适用于警察执法的这种语境。

我们如果继续对这种社会语境和其文化背景进行分析就会发现，网民几乎一致支持权力部门的态度是与我们所处的文化背景相协调的，如果结合威权主义的文化背景，我们就更容易理解，在当下的社会文化语境中，为什么网络舆论会强调"警察代表国家尊严""警察是执法人员不是居委会大妈"。由此可见，人们虽然认为"人民公仆应该为人民服务"，但显然不认为这条规则适用于警察执法的语境。也就是说，在社会群体成员看来，规则 R1.1 并不适用于警察执法的语境。因此，根据事件的社会文化语境，规则 R1.1 不适用于警察执法语境。

2. 规则 R1.2 和规则 R1.3 的分析

我们可以看出，规则 R1.2（被执法人可以不向警察重复出示证件）与规则 R1.3（被执法人有义务配合警察执法）是不融贯的，这两条规则对同一个具体的配合行为（出示证件）做出了不同的规定。

规则 R1.2 和规则 R1.3 对驾驶员的行为做出了截然不同的规定。交通事故处理作为一种有法律约束的对话类型，其行为是受相关法律法规约束的。个人行为是否涉嫌违法往往需要有法律依据，而不是依据某个人或某些人的看法，因此，我们从相关法律法规中寻找了一些依据。根据《中华人民共和国道路交通安全法》（以下简称《道路交通安全法》）第七十二条的规定，在处理交通事故的过程中，交通警察有对交通事故现场进行"勘验、检查，收集证据"的义务和权力，因此当然有检查驾驶员证件的权利，驾驶员作为被执法人，当然也有配合的义务。而根据《中华人民共和国人民警察法》第三十五条的规定，"阻碍人民警察调查取证"的当事人可以被给予治安管理处罚。由此可见，驾驶员拒绝配合警察的执法和调查，已经涉嫌违反上述法律条文。因此，警察所依据的规则 R1.3 是受辩护的。因此，驾驶员所依赖的规则 R1.2 是不受辩护的。并且，当驾驶员要求核实警察的身份后，警察按向驾驶员出示了证件和警号，亮明了身份。按照通常理解，驾驶员应该配合警察的执法，而不是将自己对警察的执法活动的配合看成是非义务性的，找理由拒绝执法。规则 R1.2 是不受辩护的。

网络舆论的态度也反映了对 R1.2 和 R1.3 的不同态度。根据网民的评论，驾驶员以"已经拿过一次"作为理由拒绝执法是不受支持的，网民认为，驾驶员这是在故意找茬。驾驶员的言行遭到了许多网民的指责，规则 R1.2 是不受网络舆论支持的。

3. 规则 R1.4 的分析

对于规则 R1.4（非道路的交通事故参照道路的交通事故处理），警察和驾驶员并没有分歧。警察将事件性质定义为交通事故，并给出了其定义所依据的规则 R1.4，驾驶员并没有反驳这个定义。当然，这条规则也受到

《道路交通安全法》第五章第七十七条的规定的支持。根据我国驾驶证的考核程序，学习《道路交通安全法》并通过考试是取得机动车驾驶证的必要条件，我们可以默认驾驶员知道这一条规定，或者，至少不反对这样一条规定。驾驶员也曾将这个事件定义为"警察执法"（L07），说明她已经事先承认了这个事件的性质。因此，规则 R1.4 是受辩护的。

4. 规则 R1.5 的分析

接下来，我们再来分析规则 R1.5（被执法人不配合执法，警察可以扣下当事人的车）的合理性。从语料中，我们可以看到，当驾驶员警告要扣下驾驶员的车时，驾驶员并没有反驳，而是说了一句"扣吧"（L036）。我们可以认为，根据普通人的理解，虽然驾驶员非常不情愿自己的车被扣下，但这却是一条受辩护的规则，因此，驾驶员只好表示同意。当然，警察的这种行为也是有法可依的，根据《道路交通安全法》的第七十二条的规定，交通警察因收集证据的需要，可以扣留事故车辆。规则 R1.5 有法律保证，规则 R1.5 是受辩护的。

5. 规则 R1.6 和规则 R1.7 的分析

规则 R1.6（警察执法态度好是被执法人配合执法的前提条件）与规则 R1.7（警察执法不需要态度好）是不融贯的。这两对规则的主要矛盾点在于"交警执法态度是否应该好"。驾驶员认为警察态度应该好，而且这是她配合的前提；警察认为在执法时不需要态度好，驾驶员也就没有权利指责警察的态度。

法律层面的"文明"与驾驶员所说的"态度好"是否等同呢？即便等同，警察执法态度好是否为驾驶员配合执法的必要条件呢？虽然从相关的法律条文中并没有寻找到相关规定，但可以从该视频引起的社会舆论中得到部分答案。该视频被上传后，在许多互联网平台上流传，本研究选取了优酷网上的网民评论进行分析。根据优酷网上的网民评论，绝大多数人都在指责驾驶员以"警察态度不好"为由拒绝配合警察执法是不合理的。本研究对总计 217 名网民的评论进行了简单的统计分析后发现，只有两条评论指责警察的执法态度不好，而与之形成对比的是，绝大多数网民都在谴责驾驶员不配合的行为。其中，有 64 名网民直接表示"警察执法态度不需要好"，否认警察执法态度与驾驶员应该配合之间的联系①。

根据大众的看法，警察在执法过程中没有对被执法人"态度好"，"警察执法态度好"更不是"驾驶员配合警察执法"的必要条件。因此，警察所依赖的规则 R1.7 是受辩护的，驾驶员所依赖的规则 R1.6 是不受辩护的。

（二）策略分析与评价

在案例二中，面对警察的执法请求和要求，驾驶员分别在语篇块 L1.5 的 L015、语篇块 L1.6 的 L022、语篇块 L1.7 的 L028 和语篇块 L1.9 的 L039 的主相邻对的 SPP 中给出了非优先的回应，警察和驾驶员并没有达成意见一致。本研究收集整理了网民的评论意见后发现：指责驾驶员的评论的比例占到了 93%，指责警察的评论的比例仅占 1%，态度模糊的比例占 6%。上述统计数据表明，警察的论证策略赢得了网民的支持，成功实现了论证功能。驾驶员不仅没有通过曝光视频来成功谴责警察，自己反而成了被谴责的对象，说明驾驶员的论证策略没有成功实现论证功能。

警察的论证策略布局更为合理，也更具有针对性，虽然没有促使驾驶员的态度发生转变，但成功赢得了（网络）围观群众的支持。驾驶员的论证策略则过于单一，不仅未能成功改变警察的态度，也没有赢得（网络）围观群众的支持。面对驾驶员不愿意出示证件并指责警察的执法态度的情况，警察在 L1.5 中定义了事件性质和语境，突出了驾驶员的责任，在 L1.6 中确认了驾驶员的不配合态度，指出了可能的后果并进行了警告，在 L1.7 中通过分离警察执法态度与驾驶员是否配合之间的关系来反驳了驾驶员的不配合行为的正当性，从而在 L1.8 中开始进行呼叫支援进行强制执法。从视频中双方的交流对话语气和行动来看，虽然警察的执法态度确实说不上"好"或"文明"，但警察的行动步骤基本符合了大众熟知的执法

---

① 您可登录优酷网输入关键字"大奔女车主手机拍摄怒怼警察态度差谁知视频一出，全面反转"进行搜索，或直接输入网址（https://v.youku.com/v_show/id_XMjg5MzQ3NTQ2OA==.html? spm=a2h0k.11417342.soresults.dtitle）进行查看。

程序（亮明身份、出示证件、提出要求），并通过语境定义为自己赢得了有利语境，针对性地反驳了驾驶员的论证，为自己接下来的强制执法提供了依据。与之相对应的是，驾驶员一直试图通过指责警察的执法态度来为自己的不配合行为辩护。相形对比之下，驾驶员在交流过程中一直依据规则 R1.6 为自己的不配合行动提供支持，尤其是当警察在 L1.7 中反驳了 R1.6 这条规则在这个事件中的适用性之后，驾驶员并没有提出更多理由来维护 R1.6 的适用性，导致驾驶员的论证策略在 L1.7 之后丧失了合法性，给观众一种"胡搅蛮缠"的感觉。

笔者在这个案例中发现的最有意思的一点是，通过上述分析，虽然驾驶员的论证策略是不被接受的，但为什么她还会选择拍摄并且曝光呢？这引起了笔者的深思。笔者认为，在这个案例中，双方发生意见分歧的主要原因在于会话参与双方对于语境的理解和定义的不同。在警察看来，根据规则 R1.3，这是一种带有强制性色彩的执法活动。在驾驶员看来，依据规则 R1.1，该事件处于一种服务性语境。双方对于语境的认知和定义不同，导致双方没能有一个共同的对话语境，这是意见分歧得不到解决的主要原因。我们可以从中看出，语境是动态变化的、是不断被建构的，在案例二的论证活动中，双方共同建构了一个"存在语境冲突的语境"，导致了意见分歧未能得到解决。这个案例也验证了广义论证的判断：论证者依据共同的文化和语境规范是解决意见分歧的基础。如果论证双方对语境的理解或定义存在差异，意见分歧可能得不到解决，甚至可能引发更多或更剧烈的冲突。

这个案例也体现了日常论证与机构性论证活动的一些异同。一是日常论证活动和机构性论证活动存在一些差异。在日常论证活动中，论证者可以较为自由地构建有利于自己的语境、采取有利于自己的论证步骤和策略，但在机构性论证活动中，论证活动的步骤和程序都有着明文或者习俗的规定，论证者都会承担一定的论证义务。二是日常论证活动和机构性论证活动都具有一些相同特点。无论是日常论证活动还是机构性论证活动，普通民众始终都是论证活动的受众，他们会基于流行的"常识"看待和评价论证者的策略和行动。机构性语境始终处在更广泛、更一般的日常语境之中，在实际论证活动中，机构性语境的社会行为规范需要从日常语境中获得支持。正如一部分较为激进的常人方法学家所认为的，日常生活具有基础性地位，包含各种机构性活动在内的各种社会活动都是以日常生活为理解和行动基础的。

第六章

论证研究方法的比较

在广义论证视域下，结合会话分析的理论，本研究提出了一种从日常会话活动的数据中提取论证结构和规则的程序。接下来，本研究将这种研究程序与语用论辩论证理论的数据处理方法进行比较，对第五章中的案例一和案例二进行分析重构，分析研究程序的价值和特点。这样做的原因有三：首先，语用论辩理论和广义论证理论都认为论证是人与人之间的一种社会互动活动，会话型的论证实践都是二者的重要研究对象；其次，语用论辩理论和广义论证理论都强调论证实践活动应遵守特定的论证规则，论证规则是论证研究的核心；最后，语用论辩理论和广义论证理论都非常注重论证实践活动的研究，都提出了处理论证实践活动的数据的系统方法。

第一节　语用论辩理论

20 世纪七八十年代，以范爱默伦为核心的阿姆斯特丹学派受汉布林所复兴的形式论辩学影响，继续致力于复兴论辩研究进路的论证研究，提出了语用论辩理论。范爱默伦和格罗顿道斯特认为，论证是一种言语的、社会的、理性的交流互动活动，参与各方从共同接受的观点出发，考察立场是否能够经受得起质疑与批评，从而使一个理性裁判或批评者信服该立场的可接受性，最终达成理性、自愿的意见一致（van Eemeren and Grooten-dorst，2004：52-68）。范爱默伦等人在创立语用论辩理论的早期就提出了这样一个计划：先建立一个规范性的理想批判讨论模型（ideal model of a critical discussion）（也称为语用论辩理论的标准理论，以下简称"批判模型"），再一步一步深入纷繁复杂的论证实践。范爱默伦等人首先创立了关于批判讨论的理想模型，进而根据论证实践的语境特点提出了策略操控模型。

一、理论模型

（一）批判讨论的理想模型

20 世纪下半叶，在荷兰，范爱默伦和格罗顿道斯特等人发起了论辩学复兴运动，他们对发展一套能够提高论辩实践质量的方法非常感兴趣。他们综合了论证的描述性和规范性研究、交流和批判视角①，提出了一种全新的论证概念。

> 论证是一种言语的、社会的、理性的交流互动活动，其目的在于，通过提出一系列对立场的证成或反驳的命题集，使一个理性裁判或批评者信服该立场的可接受性，从而解决观点的冲突（van Eemeren and Grootendorst, 2004：1-3）。

意见分歧通常并不完全以分歧、争议或冲突的形式呈现，它可能以一种更为基本的形式存在：甲方持某一观点，乙方则质疑是否要接受甲方的这一观点（范爱默伦等，2020：1）。范爱默伦等人受到了卡尔波普尔的批判哲学影响，认为任何一个可靠的结论都必须经受严格的批判性程序的检验，论证者都可以对彼此的观点进行批判审视。因此，建立一种具有普遍合理性的批判程序成为语用论辩理论的一个重要理论目标。

语用论辩理论认为，我们应该关注如何通过批判性讨论来合理解决双方的意见分歧。范爱默伦等人采取的方式是对人们在论辩实践活动中的言语互动进行描述，发现人们在实践活动中解决观点分歧的程序和办法，而不是通过诉诸形式逻辑和真值来解决观点分歧。语用论辩理论对言语行为和互动所发生的具体情景进行分析，注重分析那些使得论证发挥作用的语

---

① 交流视角主要与言语行为理论、话语分析（discourse analysis）理论等相关，而批判视角则与波普尔式批判理性主义（critical rationalism）和会话逻辑（dialogue logic）具有密切关系（van Eemeren, 2012：439-442）。

用因素（van Eemeren, et al., 2014：521-523）。近年来，在语用论辩理论的扩展理论中，范爱默伦等人增加了对修辞学维度"取效性"（effectiveness）的讨论，从"批判性讨论"的理想模型转向具体情境中论证实践研究（范爱默伦，2015：70-97）。

在范爱默伦等人的推动下，语用论辩理论经过 40 年的发展，最终形成了一个被广泛接受的宏大理论体系。在语用论辩理论的标准理论（standard theory）看来，论证就是一个旨在解决观点（opinion）分歧的交流过程，分为四个阶段：第一，在"冲突"阶段（confrontation stage），观点分歧被明确和澄清；第二，在"开始"阶段（opening stage），后续讨论得以展开的共同基础（common ground）或形式或实质出发点（starting points）被确立；第三，在"论证"阶段（argumentation stage），双方进行论证和批判交流，立论者提出论证，对方进行批评，立论者对批评进行回应；第四，在"结论"阶段（concluding stage），讨论的最终结果被确定下来。语用论辩理论的标准理论认为，论证活动都要经历这四个阶段，但顺序上可能会出现跨越或反复。此外，整个论证过程都会受到一系列规则（rules）的制约和规范，对规则的违反会被视作谬误，因为其妨碍了意见分歧的解决与一致观点的达成（van Eemeren and Grootendorst, 2004）。语用论辩理论在近年来还发展出了语用论辩理论的综合理论（integrated theory），其将研究范围扩展到各种机构性语境，将取效性纳入标准理论框架，探讨语用论辩理论在各种制度情境下的应用实践，并检验语用论辩理论标准理论模型在实践中的取效性。

语用论辩理论的批判模型是一个理想系统，它关注的是，如果这个系统是一个完全以意见分歧解决为导向的系统，它应该如何被构建。批判模型并不是一种关注论证过程如何被建构的理论，也不是一种关注实际论证的功能的理论（van Eemeren, et al., 1993：26）。正如语用论辩理论的名称所表明的，语用论辩理论采取了语用学的一些看法和立场，将论证活动中的话语看作能发挥言外之力的言语行为，不同类型的言语行为能够发挥不同的作用，从而理性地解决意见分歧。根据语用学对言语行为类型的区分，语用论辩理论家们探讨了不同类型的言语行为在批判模型中可以发挥的作用。范爱默伦等人认为，各种断言类言语行为都能够被用来表达立场和论证，并确立讨论的结果；指令类言语行为仅适用于要求某人为某一立场做辩护，或要求给出论证以支持某一立场；承诺类言语行为被用来接受某一种立场或论证，并就论证作用的划分和讨论规则达成一致意见；宣告类言语行为有助于避免误解。此外，纯粹的表达类言语行为没有真假可言，只有当表达类的言语行为与断言类言语行为相结合时才会与立场发生联系（van Eemeren, et al., 1993：28-31）。不同类型的言语行为在批判模型的不同阶段发挥作用，它们在批判模型中的分布情况见表6-1。

表6-1 言语行为类型与批判讨论的理想模型的关系

论证阶段	论证步骤	言语行为类型
冲突阶段	1.1 表达立场	断言类
	1.2 接受或不接受立场	承诺类
开始阶段	2.1 挑战，要求对立场进行辩护	指令类
	2.2 接受挑战，对立场进行辩护	承诺类
	2.3 决定开始讨论，就讨论规则达成一致	承诺类
论辩阶段	3.1 提出论证	断言类
	3.2 接受或不接受论证	承诺类
	3.3 要求进一步的论证	指令类
	3.4 提出进一步的论证	断言类
结束阶段	4.1 确立结果	断言类
	4.2 接受立场或不接受立场	承诺类
	4.3 坚持或收回立场	断言类
所有阶段	5.1 要求用法澄清	指令类
	5.2 定义、放大等	宣告类

范爱默伦和格罗顿道斯特认为，论证者的言语行应该受到一系列理性规则的制约和规范，从而有利于意见分歧的理性解决。这些规则是不依赖于语境和会话类型的，它们是判断论证可靠性的普遍的、通用的规范。论

证者只要遵守特定的理性规则，意见分歧就能得到理性解决；反之，意见分歧的解决就会受到阻碍（van Eemeren and Grootendorst，2004：42-67）。范爱默伦等人提出，论证者在论证过程中应遵循如下十条论证规则：①自由规则，论证双方都具有提出立场或质疑对方的立场的权利；②举证责任规则，当被提出的立场遭受质疑时，提出立场的一方就应该对自己提出的立场进行辩护；③立场规则，反对者所攻击的立场必须与支持者所提出的立场具有真实联系；④相干规则，如果给出的论证或非论证性辩护与立场不相关，那么被攻击的立场不能获得辩护；⑤未表达前提规则，论证者不仅不能不恰当地呈现对方的未表达的前提，也需要为自己含蓄给出的前提承担责任；⑥出发点规则，论证者不能将一些没有得到双方共同承认的观点作为出发点，也不能否定已被双方共同承认的出发点；⑦有效性规则，如果论证中的推理被呈现为在形式上决定的，那么这种推理必须是逻辑有效的；⑧论证型式规则，如果推理过程不是对恰当的论证型式的正确应用，那么该立场就不会被认为是获得了决定性的辩护；⑨结束规则，没有获得决定性辩护的立场就不能被保留，而获得了决定性辩护的立场也不能继续被质疑；⑩用法规则，论证者不能使用那些含糊不清的陈述，也不能故意曲解对方的表达内容（van Eemeren and Grootendorst，1988：283-285）。在范爱默伦、巴特·加森（Bart Garssen）和波特·梅福思（Bert Meuffels）看来，那些违反理性规则的论证行为是应该尽量被避免的，因为对规则的违反可能会阻碍意见分歧的理性解决，违反规则的行为应该被看作谬误（van Eemeren et al.，2009：20-24）。

这十条规则是与批判讨论的理想论证模型的四个阶段紧密联系的，它们在不同论证阶段发挥不同的作用，从而保证批判讨论的理想论证模型的顺利进行。语用论辩理论家们认为，自由规则主要是约束冲突阶段的论证行为，举证责任规则主要约束开始阶段的论证行为，立场规则、相干规则、未表达前提规则、出发点规则、有效性规则、论证型式规则主要约束论辩阶段的讨论行为，结束规则主要约束结束阶段的讨论行为，而用法规则在整个论证过程中都发挥作用（van Eemeren et al.，2009：28-29）。

综上所述，语用论辩理论的批判讨论模型见表6-2。

表6-2　批判讨论的理想模型

论证阶段	论证步骤	言语行为类型	主要的论证规则
冲突阶段	1.1 表达立场	断言类	自由规则；用法规则
	1.2 接受或不接受立场	承诺类	
开始阶段	2.1 挑战，要求对立场进行辩护	指令类	举证责任规则；用法规则
	2.2 接受挑战，对立场进行辩护	承诺类	
	2.3 决定开始讨论，对讨论规则达成一致	承诺类	
论辩阶段	3.1 提出论证	断言类	立场规则；相干规则；未表达的前提规则；出发点规则；论证型式规则；有效性规则；用法规则
	3.2 接受或不接受论证	承诺类	
	3.3 要求进一步的论证	指令类	
	3.4 提出进一步的论证	断言类	
结束阶段	4.1 确立结果	断言类	结束规则；用法规则
	4.2 接受立场或不接受立场	承诺类	
	4.3 坚持或收回立场	断言类	
所有阶段	5.1 要求用法澄清	指令类	用法规则
	5.2 定义、放大等	宣告类	

（二）策略操控模型

范爱默伦和格罗顿道斯特在创立语用论辩理论的早期就有这样一个计划：先建立一个规范性的理想批判讨论模型，再一步一步深入纷繁复杂的论证实践。经过近四十年的研究，语用论辩理论确实已经从最初的抽象理想模型深入发展到政治、法律、医学、学术等各种具体论证实践中。范爱默伦和霍特罗瑟发现，在论证过程中，论证每一方都会追求某个特定的论证目的，但他们也希望这些步骤对他们自己最为有利（van Eemeren and Houtlosser，2000：297）。此外，论证者在每个步骤采取的策略往往不太一样。比如，在冲突阶段，对有争议、需要讨论的话题，每一方都会采用对自己最有利的定义；在开始阶段，每一方都会选择对于自己来说最可行、最易证明的立场作为程序起点；在论辩阶段，每一方都会采用最取效的论证方式和案例来辩护和反驳；在结论阶段，每一方都会主张他们的立场占有优势（van Eemeren，2010：43-45）。因此，范爱默伦和霍特罗瑟提出，在论辩实践中，虽然论辩参与者通常都会遵循论辩规则来解决观点差异问题（并且认为对方也这样认为），但是论辩参与者往往也倾向于按自己的喜好（favor）来解决冲突。如果将语用论辩理论和修辞学结合起来，论证会话将得到更好的分析和评价（van Eemeren and Houtlosser，2000：293-305）。

克里斯托夫·廷代尔（Christopher Tindale）发现即使在理性讨论中，论者也总是坚持自己所理解的合理性（reasonableness），并且希望出现自己乐于见到的结果（Tindale，2006：447）。在 20 世纪末，语用论辩理论扩展了标准语用论辩理论，将取效性纳入论证分析和评价的理论框架。语用论辩理论家们逐渐开始关注一些与"遵从合理性来达到取效性"相关的经验研究，在其标准理论中加入修辞维度，提出了策略性操控（strategic maneuvering）理论（也称为语用论辩理论的扩展理论），借此来整合论辩学和修辞学两种经典论证研究传统，并使得论辩参与者在既想要论辩结果对他们来说是最为有利但却又要遵守合理性（reasonableness）界限的窘境中取得微妙的平衡（van Eemeren，2010：22-40）。

经过大量研究，范爱默伦将策略性操控概括为如下三种主要形式。第一种形式是进行"话题选择"（topical potential），有选择性地使用论证线索，比如在开始阶段选择一个对自己最有利的出发点。第二种形式是考虑"听众需求"（audience demand），尽量让论证与听众的信念和承诺相适应，比如双方在对抗阶段都会尽量考虑对方的感受而避免不可调和的冲突，在开始阶段则会尽量让听话人满意从而获得尽可能的支持和同意，在论辩阶段会尽量引用听话人认可的原则，而在总结阶段则会尽量强调双方的共同责任。第三种形式是考虑"表达设计"（presentational devices），这涉及论证的文体、结构、清晰性、文学性和形象化等①（van Eemeren and Hout-losser，2000：297-299）。策略操控在论辩四个阶段的实现方式见表6-3。

表6-3　策略操控的实现方式

阶段	话题选择（合理且取效地选择话题）	受众需求（合理且取效地处理受众需求）	表达设计（合理且取效地运用表达设计）
冲突阶段	合理且取效地选择论辩话题与批评回应	合理且取效地调整能迎合受众的话题与批评回应	合理且取效地选择话题与批评回应的表达设计
开始阶段	合理且取效地选择程序性和实质性的起点	合理且取效地调整能迎合受众的程序性和实质性的起点	合理且取效地选择程序性和实质性起点的表达设计
辩论阶段	合理且取效地选择论证和质疑	合理且取效地调整能迎合受众的论证和质疑	合理且取效地选择论证和质疑的表达设计
结束阶段	根据论辩结果合理且取效地选择结论	根据论辩结果合理且取效地调整能迎合受众的结论	根据论辩结果合理且取效地选择结论的表达设计

语用论辩理论还进一步分析了评价论证会话中策略性操控的四个维度：结果（results）、途径（route）、约束（constraint）和承诺（commitment）。即要采取一些步骤才可以达到这种结果、通过哪种途径可以达到这些结果、机构性语境强加于会话上的约束，以及各方定义论证情景的承诺（van Eemeren，2010：163-165）。

语用论辩理论和修辞学的结合并非是地位对等的。范爱默伦认为，通过策略性操控，可以将修辞学系统整合到论辩术框架中，并有效维持论辩维度的合理性目的与修辞维度的取效性目的之间的张力。而在范爱默伦对语用论辩理论的回顾以及对批评的集中回应中，他对语用论辩理论的论辩维度和语用修辞维度进行了区分，并认为论修辞学只是被语用论辩理论用来帮助分析和评价策略性操控的（van Eemeren，2012：439-457）。无论论辩参与方在论辩四个阶段如何追求修辞学的取效性目的，都必须保证依据

----

　　① 范爱默伦等人在早期使用了 presentational devices，在后期则更多使用 presentational design，含义相近，均翻译为"表达设计"。

论辩的合理性要求并在结论阶段达成一致（van Eemeren, 2010: 44）。虽然语用论辩理论的扩展理论也试图对论证实践活动中的修辞策略进行描述，但是批判模型的合理性仍然具有优先地位，对论证实践活动进行评价和改进，批判模型的论证规则仍然是不可被违反的前提，批判模型的规则是策略性操控不可以违反的标准（van Eemeren and Houtlosser, 2007: 65）。在扩展理论中，论证者同样需要遵守自己的论证义务，还需要假定对方也要遵守相同的论证义务，将那些不遵从批判模型规则的行为看作不合理的、谬误性的（范爱默伦, 2015: 81-82）。基于此，语用论辩理论家们还讨论了策略性操控与谬误的关系，他们认为谬误就是一种对策略性操控的逾矩。他们提出并坚持如下三种假设前提：①普通论辩参与者明确知道他有什么样的论辩义务（dialectical obligation）；②普通论辩参与者假定对方也知道有什么样的论辩义务；③普通论辩参与者认为（假定对方也认为）不遵循共享的信念是不合理的。他们认为这是在语用论辩理论扩展理论框架下开展取效性研究的三个前提，对这三条规则的违反就是谬误（van Eemeren et al., 2009: 50）。

策略性操控在语用论辩理论的研究中占据重要地位，范爱默伦和霍特罗瑟等人认为，策略性操控是超越自亚里士多德以来论辩术和修辞学传统二分的重要途径（van Eemeren and Houtlosser, 2000: 295-297）。策略性操控调解了语用论辩理论与修辞学之间的关系，正如廷代尔所说，策略性操控使论证学家开始去严肃地看待论证的修辞学维度（Tindale, 2006: 447）。范里斯（M. A. van Rees）利用论辩模型对新修辞学分解法（dissociation）进行了重构，考察了分解法是如何能够在论辩过程中展现出策略性操控特征，最终将修辞学纳入论辩模型的（van Rees, 2005: 35-49）。语用论辩理论的策略操控理论引起了其他论证研究、尤其是修辞学的广泛参与。与范爱默伦试图将修辞学融入语用论辩理论的策略不同，大卫·扎罗夫斯基（David Zarefsky）等人从修辞学角度开展了大量的策略性操控研究，试图通过策略性操控将语用论辩理论融入修辞学框架。扎罗夫斯基认为，一些机构性论证（诸如政治论证）并非完全是机构性的，比如开放式公共辩论就是非规则的、形式自由的，在理想模型下，论辩术和修辞学的策略性操控是类似的，而一旦加入修辞学所认为的普遍听众，修辞学就会按照语用论辩理论的批评讨论规则进行。策略性操控的类型和方式也不仅限于话题选择、听众需求和表达设计，策略性操控的类型包含了转变主题、调整相关听众（modifying the relevant audience）、诉诸自由和传统假定、重构（re-framing）论证、使用固化象征（condensation symbols）、使用修辞和比喻手法以及不可抗轨迹（locus of the irreparable）① 等（Zarefsky，2006：399 - 416）。随着语用论辩理论理论从理想模型逐渐走向日常使用实践，语用论辩理论家们对策略性操控的研究愈发重视，策略性操控研究引起了整个论证研究领域的关注。以策略操控概念为核心的语用论辩理论扩展理论凸显了论辩者为实现论辩合理性和修辞取效性的微妙平衡，对法律、政治、医疗等交际领域的论辩实践均有较强的解释力和应用价值。

二、分析方法

语用论辩理论主要关心如何通过其理想的论证模型来评价和改进实际发生的论证活动，促进意见分歧的理性解决。因此，对于实际发生的论证活动的研究，语用论辩理论首先需要对实际发生的论证语篇进行理论重构，使其能被语用论辩理论的模型进行分析和评价。范爱默伦等人强调，现实的论证语篇往往需要大量的解释和转换，这样才能恢复其论证内容。重构的关键问题是，如何在不扭曲待分析的现象的性质的前提下重构论证语篇（van Eemeren, et al., 1993：24）。

---

① "locus of the irreparable" 是新修辞学中的一种标准模式。新修辞学将听众分为"赞成论证并准备付诸行动的人""反对者"以及"其他不受约束的人"三种类型。针对第一种类型的听众，新修辞学认为可以向听众传递这样一种论证："如果我没有现在就采取行动，你们的机会将流失并造成不可修复的损失"，从而说服听众支持自己的论证和观点［具体可参见 Perelman and Olbrechts-Tyteca（1969）］。如果大家关注财经新闻和证券交易，那么大家就会发现大部分"证券分析"的作者都采用了这种修辞学方法来达到修辞学效果。

重构论证实践活动对于语用论辩理论的研究具有重要意义，是语用论辩理论分析论证实践活动的基础。范爱默伦等人认为，无论是对话型的还是独白型的论证，批判模型都能为分析和重构实际的论证语篇提供一种框架，并且，它还能为论证行为的评价提供一种框架，而且能够充当指引论证实践的改进的标准（van Eemeren，et al.，1993：34）。论证语篇的重构要恢复组成论证的实质内容的命题，判定这些论证是如何被用来证成或反驳争议中的立场，并且检查言语行为的实施是如何在特定的论证阶段起作用，从而有助于争论的解决的（van Eemeren，et al.，1993：38）。

语用论辩理论关注论证者之间的意见分歧的理性解决，因此，对论证语篇的重构也需要从发现论证者之间的意见分歧开始。范爱默伦等人认为，对论证语篇的重构旨在展示如下四个方面的内容：①有争议的点，即找出与那些引起立场质疑的相关命题；②双方所采取的与这些有争议的点相关的不同立场，即辨别不同论证者所扮演的不同角色（正方或反方）；③双方用于支持其立场的明确的、隐含的论证（argument），在这个过程中，研究者需要将那些隐含的论证或论证成分展现出来，予以明确；④每一方的论证结构，即辨别某个（些）论证是如何被提出来的、如何与其他论证相关的（van Eemeren et al.，1993：60）。

通常情况下，广义论证并不会按照理想的论证步骤来进行，在时间上可能出现颠倒或重复。在实际的论证过程中，人们可能对同一个论证进行反复讨论，也可能省略一些双方默认的论证。因此，对论证实践活动的重构需要借助一些方法，这些方法包括删减、增补、重排和替换。

"删减"的目的是去除多余的、不相关的信息，主要包含两个方面的操作：第一个方面是辨别并挑选出原始语篇中那些与争论解决直接相关的成分；第二个方面就是删除那些与争论解决并不直接相关的成分，比如说明、澄清和重复等。"增补"的目的是将那些隐含的论证成分变得明确，主要是对给定语篇中的那些与争议解决直接相关但却没有表达出来的成分予以补足。"重排"就是指将原始语篇中的各种成分进行重新排列或排序，使其解决争议的论证过程变得尽可能清晰。比如，在实际的论证过程中，立场冲突可能出现在论辩阶段或结束阶段，我们需要将其位置调整到其在理论模型中的理想位置。"替换"的目的是将论证成分变得更加清晰明了，为那些实现相同功能的成分提供统一的表述。比如，发挥了论证功能的反问句需要被重新表述为论证的形式，模糊或含混的表达式要替换为明确的表达式，同一个论证成分的不同表述要统一为同样的表述，等等（van Eemeren, et al., 1993: 61-62）。

根据语用论辩理论的理论，我们需要按照批判讨论模型的模板，通过删减、增补、重排和替换的方式对论证实践进行"重构性转换"。研究者可以通过重构更加清晰地展示论证过程的"全景"，识别论证者的意见分歧、程序和实质的出发点，考察论证参与各方的论证和批评，揭示论证过程中的结构和型式（范爱默伦，2015: 76）。

语用论辩理论主张采取一种规范性的研究方法研究论证实践活动，与广义论证理论所主张的本土化的描述性研究方法有所不同。那么，在论证实践活动中，这两种不同进路的研究各自具有什么特点呢？因此，本研究将比较分析这两种不同的研究方法，尤其是关于论证数据的处理方法的不同特点，从而展现本研究所提出的数据处理方法的可取之处。

三、语用论辩理论的影响

在对策略性操控的最初研究中，语用论辩理论家们都非常关注策略性操控的机构性条件，并重点研究了八个不同领域（分别为法律、政治、问题解决、外交、医疗、学术、商业及人际交往领域）中的论证实践。经过数十年的发展，语用论辩理论逐渐从抽象模型走向论证实践，在医疗交际、政治论辩、司法活动、广告等许多领域的论证实践中被广泛采用，是当今最为流行的论证研究理论之一。

从古希腊开始，政治领域历来是修辞学研究的重要领域，自然也成为策略性操控研究的重要领域。范爱默伦和加森非常重视政治交际领域的策略性操控研究，他们发现了欧盟议员在两难困境（既要服从欧盟整体利益，又要兼顾祖国利益）中对策略操控的运用（van Eemeren and Garssen, 2012：43-58）。伊莎贝拉·拉图费切罗夫（Isabela Ietcu-Fairclough）对罗马尼亚总统面临违宪指责和议会弹劾时的政治演讲进行了分析，发现政治家会借助民主理念取悦大多数人来使他们的行为合法化，通过对策略性操控的分析，将社会学理论和政治哲学引入语用论辩理论理论（Ietcu-Fairclough, 2008：399-417）。高登·米切尔（Gordon R. Mitchell）分析了美国总统乔治·布什在 2003 年对伊拉克发起战争前的发言，发现在批评性对话中，布什的讲话隐藏了自己的真正立场和观点，从而达到了最佳的修辞效果（Mitchell, 2010：319-335）。

与范爱默伦等人的观点不同，扎罗夫斯基密切关注了大量开放式公共辩论，通过对美国社会政治论辩的大量事实的分析，认为政治论辩虽然具有一些周期性模式和特点，但由于缺乏时间限制、明确终点、多元化的听众、开放途径等特征，很难说得上是一种机构性论证，而这些条件使创造性的策略性操控变得可能和必要（Zarefsky, 2008：317-330）。扎罗夫斯基还通过分析"9·11"恐怖袭击事件后政府对"战争"这个词语的使用，发现定义是修辞性的，人们可以通过定义来操控论证：定义和命名的过程传递了积极或消极态度，并暗示甚至决定了论证走向（Zarefsky, 2006：399-416）。伊冯·托纳尔（Yvon Tonnard）详细分析了扎罗夫斯基所谈到的策略性操控四大特征，发现特定文化和政治环境、制度规则和习俗是制约策略性操控的重要因素（Tonnard, 2008：331-334）。

医患交流（doctor-patient interaction）是策略性操控研究的重点领域之一。传统的会话分析对医患交流做了大量研究，并根据其设计的交流模型得出两个结论：病人在前往医疗机构的时候总是渴望被治愈并且渴望被照料（Ong et al., 1995：903-918）。在这种交际模型中，患者对医生言听计从，完全处于依附地位。而策略性操控对医患交流的研究则打破了上述假定，发现了医患交流过程中的论辩因素。托马斯·古德奈特（G. Thomas Goodnight）通过对知情同意的研究，发现医患交流过程中存在批判和论证因素（Goodnight, 2006：75-85）。亨克曼斯和迪马·穆罕默德（Dima Mohammed）细致剖析了医疗论辩的制度约束因素和策略操控的实施空间，他发现在"知情同意"的医疗互动过程中，医疗方案的最终确定实际上是医患双方论辩互动后达成的一致意见（Henkemans and Mohammed，2002：19-32）。纳农·拉布里（Nanon Labrie）发现，治疗决定并不是基于传统的医患地位对等的共享决策（shared decision-making）做出的，他以抗生素的使用为例，发现医患双方意见并不一致，双方都会在交流过程中进行策略性操控，从而在论辩合理性和修辞取效性上保持一种平衡（Labrie，2012：171-199）。皮特·舒茨（Peter Schulz）和萨拉·巴碧丽（Sara Pubinelli）研究了医学交流中的知情同意过程，指出医生的建议如果缺乏论辩和修辞成分，那么将是危险的（Schulz and Pubinelli，2015：481-491）。古德奈特还通过对药物使用建议进行分析，进一步发现了几种相竞争的逻辑都在影响医患双方的交流，比如公共卫生假定倾向于进行干预治疗，因为这种逻辑认为医学专业知识超出了普通人的能力范围；而卫生保健假定倾向于不进行干预治疗，因为其奉行"不伤害"原则（Goodnight，2008：359-371）。

在司法交际领域，语用论辩理论非常关注参与者如何在适用范围内开展论辩互动。伊芙琳·菲特瑞斯（Eveline T. Feteris）基于语用论辩理论的视角分析了司法判决中的策略性操控，展示了法官是如何在论辩和修辞维度之间达成一种平衡的。她以1892年美国圣三一教堂诉美利坚合众国案为例，分析了美国最高法院的法官是如何构造例外情况来规避法条的字面含义，转而以该法条的立法目的为依据做出例外判决的，这使得他们的判决在既符合论证合理性规范的同时又要对司法听众产生最佳的修辞效果，判决结果显得理所当然（Feteris，2009：93-114）。哈姆·克鲁斯特尔斯（Harm Kloosterhuis）通过"侮辱"的实践研究了司法制度语境对策略性操控的约束（Kloosterhuis，2015：67-76）。

策略性操控理论也被运用于学术讨论。恩里克·克拉贝（Erik C. W. Krabbe）认为，很多数学证明和推理并非不容置疑的完美实体，而是依赖于策略性操控的说服性论证，语用论辩理论的标准理论和扩展理论都适用于很多数学证明。比如，在冲突阶段，数学家会尽量以简单和熟悉的词语来定义那些非常复杂的概念（比如"完全性定理"），从而满足批评讨论的简明性规则；在论证阶段，数学家总是要努力让他的证明既不会太粗略又不至于太烦琐；而在结论阶段，数学家会简要重复论证过程并用特殊形式（比如字体加粗）突出结论等（Krabbe，2008：453-468）。

　　总的来说，各种机构性语境中的策略性操控研究越来越受到广大学者的重视，许多诸如广告、商业谈判等以往不太受关注的领域也逐渐被纳入讨论范围，语用论辩理论不仅因此扩展了研究范围，更在各个领域研究中得到辩护。

第二节　基于语用论辩理论的案例分析

　　根据语用论辩理论，对论证实践活动的重构需要以批判模型为模板，识别论证者的分歧点、不同立场以及与立场相关的论证结构，通过删减、增补、重排和替换的方式重新展现论证的过程以及论证者所采取的策略性操控。本研究将使用语用论辩理论的这种方法对第五章的案例一和案例二进行重构和分析。

一、案例一的论证重构

（一）基于理想模型的重构分析

1. 冲突阶段

　　在冲突阶段，论证者需要明确各自的立场与分歧。在案例一中，我们可以看出，罗永浩和王自如在"Zealer 从华强北采购手机配件是否合法"的问题上发生了立场冲突。王自如给出的断言类言语行为"我们的采购渠道是完全合法的",表明"Zealer 从华强北采购手机配件是合法的"。罗永浩并不接受王自如的立场,虽然没有通过承诺类言语行为来明确地表达接受或不接受王自如的立场,但通过将王自如的辩护行为定义为"不老实"、将其从华强北采购手机零配件并开展手机维修业务的收入定义为"灰色收入、流氓收入"等表达了"Zealer 从华强北采购手机配件是不合法的"的立场。双方形成了意见分歧,王自如与罗永浩分别扮演了不同的角色,王自如是提出并支持立场"我们的采购渠道是完全合法的"的正方,而罗永浩则是反对该立场的反方。

2. 开始阶段

在这个过程中,双方对王自如创立和掌管的企业 Zealer 的手机维修业务所采购的手机零配件的来源是没有分歧的。王自如在 L06 回答了罗永浩在 L05 的提问,给出了其采购渠道是"华强北"的答案,罗永浩并没有反驳。双方都认同了"Zealer 的手机零配件采购自华强北",这构成了双方接下来开展相关论证可以依据的实质出发点。

3. 论辩阶段

在论辩阶段,作为正方,王自如需要提出支持其立场的论证,并回应罗永浩提出的批评或质疑,为其立场辩护。作为反方,罗永浩需要提出论证来反驳王自如的论证,支持自己的立场,即 Zealer 从华强北采购苹果手机零配件的行为是非法的。

作为正方,王自如提出了两个子论证来支持自己的立场。

在 L018,王自如提出,Zealer 在华强北的采购手续是合法的,而华强北的采购渠道的合法与否与 Zealer 无关。王自如给出的理由是,Zealer 从华强北采购的渠道是(程序)合法的。王自如的理由"Zealer 从华强北采购的渠道是(程序)合法的"要能够支持观点"华强北的采购渠道的合法性与 Zealer 采购行为的合法性无关",需要一个隐含的前提"采购渠道(程序)合法的采购行为是合法的"的支持。王自如给出的第一个支持自己立场的子论证如下。

论证 1:Zealer 从华强北采购手机配件是合法的。

1.1 华强北的采购渠道的合法性与 Zealer 采购行为的合法性无关。

1.1.1 Zealer 从华强北采购的渠道是（程序）合法的。

1.1.2 采购渠道（程序）合法的采购行为是合法的。

在 L020 和 L032 中，王自如希望通过诉诸行业现状（所有的苹果手机维修商户都只能从华强北购买苹果手机零配件）来为自己的合法性提供辩护，或是削弱罗永浩的指责的效力，如果这个辩护能够成立，就需要一个隐含的前提"如果从不合法渠道采购的行为是被迫的，就是可以被宽容的"的支持。王自如给出的第二个支持自己立场的子论证如下。

论证 2：Zealer 从华强北采购手机配件是合乎情理的。

2.1 Zealer 从华强北采购手机零配件的行为是行业现状规定的。

2.1.1 华强北是（苹果品牌的）唯一手机零配件采购渠道，所有手机维修企业都只能从华强北采购（苹果品牌的）手机零配件。

2.2 如果从不合法渠道采购的行为是被迫的，就是合乎情理的。

综上所述，王自如在案例一中的论证结构见图 6-1。

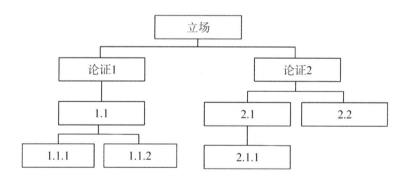

图 6-1　案例一中王自如的论证结构

作为反方，罗永浩提出了两个子论证来反驳王自如的论证，从而支持自己的立场。

在 L015 和 L027 中，罗永浩在提出了一个子论证来反驳王自如的论证，为"Zealer 从华强北采购手机配件是不合法的"的立场提供支持。罗永浩通过揭露"华强北通过不合法的渠道采购了苹果手机的零配件"的行业事实来支持"Zealer 从华强北采购手机配件是不合法的"的观点。罗永浩给出的第一个子论证如下。

论证 3：Zealer 从华强北采购手机配件是不合法的。

3.1 华强北通过不合法的渠道采购了苹果手机的零配件。

3.1.1 苹果公司不允许其关联企业对外销售其手机零配件。

3.2 所有采购来源于不合法渠道零配件的行为都是非法的。

当王自如将自己的立场从"合法"转移到"合情理"后，罗永浩不仅反驳了合情理的辩护，更是要以此为根据对王自如的道德品行进行批评，削弱王自如的言论的可信度，进而削弱王自如对锤子手机的负面评价的传播效果。

在 L035 中，罗永浩给出了两个理由来指责王自如的言行不一致（虚伪），一是"王自如在 Zealer2.0 上大谈理想主义"，二是"王自如的 Zealer 收入来源是'灰色收入''流氓收入'"。罗永浩的理由要能支持"王自如的言论是不可信的"的观点，需要一个隐含的前提"虚伪的人的话是不可信的"提供支持。罗永浩在 L035 中给出的第二个子论证如下。

论证 4：王自如的言论是不可信的。

4.1 王自如是一个虚伪的人。

4.1.1 王自如在 Zealer2.0 上大谈理想主义。

4.1.2 王自如的 Zealer 收入来源是灰色收入、流氓收入。

4.2 虚伪的人的话是不可信的（隐含）。

综上所述，罗永浩在案例一中的论证结构见图 6-2。

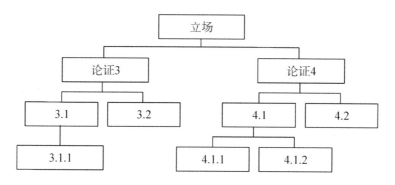

图 6-2　案例一中罗永浩的论证结构

4. 结束阶段

从结果上看，虽然王自如并没有明确表达对罗永浩的指责的认同，双方没有达成意见一致，但王自如在 L036 中已经修改了其立场，王自如的立场其实已经从 L018 中的"Zealer 的采购行为是合法的"修改为"Zealer 从华强北采购手机配件是合乎情理的"。因而，罗永浩和王自如其实达成了立场一致，即"Zealer 从华强北采购手机零配件是非法的"。但是，罗永浩并不认同王自如修改过后的立场，在接下来的论证中进一步对王自如修改以后得立场进行了进一步的反驳。

综上所述，案例一中的论证过程重构见表 6-4。

表 6-4　案例一的总体论证结构

论证阶段	论证步骤		
冲突阶段	正方	1-1 表达立场	Zealer 从华强北采购手机配件是不合法的
	反方	1-2 接受或不接受立场	Zealer 从华强北采购手机配件是合法的
开始阶段	反方	2-1 挑战，要求对立场进行辩护	罗永浩要求王自如对 Zealer 的采购渠道的合法性进行辩护
	正方	2-2 接受挑战，对立场进行辩护	王自如接受了罗永浩的挑战
	双方	2-3 决定开始讨论，对讨论的起点达成一致	Zealer 从华强北采购了手机零配件

表6-4（续）

论证阶段		论证步骤	
论辩阶段	正方	3-1 提出论证	Zealer 从华强北采购手机配件是合法的。因为 Zealer 从华强北采购的渠道是（程序）合法的，华强北采购渠道的合法性与 Zealer 采购行为的合法性无关（论证 1）
	反方	3-2 不接受论证，提出反驳论证	苹果公司不允许其关联企业对外销售其手机零配件，华强北只能通过不合法的渠道采购苹果手机的零配件。因此，Zealer 从华强北采购手机配件是不合法的（论证 3）
	正方	3-3 提出进一步的论证	Zealer 从华强北采购手机配件是合乎情理的，因为，Zealer 从华强北采购手机零配件的行为是行业现状规定的，华强北是（苹果品牌的）唯一手机零配件采购渠道，所有手机维修企业都只能从华强北采购（苹果品牌的）手机零配件（论证 2）
	反方	3-4 不接受论证，提出进一步的反驳	王自如是一个虚伪的人。因为，王自如在 Zealer2.0 上大谈理想主义，王自如的 Zealer 收入来源是灰色收入、流氓收入（论证 4）
结束阶段	双方	4-1 确立结果	—
	反方	4-2 接受立场或不接受立场	不接受王自如的立场
	正方	4-3 坚持或收回立场	撤回"Zealer 从华强北采购手机配件是合法的"的立场
所有阶段	双方	5-1 要求用法澄清	—

在案例一中的论辩阶段，王自如在步骤 3-3 中修改了自己的立场，并为 Zealer 从华强北采购手机零配件的合理性进行了辩护，没有能成功维护自己的立场，罗永浩的步骤 3-2 成功反驳了王自如在步骤 3-1 的论证。但是，罗永浩并没有接受王自如修改以后得立场，在论证 3-4 中对王自如修改以后的立场进行了进一步的反驳，王自如继续通过诉诸行业现状来减轻罗永浩的道德批评，但没有提出更进一步的论证，而是将现实与道德的冲突难题交给罗永浩，论辩结束。

（二）基于策略操控模型的策略分析

根据语用论辩理论，论证者需要并且总是会从"话题选择""听众需求"和"表达设计"三个方面考虑论证策略。接下来，本研究分别考察王自如和罗永浩所采取的策略性操控。

作为正方的王自如，分别在三个方面采取了一系列策略性操控。①从话题选择层面考虑，王自如在论辩阶段为了反驳罗永浩的论证，一直努力将罗永浩所建构的"华强北的采购渠道的合法性"的话题转移到"Zealer的采购渠道合法性"的话题上，因为Zealer从华强北采购的程序是合法的，后者是更有利于王自如和Zealer的一个话题。在结束阶段，面对罗永浩揭露的事实，王自如虽然已经默认了"华强北的采购渠道是非法的"的事实，但他通过诉诸行业困境的方式来结束关于"华强北采购渠道的合法性"的问题的讨论，要求作为批评者的罗永浩来破解这个困境，以对自己较为有利的方式来结束这个话题的讨论。②从听众需求层面考虑，在论辩阶段，在罗永浩已经揭示了华强北的采购渠道是不合法渠道的情况下，王自如力图通过诉诸行业现状来减轻罗永浩的道德指责，赢得观众的同情和支持，因为Zealer从不合法渠道采购手机零配件的行为是情有可原的，而且，Zealer承担上述的法律和道德风险的目的是造福消费者。王自如的策略对于争取到作为Zealer消费者的观众的认同具有积极意义。③从表达设计上考虑，在王自如知道华强北的采购渠道是存在问题的情况下，在论辩阶段，每当罗永浩试图让其说出华强北的采购渠道之时，王自如总是在表达上采取一种模糊的表达方式，既不直接否定，以避免对公众撒谎，也不直接肯定，以避免为罗永浩接下来的指责提供基础，在理性与修辞之间寻求一种平衡。

作为反方的罗永浩，分别在三个方面采取了一系列策略性操控。①从话题选择层面考虑，在开始阶段，罗永浩选择将"Zealer从华强北采购了手机零配件"作为出发点，这是王自如较为容易接受的出发点，也是王自如不得不明确回应的出发点。②从听众需求层面考虑，在论辩阶段，罗永浩有意让公众知道"王自如曾经私下告诉罗永浩华强北的采购渠道"，将

"私下讲"与当日"对着观众讲"对立起来，将观众与王自如对立起来，逼迫王自如向观众讲出华强北的采购渠道，从而为自己接下来的批评提供根据。③从表达设计上考虑，在论辩阶段，罗永浩将"私下讲"与"当着观众讲"、将"灰色收入、流氓收入"与"理想主义"进行对比，强化了表达效果，给王自如施加了更大的压力。

二、案例二的论证重构

（一）基于理想模型的重构分析

1. 冲突阶段

在冲突阶段，论证者需要明确各自的立场与分歧。在案例二中，我们可以很明显地看出，警察和驾驶员在"驾驶员是否应该配合警察执法"的问题上发生了立场冲突。警察明确要求驾驶员配合自己的执法工作，表达了立场"驾驶员应该配合警察执法"。然而，驾驶员给出的承诺类言语行为"不配合"表达了对警察的立场的不接受态度。双方形成了比较明确的意见分歧，警察与驾驶员分别扮演了不同的角色，警察是提出并支持立场"驾驶员应该配合警察执法（出示证件）"的正方，而驾驶员则是反对该立场的反方。

2. 开始阶段

在这个过程中，双方对"执法"的事件性质的认定是没有分歧的，驾驶员在 L07 认为警察的行为是执法活动，警察在 L016～L018 表达了同样的看法，这构成了双方接下来开展相关论证可以依据的实质出发点。

3. 论辩阶段

在论辩阶段，正方提出支持其立场的论证，回应反方的批评或质疑；反方则对正方的立场和论证进行批评和攻击。作为正方，警察主要提出了两个子论证来支持自己的立场。作为反方，驾驶员主要提出了一个子论证来反驳警察的立场。

在 L016，首先，警察论证了驾驶员所涉及的这个事件是个交通事故，虽然这个事件并没有发生在道路上，但是根据法律规定，仍然需要按照发生在道路上的交通事故来进行处理。紧接着，警察通过对事件性质的论证以及自己的执法行为性质，论证了驾驶员不配合可能造成的后果（违法）。最后，通过论证这种可能后果是不可接受的，从而论证了驾驶员应该配合警察执法。警察提出的第一个子论证如下。

　　论证1：驾驶员应该配合警察执法。

　　1.1 驾驶员不配合警察就上升到违法的问题了。

　　1.1.1 警察对交通事故的处理是执法行为。

　　1.1.2 这个事是一个交通事故。

　　1.1.2.1 不是道路的交通事故法律规定参照道路的交通事故

处理。

　　在L017，警察的这个论证并没有被驾驶员所接受，驾驶员在L019明确拒绝了警察的立场，给出的理由是"警察的执法态度不好"。

　　面对驾驶员的质疑，警察在L025和L027提出了进一步的论证。警察的理由是，"驾驶员配合（出示证件）与否与警察的执法态度没有关系"，并且"警察的执法态度不需要驾驶员来衡量"，反驳了驾驶员在L017中提出的反驳。警察提出的第二个子论证如下。

　　论证2：驾驶员应该配合警察执法。

　　2.1 驾驶员配合（出示证件）与否与警察的执法态度没有

关系。

　　2.2 警察的执法态度不需要驾驶员来衡量。

综上所述，警察在案例二中的论证结构见图6-3。

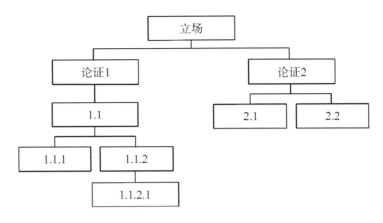

图6-3 案例二中警察的论证结构

L015 中，驾驶员也给出了一个拒绝配合的理由，即"驾驶员已经拿过一遍证件了"。如果驾驶员的这个理由要能够支持其立场，需要这样一个隐含前提提供支持，即"如果驾驶员已经出示过一次证件，就可以不再出示证件了"。驾驶员提出的第一个子论证如下。

论证 3：驾驶员可以不配合警察执法。

3.1 驾驶员已经拿过一遍证件了。

3.2 如果驾驶员已经出示过一次证件，就可以不再出示证件了。

在 L019，驾驶员明确拒绝了警察的立场。在 L017、L024 和 L031 中，驾驶员给出的理由都是"警察的执法态度不好"，如果这个理由要能够支持驾驶员的立场，那么就需要一个未表达的前提"如果警察的执法态度不好，驾驶员可以不配合警察的执法"。在 L09 中，驾驶员还为这个理由提供了进一步的理由"警察是人民公仆"，如果这个理由要能够支持驾驶员的上述观点，那么就需要一个未表达的前提"人民公仆应该态度好"。驾驶员提出的第二个子论证如下。

论证 4：驾驶员可以不配合警察执法。

4.1 警察的执法态度不好。

4.2 如果警察的执法态度不好，驾驶员可以不配合警察的执法。

4.2.1 警察是人民公仆。

4.2.2 人民态度应该态度好。

综上所述，驾驶员在案例二中的论证结构见图6-4。

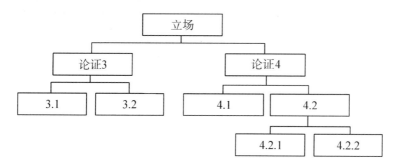

图 6-4 案例二中驾驶员的论证结构

4. 结束阶段

从结果上看，双方并没有确立结果，没有达成一致意见：警察在L038和L040重申了执法请求，认为驾驶员应该配合；驾驶员在L039和L041再次拒绝了警察的执法请求，否认了警察的立场。因此，双方并没有解决意见分歧。

综上所述，案例二中的论证过程重构见表6-5。

表 6-5 案例二的总体论证结构

论证阶段	论证步骤		
冲突阶段	正方	1-1 表达立场	驾驶员应该配合（出示驾驶证）
	反方	1-2 接受或不接受立场	驾驶员可以不配合
开始阶段	反方	2-1 挑战，要求对立场进行辩护	驾驶员要求警察对其立场进行辩护
	正方	2-2 接受挑战，对立场进行辩护	警察接受了驾驶员的要求
	双方	2-3 决定开始讨论	警察正在执法

表6-5（续）

论证阶段		论证步骤	
论辩阶段	正方	3-1 提出论证	驾驶员涉嫌造成了交通事故，警察正在履行处理交通事故的执法活动，驾驶员如果不配合警察执法，就上升到了违法的问题，因此，驾驶员应该配合（论证1）
	反方	3-2 不接受论证	驾驶员可以不配合警察执法。因为驾驶员已经拿过一遍证件了（论证3）
	反方	3-3 提出论证	驾驶员可以不配合警察执法，因为警察的执法态度不好，警察是人民公仆（论证4）
	正方	3-4 提出进一步的论证	驾驶员配合不配合和警察的执法态度没关系，警察的执法态度不需要驾驶员来衡量，因此，驾驶员应该配合（论证2）
	反方	3-5 接受论证	接受论证
结束阶段	双方	4-1 确立结果	—
	反方	4-2 接受立场或不接受立场	不接受警察的立场
	正方	4-3 坚持或收回立场	坚持"驾驶员得配合"立场
所有阶段	双方	5-1 要求用法澄清	—

在案例二中，警察否认了警察的执法态度与驾驶员应该配合执法两者之间的联系，认为两者不存在条件关系，驾驶员在L026给出了一个肯定的回应"好吧"，承认了警察的论证，因此，警察的步骤3-4成功反驳了驾驶员在步骤3-2的挑战，为自己的立场赢得了辩护，驾驶员应该撤回自己的立场。但是，驾驶员并没有撤回立场，而是继续重复在步骤3-2中的挑战，违反了结束规则，驾驶员的在步骤4-3中的论证行为是不受支持的。因此，驾驶员应该为论证交流的失败负有主要责任。

（二）基于策略操控模型的策略分析

根据语用论辩理论，本研究分别考察警察和驾驶员所采取的策略操控。

作为正方的警察，分别在三个方面采取了一系列策略性操控。①从话题选择层面考虑，在开始阶段，警察将"这个事就是交通事故"作为出发点，这个出发点是驾驶员比较容易接受的，也是有利于警察接下来论证的出发点的。在论辩阶段，警察将"警察的执法态度"的话题排除在"驾驶员是否应该配合"的话题的讨论之外，反驳驾驶员的拒绝理由。②从听众需求层面考虑，在论辩阶段，警察通过陈述不配合的后果等方式给驾驶员施加压力，迫使驾驶员配合，有利于执法目标的达成。③从表达设计上考虑，在论辩阶段，警察通过提高音量、用手指驾驶员等方式，塑造了自己的强势立场，给驾驶员施加压力，迫使驾驶员配合。

对于作为反方的驾驶员，采取的策略性操控主要集中在话题选择上，从话题选择层面考虑，在论辩阶段，驾驶员努力将论辩话题重点集中到"警察的态度"的话题上。

第三节　比较分析

总的来说，语用论辩理论和广义论证理论都将论证看作一种遵守规则的社会互动活动，都注重从语用角度考察话语和行动的意义和功能。然而，语用论辩理论和广义论证理论在研究目标和方法上又具有不同的特点。第一，语用论辩理论与广义论证理论在研究方法的侧重点上有所不同。在论证理论中，论证理论又长期存在规范性进路和描述性进路两条不同的研究进路。从研究方法上说，语用论辩理论是一种侧重于论证规范性的研究。语用论辩理论试图研究存在于不同论证实践活动中的论证活动的普遍性特征，分析论证方法的普遍合理性，致力于提出一种具有普遍合理性的论证模型。语用论辩理论采用规范性的进路研究论证实践活动，并基于批判讨论模型对其进行分析和评价。与语用论辩理论不同的是，广义论证理论是一种侧重于描述性的研究。广义论证理论试图研究论证实践活动所具有的本土化、语境化的论证特征，采用描述性的本土化方法研究论证实践活动，发现论证实践活动所依赖的具有文化和语境依赖性的论证规则、规范或社会习俗，揭示不同文化和语境中的论证实践活动的内在合理性。第二，对于研究的结果而言，语用论辩理论能够对论证产生的结果进行重构，比较清晰地展示论证结构，并根据批判理性对论证者的行动步骤的作用和合理性进行批判性审视。广义论证理论能够更加真实客观地揭示论证的实际发展过程。

上述两个案例研究也表明，基于语用论辩理论的案例分析清晰地展示了语用论辩理论对论证结构的剖析，能够从复杂的论证实践中抽离出关键的论证步骤和论证结构，为论证实践的分歧解决的理性评价提供了参考依据。在案例一中，通过重构分析，我们可以清晰地看到，作为正方，在面对罗永浩的挑战时，王自如并没有遵守举证责任规则，为自己的立场提供强有力的证据，这导致了其不能维护自己的立场。在案例二中，当警察已经提供了支持自己立场的证据之后，作为反方，驾驶员在没有提出其他质疑的情况下仍然拒绝接受警察的立场，违反了结束规则，所以当其将拍摄的视频上传到互联网后，并没有赢得网络舆论的支持。

广义论证理论具有不同于传统论证理论的价值和优势。第一，广义论证研究能够揭示论证实践活动的内在合理性。在案例一中，罗永浩对王自如进行了人身攻击，这种人身攻击在传统理论看来是谬误的论证行动步骤，而在中国文化语境中却存在合理性，赢得了观众的支持，因为中国的文化传统往往要求公众人物必须具有较高的道德素养，其道德修养水平是其话语和行动的可信度的一个重要依据。在案例二中，驾驶员对警察的执法态度进行了攻击，并以此为依据拒绝了警察的执法请求，但驾驶员的论证并没有得到公众的支持，因为她忽略了警察执法这种机构性语境的特殊性。第二，广义论证研究能够展示论证发生的过程。在案例一中，广义论证的研究清晰地展示了罗永浩如何通过论证设计让王自如从接受一个较容易接受的前提出发，一步一步被迫接受更加具有挑战性的定义，最终陷入比较被动的窘境。在案例二中，广义论证的研究清晰地展示了警察是如何按照执法程序来提出论证和回应驾驶员的质疑的。

基于语用论辩理论的研究方法，我们可以对论证活动进行分析性重构、研究和评价，从批判理性的立场对论证结果进行合理性评价。基于广义论证理论，我们可以更为真实地展现论证实践的生成过程，揭示论证实践的本土化规则、规范或社会习俗，展示论证实践的内在合理性。语用论辩理论和广义论证理论在研究方法上形成了互补。

总的来说，语用论辩理论注重从理论层面进行分析，考虑了比较普遍的论证模式、结构和规则，而广义论证理论从经验层面进行分析，考虑了具有文化和语境依赖性的论证模式、结构和规则。语用论辩理论从理论的规范层面出发，发展出了一套能够分析、解释、评价和提高论证实践水平的论证研究方法；而广义论证理论主张对论证实践活动采取描述性的本土化研究，揭示论证实践活动中容易被忽视的那些具有文化和语境特点的论证模式、结构和规则。语用论辩理论和广义论证理论在研究方法上形成了良性互补，从不同角度呈现了论证实践活动的合理性特征，为我们更加全面客观地理解、分析和评价论证实践活动提供了可能。

第七章

研究总结

不同的社会成员有着不同的成长经历和知识背景，身处的社会关系也不尽相同，对于同一个社会事件或社会事实难免存在立场或观点上的差异。在日常社会活动中，人们不得不通过一些方法来协调彼此的观点或立场，努力达成意见一致，使社会群体维持一种相对稳定协调的状态，而论证是人们协调彼此的意见、观点或立场的一种重要方法。与传统论证理论致力于提出一种具有普遍合理性的论证模式或模型不同，广义论证理论竭力倡导一种本土化的研究方法，尽力呈现或还原不同社会文化语境中的论证实践的本来面貌，分析人们的论证策略，揭示为该群体所共同认可的社会文化规范——论证规则，展现论证实践的社会文化特点。为了达成上述研究目标，鞠实儿教授提出了广义论证的本土化研究方法论。广义论证的本土化研究方法论坚持彻底的描述性立场，具有鲜明的本土化特点，主要包含五个步骤：①分析相关社会文化语境，搜集论证相关社会文化背景信息；②通过田野调查采集论证数据；③通过处理和分析论证数据提取候选的论证规则；④对候选的论证规则进行合理性解释和说明；⑤通过回归论证实践验证规则。

　　近年来，广义论证理论及其本土化研究方法论在中国逻辑与中国古代论证实践、少数民族说理或理辞、宗教论证和论辩、网络辩论等领域中得到了广泛应用，展现了广义论证理论在揭示论证的主体性、目的性、社会文化语境依赖性和互动性等方面的突出优势。然而，广义论证的本土化研究方法论的一些技术细节还有待进一步完善，尤其是对于第三个步骤，有关论证数据的处理与分析还有很多值得进一步完善的地方。因此，本研究尝试讨论并解决这些相关问题。

　　论证主要可以分为会话型论证和独白型论证。会话是最常见的一种社会互动形式，论证者往往以直接对话的形式进行社会互动，会话型论证是最为常见的论证类型。在广义论证的视域下，本研究首先研究了会话型论证的数据处理与分析方法，尝试提出一种能够从会话型论证的数据中提取论证规则的研究程序和技术手段。在会话型论证研究的基础上，本研究在最后探讨了独白型论证的数据处理与分析的一些展望。

会话分析的数据处理与转写方法可以将录音录像转变为可直接分析的文本材料，最大限度地保留论证实践的实际过程和细节特征，不对原始材料进行重构整理和分析。这种转写方法的优势在于能最大化再现论证活动生成过程，能够让论证研究者以参与者的视角和思路理解论证过程。这种数据处理方法还保留了广义论证的各种有意义的细节特征，帮助研究者准确地理解论证性话语和行为的意义和功能。这种数据处理方法也使得广义论证数据成为能够被反复研究、多方验证的客观材料，能极大提高论证研究结果的真实性和可靠性。

　　序列组织是会话分析的核心议题，对序列组织的关注将会话分析与社会科学中其他关于语言和互动的研究区分开来。会话分析的研究结果表明，日常会话活动的话语和行为序列是有序组织的。会话分析有两个关于序列组织的重要发现，对广义论证的数据分析有重要意义。第一个重要发现是序列组织的扩展结构。会话分析的研究发现，相邻对是会话序列的基本结构单元，相邻对由两部分组成，第一个部分被称为"第一个对子部分"（FPP），第二个部分被称为"第二个对子部分"（SPP）。会话序列往往基于特定相邻对扩展而来，这个被扩展的相邻对被称为"主相邻对"。扩展成分也由相邻对构成，根据它们与主相邻对的位置关系，可分为三种形式：前扩展的位置在主相邻对 FPP 之前；插入扩展的位置在主相邻对 FPP 和 SPP 之间；后扩展的位置在主相邻对 SPP 之后。序列组织的扩展结构非常灵活，但特定语境中特定类型的序列扩展方式具有稳定性，反映了特定会话的规律和特点。第二个重要发现是优先性组织。相邻对 FPP 和 SPP 存在条件相关性，FPP 投射了一种预期关联，对接下来的行为具有强大约束作用，给出了一个关于可能的 SPP 的有限集合。对于说话人给出的 FPP，听话人的回应有多种可能选择，这些选择并不是等价的，某些回应相比另一些回应是优先的，它的备选项则是非优先的。针对一系列非等价行动方案的选择，通常以反映可选方案的制度化排序的方式实现，反映的交际机制在会话常规中具有复杂性和跨语言、跨文化差异。这种对话模式不以个人的性格或心理偏好为依据，而是依赖于特定社会群体成员的共识或习惯。优先的回应一般是有利于维护团结或维护面子的，是同意的、支持的、肯定的、正向的、积极的等；非优先的回应一般是不利于维护团结或有损面子的，是不同意的、反对的、否定的、负向的、消极的等。优先性组织为论证目标或成分功能的分析提供了可能，优先的回应可以作为互动目标得以实现，或该成分是有利于互动目标实现的分析依据，非优先的回应则与之相反。

以相邻对为核心的序列组织特征体现了论证者管理意见分歧、实现说理功能的方法。相邻对的优先性组织反映了论证者的分歧相关性，序列组织的扩展方式则反映了论证者管理意见分歧的方法。①会话序列的优先性组织反映了会话参与者之间的意见分歧相关性。如果会话者给出的回应是优先的，那往往表明会话者之间不存在意见分歧或就意见分歧达成了一致；如果会话者给出的回应是非优先的，那往往表明会话者之间可能存在意见分歧并且没有达成一致。②会话序列的有层次的扩展结构反映了论证者管理（可能的）意见分歧的方法。论证者可以根据语境和受众的特点，依据社会文化语境的规则，采取一定策略组织和实施语篇块的主相邻对和各个扩展成分，促进或阻碍论证目标的实现。通过分析语篇块的论证目的和各个组成成分之间的功能关系，可以进一步分析论证者所采取的论证策略，以及对论证活动起约束作用的社会文化规范——论证规则。

序列组织的扩展结构和优先性组织展现了会话活动的整体性组织和设计：会话者会尽量避免出现非优先的主相邻对 SPP，或促使出现优先的主相邻对 SPP 的可能性最大化；说话人可能会在主相邻对 FPP 之前给出前扩展，试探听话人的态度，或为自己即将给出的主相邻对 FPP 提供铺垫或辩护；说话人通过主相邻对 FPP 传递主要互动目标，如果听话人给出优先的主相邻对 SPP，往往会以直接、明确的方式，如果听话人打算给出非优先的主相邻对 SPP，他们会尽量通过插入扩展为非优先的主相邻对 SPP 做铺垫或辩护；如果听话人给出一个非优先的主相邻对 SPP，说话人还可能会试图通过非最小化的后扩展转变听话人的立场或态度。序列组织很好地刻画了语篇块的整体组织设计或"谋篇布局"，并且提供了分析语篇块功能关系的结构和行为特征，弥补了广义论证基本结构在语篇块整体组织分析中的不足。

基于广义论证理论的以"五步法"为核心的本土化研究方法论，本研究借鉴使用并发展了会话分析的方法和成果来研究广义论证，并在此基础上分析论证的目的和功能关系，最终提取论证规则。在借助会话分析的方法和工具对语料进行转写、将语料按实际发生的时间先后顺序转写成为文本后，就可以通过形式结构分析、功能结构分析和论证规则分析三个步骤分析论证数据，最终从论证数据中提取约束论证活动的社会文化规范——论证规则。

第一，语篇的形式结构分析。识别会话序列及其内在的形式结构，即以主相邻对为核心扩展形成的有层次的扩展结构。

第二，语篇的功能结构分析。基于语篇的形式结构分析，根据优先性组织的行为和结构特征分析语篇块不同成分之间的功能关系，并可以分析论证者促进或阻碍功能实现所采取的行动策略。

第三，语篇的论证规则分析。基于话语和行为的功能分析，进一步分析论证性话语和行为的功能实现所依赖的论证规则。

在广义论证视域下，本研究把语篇块的形式结构分析和功能结构分析结合起来，首先提取广义论证的形式结构，其次提取广义论证形式结构背后的功能结构关系，最后提取出支持或制约论证功能实现的论证规则。通过融合论证理论和会话分析的研究成果，本研究探讨了会话分析视角的广义论证研究。本研究借鉴和使用了会话分析的方法处理和分析广义论证数据，提出了一种具有可操作性的广义论证数据处理与分析方法，极大丰富和完善了广义论证理论。

通过实际发生的案例的数据分析，本研究演示了这种分析程序的操作方法，表明该分析程序可同时适用于日常语境和机构性语境的论证实践研究，同时进一步揭示了会话分析在论证研究中具备如下三个方面的价值。①会话分析为处理会话型论证数据提供了技术手段。会话分析的转写方法能够最大限度地呈现论证的实际发生过程，其中的话语和行为细节也能够被最大限度地保留，为对话参与者的行动意义和功能实现提供了分析基础，也为论证实践研究的客观性提供了基础。②会话分析展现了论证语篇行动实际次序的重要性。会话分析视角的研究要求分析者不能随意打破或重构语篇行动序列，语篇行动或语篇块的意义和功能都应置于实际发生的语篇行动序列中被理解和分析，动摇了传统论证研究以理论模型为模板重构分析论证数据的主流研究思路。③会话分析为语篇块的数据分析提供了理论支持。优先性组织为意见分歧和功能达成的分析提供了依据，序列组织的扩展结构为论证参与者管理意见分歧方法的分析提供了依据。并且，序列组织的扩展结构具有可递归的性质，为进一步的升阶分析提供了可借鉴的思路。

　　长期以来，主流的论证理论都致力于构造具有普遍合理性的论证理论模型，并习惯于基于某些抽象理论模型对论证实践活动进行重构分析、研究和评价。与之不同的是，广义论证理论不致力于提出一种具有普遍适用性的论证模型，而是致力于呈现论证实践的本来面貌，试图提出一种能够从数据中提取论证规则的本土化研究方法，实现论证实践的本土化分析和评价。广义论证理论并不致力于理论构建——从经验研究中总结或构建一般性理论，而是尽力呈现一个又一个具有社会文化语境依赖性的论证实践的特点，鞠实儿教授把这种研究思路称为"原型（prototype）研究"。该思想受到了维特根斯坦的语言游戏和家族相似思想的很大影响。根据后期维特根斯坦的哲学思想，广义论证是一类语言游戏，彼此之间存在相似性，但不能从中抽离出某种本质，从论证实践中抽离出具有普遍合理性的抽象论证模型的努力是徒劳的。广义论证理论对论证的基本结构图和分层结构图进行了必要讨论，几乎放弃了论证模型的理论建构，而将注意力集中到研究方法的探索。同时，广义论证理论并非要全然推翻传统论证理论或论证模型的合理性，相反，在广义论证的视域下，传统的论证理论或模型在特定社会文化语境中获得了局部的规范合理性。广义论证的本土化研究方法论与传统的规范性研究进行了互补，有助于研究者发现论证实践活动的本土化特点；而会话分析的理论和研究方法为广义论证研究提供了有利的资源和工具。希望这些成果能够有益于论证实践活动的相关研究，为广大研究者提供一种参考方法和工具资源。

迄今为止，本研究只是探讨了分析和处理会话型的广义论证的数据的方法，那这种研究方法是否能够用于演讲、独白、广告等其他类型的论证实践活动的数据的处理呢？如果能够用于更广泛的类型的论证实践活动的分析和研究，那么是否需要对会话分析的方法再继续进行改进呢？应该如何对这种方法进行发展？笔者的初步设想是，独白型论证也可以通过一定的方法被处理为论证者与其（潜在的或假想的）论证对手的互动序列，再通过上述形式结构分析、功能结构分析和论证规则分析，提取论证策略和规则。虽然这并不是论证者之间的真实互动，但反映了论证者内心不同立场、观点或意见的互动过程，也具有一定的研究意义。

上述研究结论和展望还需要更多经验研究的验证，本研究只是在这方面开了一个头，还有更多更艰巨的理论和实践问题等待被研究和解决，这依赖于广大论证研究者的共同努力。笔者有幸在这一方面做了一些尝试性的研究，期望将来能和更多研究者一起推动这项研究。由于此项研究所涉及的研究领域和知识远远超过了研究初期的预想，因此本项研究仍然有许多不足之处，尤其是对许多细节的讨论仍然只是浅尝辄止，还望各位读者能多多批评指正，一起推进该项研究向前发展。

参考文献

一、中文参考文献

贝智恩，2022. 论证本土化分析评估的哲学基础：从地方化认识论的角度看 [J]. 逻辑学研究，15（2）：75–91.

曾欢，2023. "谕意""中理"与"当义"：《吕氏春秋》论证的三个维度 [J]. 国学论衡，1：117–134.

陈清浊，2022. 论证研究的新修辞学路径及其合理性：从广义论证的观点看 [J]. 学术研究（10）：37–42.

陈桑，2019. 探析《大唐西域记》中"七因明"的文化因素 [J]. 汉字文化（19）：82–83，87.

迪尔凯姆，2002. 社会学方法的准则 [M]. 狄玉明，译. 北京：商务印书馆.

范爱默伦，2015. 从"批判性讨论"的理想模型到具体语境中的论证性会话："语用论辩术"论证理论的逐步发展 [J]. 谢耘，译. 逻辑学研究，8（2）：70–97.

范爱默伦，等，2020. 论证理论手册（上册）[M]. 熊明辉，等译. 北京：中国社会科学出版社.

郭桥，2021. 诡辞抑或正理？广义论证视域下的"离坚白"之辩 [J]. 社会科学战线（4）：70–80.

何杨，2017. 论证实践与中国逻辑史研究 [J]. 逻辑学研究，10（3）：145–156.

胡炳年，陈彦瑾，2018. 广义论证视角下的农村彩礼说理 [J]. 逻辑学研究，11（1）：113-121.

金立，于翔，2022a. 从广义论证的视角看《论衡》的说理规则［J］. 南开学报（哲学社会科学版）（3）：116-122.

金立，于翔，2022b. 实用、关联、自觉：《论衡》推类论证的多维探析［J］. 哲学动态（10）：105-114.

鞠实儿，2006. 逻辑学的问题与未来［J］. 中国社会科学（6）：49-54，203-204.

鞠实儿，2010. 论逻辑的文化相对性：从民族志和历史学的观点看［J］. 中国社会科学（1）：35-47.

鞠实儿，2019. 走向田野的逻辑学，融合与修正：跨文化交流的逻辑与认知研究［M］. 北京：经济科学出版社.

鞠实儿，2020. 广义论证的理论与方法［J］. 逻辑学研究，13（1）：1-27.

鞠实儿，何杨，2014. 基于广义论证的中国古代逻辑研究：以春秋赋诗论证为例［J］. 哲学研究（1）：102-110.

库恩，2003. 科学革命的结构［M］. 金吾伦，胡新和，译. 北京：北京大学出版社.

拉扎斯菲尔德，贝雷尔森，高德特，2011. 人民的选择：选民如何在总统选战中做决定［M］. 3 版. 唐茜，译. 北京：中国人民大学出版.

郎需瑞，2021. 广义论证视域下朱熹论辩逻辑体系的考察［J］. 逻辑学研究，14（2）：88-104.

李梅，2022. 论"优先"：会话分析视角下的交际结构探析［J］. 外语教学，43（3）：36-42.

廖晨，2017. 纵横家说理理论研究：以《鬼谷子·捭阖》为例［J］. 人民论坛·学术前沿（21）：150-153.

刘虹，2004. 会话结构分析［M］. 北京：北京大学出版社.

卢凤鹏，2012. 基于广义论证的民间说理活动方式研究：以苗族理辞为对象［J］. 语文建设（20）：71-72.

麦劲恒，2019. 广式早茶说理的功能结构分析：以"谂"为例［J］. 逻辑学研究, 12 (2): 86-97.

毛泽东, 1991. 毛泽东选集: 第三卷 [M]. 北京: 人民出版社.

阮智富, 郭忠新, 2009. 现代汉语大词典 [M]. 上海: 上海辞书出版社.

王克喜, 2015. 广义论证视域下的中国逻辑史开放研究: 以《战国策》为例 [J]. 逻辑学研究, 8 (3): 3-14.

维特根斯坦, 2005. 哲学研究 [M]. 陈嘉映, 译. 上海: 上海世纪出版集团.

吴亚欣, 于国栋, 2017. 为会话分析正名 [J]. 山西大学学报 (哲学社会科学版), 40 (1): 85-90.

吴亚欣, 于国栋, 2022. 会话分析的本质与特征: 一种社会学视角 [J]. 科学技术哲学研究, 39 (5): 102-107.

杨述超, 2020. 常人方法学的基本主张及其内在逻辑 [J]. 天府新论 (5): 153-160.

杨述超, 陈彦瑾, 2023. 基于广义论证的会话型论证研究: 以罗永浩与王自如的网络直播辩论为例 [J]. 科学·经济·社会, 41 (3): 89-103.

于国栋, 2009. 产前检查中建议序列的会话分析研究 [J]. 外国语, 32 (1): 58-62.

二、外文参考文献

ATKINSON P, 1988. Ethnomethodology: a critical review [J]. Annual review of sociology, 14 (1): 441-465.

BOGEN D, 1999. Order without rules: critical theory and the logic of conversation [M]. Albany: State University of New York Press.

BONNER K M, 2001. Reflexivity and interpretive sociology: the case of analysis and the problem of Nihilism [J]. Human studies, 24 (4): 267-292.

BUTLERC W, FITZGERALD R, GARDNER R, 2009. Branching out: ethno-methodological approaches to communication [J]. Australian journal of communication, 36 (3): 1-14.

CLAYMAN S E, 2002. Sequence and solidarity [J]. Advances in group proces-
  ses, 19 (19): 229-253.

CLAYMAN S El, 2013. Turn-constructional units and the transition-relevance
  place [C] //SIDNELL J, STIVERS T. The handbook of conversation
  analysis. New Jersey: Wiley-Blackwel: 151-166.

CLIFT R, DREW P, HUTCHBY I, 2009. Conversation analysis [C] //
  D'HONDT S, ÖSTMAN J, VERSCHUEREN J. The pragmatics of interaction.
  Amsterdam: John Benjamins: 40-54.

COVELLI L H, MURRAY S O, 1980. Accomplishing topic change [J]. An-
  thropological linguistics, 22 (9): 382-389.

DREW P, 2001. Conversation analysis [C] //MESTHRIE R (Eds). Concise
  encyclopedia of sociolinguistics. Amsterdam: Elsevier/Pergamon: 110-116.

DREW P, 2013a. Turn design [C] //SIDNELL J, STIVERS T. The handbook
  of conversation analysis. New Jersey: Wiley-Blackwell: 131-149.

DREW P, 2013b. Conversation analysis and social action [J]. Journal of foreign
  languages, 36 (3): 2-19.

FETERIS E T, 2009. Strategic maneuvering in the justification of judicial deci-
  sions [C] //VAN EEMEREN F H. Examining argumentation in context: fif-
  teen studies on strategic maneuvering. Amsterdam: John Benjamins: 93-114.

GARFINKEL H, 1967. Studies in ethnomethodology [M]. Englewood Cliff:
  Prentice Hall.

GARFINKELH, 2002. Ethnomethodology's program: working out Durkheim's
  aphorism [M]. Washington DC: Rowman & Littlefield Publishers.

GARFINKEL H, SACKS H, 1970. On formal structures of practical actions
  [C] //MCKINNEY J C, TIRYAKIAN E A. Theoretical sociology:
  perspectives and developments. appleton-century-crofts: 337-366.

GARFINKEL H, WIEDER D L, 1992. Two incommensurable, asymmetrically
  alternate technologies of social analysis [C] // WATSON G. SEILER R M

（Eds）. Text in context: contributions to ethnomethodology. London: Sage: 175-206.

GOODNIGHT G T, 2006. When reasons matter most: pragma-dialectics and the problem of informed consent[C] //HOUTLOSSER P, VAN REES A (Eds). Considering pragma-dialectics. New Jersey: Lawrence Erlbaum Associates: 75-85.

GOODNIGHT G T, 2008. Strategic maneuvering in direct to consumer drug advertising: a study in argumentation theory and new institutional theory [J]. Argumentation, (22): 359-371.

GOOGWIN C, HERITAGE J, 1990. Conversation analysis [J]. Annual review of anthropology, (19): 283-307.

HAYASHI M, 2013. Turn allocation and turn sharing [C] //SIDNELL J, STIVERS T. The handbook of conversation analysis. New Jersey: Wiley-Blackwell: 167-190.

HEPBURNA, BOLDEN G B, 2013. The conversation analytic approach to transcription [C] //SIDNELL J, STIVERS T. The handbook of conversation analysis. New Jersey: Wiley-Blackwell: 57-76.

HERITAGE J, ATKINSON J M, 1984. Introduction [C] //ATKINSON J M, HERITAGE J. Structures of social action: studies in conversation analysis. Cambridge: Cambridge University Press: 1-15.

HERITAGEJ, 1984a. Garfinkel and ethnomethodology [M]. Cambridge: Polity Press.

HERITAGEJ, 1984b. A change-of-state token and aspects of its sequential placement [C] //ATKINSON J M, HERITAGE J. Structures of social action: studies in conversation analysis. Cambridge: Cambridge University Press: 299-345.

HERITAGE J, 1988. Explanations as accounts: a conversation analytic perspective [C] //ANTAKI C. Analysing everyday explanation: a casebook of methods. London: Sage: 127-144.

HERITAGEJ, ATKINSON J M, 1984. Introduction ［C］//ATKINSON J M, HERITAGE J. Structures of social action: studies in conversation analysis. Cambridge: Cambridge University Press: 1-16.

HOUSLEY W, FITZGERALD R, 2002. The reconsidered model of membership categorisation analysis ［J］. Qualitative research, 2 (1): 59-83.

IETCU-FAIRCLOUGH I, 2008. Legitimation and strategic maneuvering in the political field ［J］. Argumentation (22): 399-417.

JACKSONS, 2015. Design thinking in argumentation theory and practice ［J］. Argumentation (29): 243-263.

JACKSON S, JACOBS S, 1980. Structure of conversational argument: pragmatic bases for the enthymeme ［J］. The quarterly journal of speech (66): 251-265.

JACOBS S, 1998. Argumentation as normative pragmatics ［C］//VAN EEMEREN F H, GROOTENDORST R, BLAIR J A, et al. Proceedings of the fourth international conference of the international society for the study of argumentation. Amsterdam: SICSAT: 397-403.

JACOBSS, 2000. Rhetoric and dialectic from the standpoint of normative pragmatics ［J］. Argumentation (14): 261-286.

JACOBS S, 2006. Nonfallacious rhetorical strategies: Lyndon Johnson's daisy ad ［J］. Argumentation (20): 421-442.

JACOBS S, JACKSON S, 1982. Conversational argument: a discourse analytic approach ［C］//COX J R, WILLARD C A (Eds.). Advances in argumentation theory and research. Carbondale and Edwardsville: Southern Illinois University Press: 205-237.

JACOBS S, JACKSON S, 1983. Strategy and structure in conversational influence attempts ［J］. Communication monographs (50): 285-304.

JACOBS S, JACKSON S, 1989. Building a model of conversational argument ［C］//DERVIN B, GROSSBERG L, BARBARA J, et al. Rethinking communication. London: Sage: 153-171.

JEFFERSON G, 1974. Error correction as an interactional resource [J]. Language in society, 3 (2): 181-199.

JEFFERSON G, 1983. Issues in the transcription of naturally occurring talk: caricature versus capturing pronunciational particulars [J]. Tilburg papers in language and literature, 34: 1-12.

JEFFERSONG, 2004. Glossary of transcript symbols with an introduction [C] //LERNER G H. Conversation analysis: studies from the first generation. Amsterdam: John Benjamins: 13-31.

KITZINGERC, 2013. Repair [C] //SIDNELL J, STIVER T. The handbook of conversation analysis. New Jersey: Wiley-Blackwell: 229-256.

KLOOSTERHUISH, 2015. Institutional constrains of topical strategic maneuvering in legal argumentation, the case of insulting [C] //DAHLMAN C, BUSTAMANTE T. Argument types and fallacies in legal argumentation. Cham, Switzerland: Springer International Publishing: 67-76.

KRABBEE C W, 2008. Strategic maneuvering in mathematical proofs [J]. Argumentation (22): 453-468.

LABRIE N, 2012. Strategic maneuvering in treatment decision-making discussion: two case in point [J]. Argumentation (26): 171-199.

LERNERG H, 2003. Selecting next speaker: the context-sensitive operation of a context-free organization [J]. Language in society, 32 (2): 177-201.

LERNERG H, 2004. Conversation analysis: studies from the first generation [M]. Amsterdam: John Benjamins.

LIBERMANK, 2004. Dialectical practice in Tibetan philosophical culture: an ethnomethodological inquiry into formal reasoning [M]. New York: Rowman & Littlefield Publishers.

LIBERMANK, 2011. The reflexive intelligibility of affairs: ethnomethodological perspectives [J]. Cahiers Ferdinand de Saussure (64): 73-99.

LIVINSTON E, 1987. Making sense of ethnomethodology[M]. London: Routledge.

LYNCH M, 1993. Scientific practice and ordinary action, ethnomethodology and social studies of science [M]. Cambridge: Cambridge University Press.

LYNCH M, 1997. Ethnomethodology without indifference [J]. Human studies, 20: 371-376.

LYNCH M, 2002a. From naturally occurring data to naturally organized ordinary activities: comment on speer [J]. Discourse studies (4): 531-537.

LYNCH M, 2002b. Ethnomethodology's unofficial journal [J]. Human studies, 25 (4): 485-494.

MAYNARD D W, 1980. Placement of topic changes in conversation [J]. Semiotica, 30 (3/4): 263-290.

MAYNARD D W, 2005. Social actions, gestalt coherence, and designations of disability: lessons from and about autism [J]. Social problems, 52 (4): 499-524.

MAYNARD D W, 2013. Everyone and no one to turn to: intellectual roots and contexts for conversation analysis [C] //SIDNELL J, STIVERS T. The handbook of conversation analysis. New Jersey: Wiley-Blackwell: 11-31.

MAYNARD D W, CLAYMAN S E, 1991. The diversity of ethnomethodology [J]. Annual review of sociology (17): 385-418.

MEHAN H, WOOD H, 1975. The morality of ethnomethodology [J]. Theory and society, 2 (4): 509-530.

MELOEN J D, 2000. The political culture of state authoritarianism [C] // RENSHON S A, DUCKITT J. Political psychology. New York: New York University Press.

MERRITT M, 1976. On questions following questions in service encounters [J]. Language in society, 5 (3): 315-357.

MITCHELL G R, 2010. Higher-order strategic maneuvering in argumentation [J]. Argumentation (24): 319-335.

MONDADA L, 2013. The conversation analytic approach to data collection [C] //SIDNELL J, STIVERS T. The handbook of conversation analysis. New

Jersey: Wiley-Blackwell: 32-56.

ONG L, DE HAES J, HOOS A, et al., 1995. Doctor-patient communication: A review of the literature [J]. Social science and medicine (40): 903-918.

PERELMANC, OLBRECHTS-TYTECA L, 1969. The new rhetoric: a treatise on argumentation [M] //WILKINSON J, WEAVER P. Notre Dame: University of Notre Dame Press.

PHILLIPSN, HARDY C, 2002. Discourse analysis: investigating processes of social construction [M]. London: Sage.

POLLNERM, 1991. Left of ethnomethodology: the rise and decline of radical reflexivity [J]. American sociological review, 56 (3): 370-380.

POMERANTZA, 1984. Agreeing and disagreeing with assessments: some features of preferred/dispreferred turn shapes [C] //ATKINSON J M, HERITAGE J. Structures of social action: studies in conversation analysis. Cambridge: Cambridge University Press: 57-102.

POMERANTZA, HERITAGE J, 2013. Preference [C] //SIDNELL J, STIVERS T. The handbook of conversation analysis. New Jersey: Wiley-Blackwell: 210-228.

RIPLEY M L, 2008. Argumentation theorists argue that an ad is an argument [J]. Argumentation (22): 507-519.

RITZER G, 2011. Sociological theory [M]. 8th ed. New York: The McGraw-Hill Companies Inc.

SACKS H, 1984. Notes on methodology [C] //ATKINSON J M, HERITAGE J. Structures of social action: studies in conversation analysis. Cambridge: Cambridge University Press: 21-27.

SACKS H, 1987. On the preferences for agreement and contiguity in sequences in conversation [C] // BUTTON G, LEE J R E. Talk and social organization. Clevedon: Multilingual Matters: 54-69.

SACKS H, SCHEGLOFF E A, JEFFERSON G, 1974. A simplest systematics for the organization of turn-taking for conversation [J]. Language, 50 (4): 696-735.

SACKS H, 1995a. Lectures on conversation (Volume I) [M]. Jefferson G. Malden, MA: Blackwell Publishers.

SACKS H, 1995b. Lectures on conversation (Volume II) [M]. Jefferson G. Malden, MA: Blackwell Publishers.

SCHEGLOFFE A, 1972. Notes on conversational practice: formulating place [C] //SUDNOW D N. Studies in social interaction. New York: Free Press: 75-119.

SCHEGLOFF E A, 1984. On some questions and ambiguities in conversation [C] //ATKINSON J M, HERITAGE J. Structures of social action: studies in conversation analysis. Cambridge: Cambridge University Press: 28-52.

SCHEGLOFF E A, 2007. Sequence organization in interaction: a primer in conversation analysis [M]. Cambridge: Cambridge University Press.

SCHEGLOFFE A, SACKS H, JEFFERSON G, 1977. The preference for self-correction in the organization of repair in conversation [J]. Language, 53 (2): 361-382.

SCHEGLOFF E A, SACKS H, 1973. Opening up closings [J]. Semiotica, 8 (4): 289-327.

SCHULZ P J, RUBINELLI S, 2015. Erratum to: arguing "for" the patient: informed consent and strategic maneuvering in doctor-patient interaction [J]. Argumentation, (29): 481-491.

SEEDHOUSE P, 2007. On ethnomethodological CA and 'Linguistic CA': a reply to hall [J]. The modern language journal, 91 (4): 527-533.

SIDNELL J, 2013. Basic conversation analytic methods [C] //SIDNELL J, STIVERS T. The handbook of conversation analysis. New Jersey: Wiley-Blackwell: 77-99.

SNOECK HENKEMANS A F, 2006. Argumentative patterns in over-the-counter medicine advertisements [J]. Argumentation (3): 81-95.

SNOECK HENKEMANS A F, Mohammed D, 2002. Institutional constraints on strategic maneuvering in shared decision medical decision making [J]. Journal of argumentation in context (1): 19-32.

SNOECK HENKEMANS A F, WAGEMANS J H M, 2015. Reasonableness in context: taking into account institutional conventions in the pragma-dialectical evaluation of argumentative discourse [C] //VAN EEMEREN F H, GARSSEN B. Reflections on theoretical issues in argumentation theory. Cham, Switzerland: Springer: 217-226.

STIVERST, 2013. Sequence organization [C] //SIDNELL J, STIVERS T. The handbook of conversation analysis. New Jersey: Wiley-Blackwell: 191-209.

TEN HAVE P, 2005. The notion of member is the heart of the matter: on the role of membership knowledge in ethnomethodological inquiry [J]. Historical social research, 30 (1): 28-53.

TERASAKIA K, 2004. Pre-announcement sequences in conversation [C] // LERNER G H. Conversation analysis: studies from the first generation. Amsterdam: John Benjamins: 174-223.

TINDALE C W, 2004. Rhetorical argumentation: principles of theory and practice [M]. London: Sage.

TINDALE C W, 2006. Constrained maneuvering: rhetoric as a rational enterprise [J]. Argumentation, 20: 447-466.

TINDALE C W, 2015. The philosophy of argument and audience reception [M]. Cambridge: Cambridge University Press.

TONNARD Y, 2008. Comments on 'strategic maneuvering in political argumentation' [J]. Argumentation (22): 331-334.

TOULMIN S E, 2003. The uses of argument (Updated Edition) [M]. Cambridge: Cambridge University Press.

TSUI A B M, 1989. Beyond the adjacency pair [J]. Language in Society, 18

(4): 545-564.

VAN EEMERE N F H, GARSSEN B, 2012. Exploiting the room for strategic maneuvering in argumentative discourse: dealing with audience demand in the European parliament [C] //VAN EEMEREN F H, GARSSEN B. Exploring argumentative contexts. Amsterdam: John Benjamins: 43-58.

VAN EEMEREN F H, 2010. Strategic maneuvering in argumentative discourse: extending the pragmadialectical theory of argumentation [M]. Amsterdam: John Benjamins.

VAN EEMEREN F H, 2012. The pragma-dialectical theory under discussion [J]. Argumentation (26): 439-457.

VAN EEMEREN F H, GARSSEN B, KRABBE E C W, et al., 2014. Handbook of argumentation theory [M]. Berlin: Springer.

VAN EEMEREN F H, GARSSEN B, MEUFFELS B, 2009. Fallacies and judgments of reasonableness [M]. Berlin: Springer.

VAN EEMEREN F H, GROOTENDORST R, JACKSON S, et al., 1993. Reconstructing argumentative discourse [M]. Tuscaloosa: the University of Alabama Press.

VAN EEMEREN F H, GROOTENDORST R, 1988. Rationale for a pragma-dialectical perspective [J]. Argumentation (2): 271-291.

VAN EEMEREN F H, GROOTENDORST R, 2004. A systematic theory of argumentation: the pragma-dialectical approach [M]. Cambridge: Cambridge University Press.

VAN EEMEREN F H, HOUTLOSSER P, 2000. Rhetorical analysis within a pragma-dialectical framework [J]. Argumentation (14): 293-305.

VAN EEMEREN F H, HOUTLOSSER P, 2007. The contextuality of fallacies [J]. Informal logic, 27 (1): 59-67.

VAN REES M A, 2006. Strategic maneuvering with dissociation [J]. Argumentation (20): 473-487.

WOOFFITT R, 2005. Conversation analysis and discourse analysis: a comparative and critical introduction [M]. London: Sage.

ZAREFSKY D, 2006. Strategic maneuvering through persuasive definitions: implications for dialectic and rhetoric [J]. Argumentation (20): 399-416.

ZAREFSKY D, 2008. Strategic maneuvering in political argumentation [J]. Argumentation (22): 317-330.

附录 A　话轮转换规则

　　会话活动的一个基本特征，就是会话者不断转变角色和获得说话权，话轮转换是一个需要会话者非常协作的过程。萨克斯、谢格洛夫和杰弗逊认为，在日常会话中，所有话轮都是呈线性排列的，并呈现出一些序列组织特征（Sacks et al.，1974：730-731）。萨克斯认为，话轮转换系统最基本的一个特征就是"在一个时间段只有一个人讲话"，因此话轮是呈线性排列的，而为了保障会话流程进行，话轮转换系统还要尽量减少话轮转换时有重叠和间歇出现（Sacks，2004：35-37）。最简化的话轮转换系统是什么？萨克斯、谢格洛夫和杰弗逊认为，一个最简化的话轮转换系统是由两个要素和一套规则构成的，两个要素分别是指话轮构成要素（turn construction component）和话轮分配要素（turn allocation component），一套规则是指话轮转换规则（turn taking rules）（Sacks et al.，1974：702）。

　　最简化的话轮转换系统的一个要素是话轮构成单元（turn constructional unit，TCU），每个话轮都由一个个连续的话轮结构单元构成，话轮结构单元是指句子、从句、短语或单个词这种有较为完整意义的语言结构（Sacks et al.，1974：702-703）。谢格洛夫认为，有三个特征用于建构和识别TCU：第一个是语法，一般而言，一个语法上完整的句子、从句或是词语可以充当一个 TCU；第二个是语音，一个语调包裹（intonational packaging）就是一个TCU；第三个是最关键的特征，它在语境中是否为一个可识别的行为（Schegloff，2007：3-4）。在实际的互动过程中，话轮构成单位组成话轮，会话以话轮为基础，最终形成一段会话序列。

另一个要素是话轮分配要素。①如果当下的说话人指定了下一个话轮的说话人，那么，当下的说话人停止说话之后，被指定的说话人就要开始说话。②如果当下的说话人没有指定下一个说话人，那么任何人都可以成为下一个话轮的说话人（Sacks et al.，1974：703）。当下的说话人挑选和指定下个话轮说话人的方式主要有两个：一是目光注视某人，在这个过程中，被注视的人知道自己被指定为下一个话轮的说话人，同时其他人也能知道被注视的人将是下个话轮的说话人，也就是说，这个过程是一个共同成就；二是使用一些有指向的词语，比如向某人提问等。但是，如果当下的说话人没有指定下个说话人，那么任何人都可以争夺说话权，最早发言的那个人通常会得到下个话轮（Hayashi，2013：702-703）。此外，说话人还可能采取一些比较隐晦的方式来指定下个说话人，比如问一个看似开放但实际上只有某人知道答案的问题等。

最后就是话轮转换规则。话轮转换规则规定了话轮如何转换、在什么地方转换，保证会话过程中的话语权如何从一个人顺利地转移给下一个人。话轮转换规则包含如下规则。①在每个话轮的第一个 TRP 位置上，有三种话轮转换方式：一是被选择的说话人有义务接过话轮来说话，其他人则没有权利说话；二是如果当下的说话人没有选择下一个说话人，任何人都可以说话；三是如果没有人继续说话，当下的说话人可以继续说话。②在会话过程中，上述规则循环运用，直至发生话轮转换（Sacks et al.，1974：704）。

萨克斯等人认为，日常会话中的这套规则系统使得日常会话有序进行，对会话中任何阶段的话轮转换起作用。这套转换规则相对特定人群来说具有普遍性，会话者们的千变万化都能在这套系统内进行调整适应，同时这套规则也能受到语境的社会层面影响。他们通过对许多会话事实的观察和研究发现，话轮转换系统具有局部操控、互动控制、敏感于听众设计等特征（Sacks et al.，1974：700）。话轮转换系统不是一个抽象规范，而是会话活动本身的一种互动成就。

附录 B　会话修正机制

　　会话分析认为，虽然日常会话实践大体上都会遵循上述话轮转换机制，但在论证实践中，常常会有突发的或"异常"的情况的发生，笔者在此简要描述会话分析是如何看待人们对相关异常情况的处理的。萨克斯、谢格洛夫和杰弗逊发现，在实际会话过程中，会话的组织开展非常易于受到各种问题困扰，给互动活动造成困难。这些问题可能与会话者有关，比如，与说话人相关的常见问题有发音不准、文字误用、忘词、别人听不到等，而与听众有关的常见问题主要是错误理解。而要避免这些问题影响会话活动的开展，尽力保证会话能够正常进行，就需要特定的机制来对上述问题进行处理，这就是会话的修正机制（repair mechanism）（Sacks et al., 1974：723-724）。所谓修正，是指当会话过程中的听、说或理解出现一些问题的时候，参与者出于合作的目的就会打断当下正在的进行的会话从而避免可能出现的问题，使得会话能继续正常进行，研究者们用"修正"来指这种特殊的语言现象（Kitzinger，2013：229）。

　　从表面上看，修正是一种对话轮转换规则的违反，因为它打断了当下说话人的说话。而萨克斯、谢格洛夫和杰弗逊认为，修正并没有违反话轮转换系统的规则，相反，修正与话轮转换系统相辅相成，表现在以下三个方面。首先，修正是针对话轮转换过程中所遇到的问题而产生的，比如从关于打断和抱怨的礼仪知识和实践中可以看出，会话者会使用打断标记（比如英语中的"excuse me"）、主动退出（false starts）、重复等修正手段，而它们都是直接针对需要修正的问题的。其次，修正机制，或者说至少某些修正机制是内在于那些被修正的话轮转换系统的，比如有些修正的诞生就源于会话过程对话轮转换系统的破坏，比如在说话人还未完成一个话轮或是未在话轮转换位置插话，这种行为就会被修正机制所更正。最后，话轮转换系统约束着修正机制的工作方式，比如，他人引发的修正往往就是在当下话轮完成后才发起的，而且发生在话轮中的修正大多都是以单个词或短语形式出现，并没有争夺说话权，说话人仍将保留说话权，这些情况都是符合话轮转换规则的（Sacks et al., 1974: 723-724）。

引发修正和实际执行修正是可以区分来看的，通过这种区分可以将修正分为自我引发的修正和他人引发的修正。①由说话人自己引起修正并给出解决办法来进行修正的，这就是自我引发的修正，在这种情况下，当下说话人就会停止正在说的话并来处理他说过的存在问题的内容。②他人引发的修正的情况则不同，他人引发的修正一般不是由那个问题来源的说话人引发的，而是由听众引发，然后由问题来源说话人在之后的话轮提供解决方案来进行修正，听众一般不提供解决方案来执行修正（Kitzinger, 2013: 239-241）。比如，在下面的第一段语料中，说话人就通过在"date"词中间插入"blind"来进行自我修正，而在第二段语料中，在第3行，Paul就通过使用词语"who"来引发词语理解方面的问题，由Chl来进行修正。

（Kitzinger, 2013: 230）

1　H: 　This girl's fixed up a da̲- a blind da̲: te.

（Kitzinger, 2013: 231）

1　Chl: 　Are they getting ma̲rried: d.

2　（0.5）

3　Pau: 　Who̲.

4　Chl: 　Tim an' Da̲ve.

5　Pau: 　They've bought a ho̲use together now?.

自我修正是一种非常常见的结构，通常由说话人自己发起并且自己完成修正。在通常情况下，在进行自我修正前，都会有一些标志出现预示着说话人要对会话进行修正，我们可以把它们看做修正的引发标志，虽然这些标志实际上并不是引发修正的源头，而是说话人告诉听众说话人要开始进行修正了的标志。但是，无论这些标志的作用如何，它们对于考察修正是非常有帮助的，我们现在就来考察一下常见的修正引发标志。

常见的自我修正的发起方式有如下七种。①重复问题源附近的词语，对说过或说到一半的词进行在强调或说明，从而完成修正。②沉默和拖延，最常见的就是"沉默+uh"的组合方式。人们在说话时表现出来的犹豫就在提醒说话人他之前之后的说话可能是不连贯的，后面的语句可能是对前面语句的修正，而在英语会话中，"THUH-"结构可以被看作一种错误指引，是错误修正的信号。③致歉词语，比如在英语中较为常见的"sorry/ pardon me"等表示致歉的词语。④修正开前言，比如在英语中，常见的有"well/I mean / no/or /actually"等。⑤重复，对需要修正的内容进行重复。⑥多重尝试，即说话人可能自己对需要修正的内容提出了多种修正的可能性。⑦自言自语，通常是较为轻声地自言自语（Kitzinger，2013：231-232）。

常见的自我修正的执行方式有如下六种：①替换，用一个词/词组替换另一个词/词组，替换可能是用反义词进行替换，也可能是用更准确、更好的词替换等，而且，这也是最为常见的自我修正方式。②插入，比如在词中间插入另一个词，比如上面的语料中的在"date"中插入词语"blind"。③删除，删除 TCU 中的某个成分，并从删除的词之前那个词语开始重新说话。④解释，即在需要解释和说明某个词但又找不到合理替代词语的情况下，说话人对该词语进行的说明。⑤加插入语，通常是在进行中的话轮中插入一个短语进行条件限定说明，插入语完成之后再从插入的地方恢复说话。⑥其他，有提前终止、序列跳跃、循环、重组和重新排序等（Kitzinger，2013：232-238）。这里要说明的是，现有研究表明，引发修正的标志与修正方式并没有明显的对应关系，对这种关系的研究也还比较零散，也可以值得进一步探索。

常见的他人发起的修正有四种形式，其中，疑问句形式是最主要的一种形式。他人引发的修正大多是提问式的。他人发起的修正存在一个选择等级，以下就是从弱到强的排序。第一种是开放形式，比如在英语中的常见形式有"Sorry？/pardon？/huh？/excuse me？/waht？"等，用于表示听众刚才走神了或因其他原因没有听到上个话轮。第二种是特定类别的疑问代词（interrogatives），比如英语中的"who？/where？/when？/what？"等，表示听众认为上个话轮中的特定的内容不是很清晰，需要进行澄清。第三种是重复那个有问题的（trouble-source）话轮，这表示听众根本不知道这个话轮是什么意思，需要说话人要进行说明。第四种是可能的理解，通常是重复有问题的话轮并提供一种可能的理解，在英语中通常以"you mean"这种词语引导所要重复的问题话轮和可能的理解方式。在日常会话中存在这样一条通用规则：使用你所能使用的最强方式（Kitzinger，2013：249）。

修正方式也是有一个选择的系统，以修正手段的常用性排序：第一种形式是说话人在一个TCU内进行主动自我修正，说话人打断自己正在说的话并解决可能的问题，这也是修正发生最常见的情况；第二种形式是在转换关联位置进行的修正，说话人在需要修正的TCU结束后进行的主动自我修正；第三种形式是他人引发的修正，说话人在在听众的引发下对说话内容进行的修正（Kitzinger，2013：232-249）。

除了处理会话过程中出现的问题，让会话恢复并继续进行的功能之外，修正还具有互动意义。杰弗逊发现，在一起关于交通肇事的法庭审判中，被告在会话过程中就用"officer"来替代修正原本使用的具有贬义色彩的词语"cop"，这就是说话人考虑到了法庭的特殊语境而实施的更优的行动（Jefferson，1974：192）。越来越多的案例研究也表明，修正在许多时候会因语境而进行微调。他人引发的修正的互动意义更明显。一般情况下，他人引发的修正都表示回应是非优先或不一致的，在会话中，他人引发的修正这种序列组织通常也就发挥着不同意见表达的作用。在相邻对中，他人引发的修正序列组织通常也会破坏相邻对引发语和应答语之间的连续性，通常也是为做出不同意、反对等形式的非优先组织应答做铺垫（Kitzinger，2013：253）。他人引发的修正通常意味着听话人并非没听到或没理解，而是表明听话人处于一种不合适的状态，从而逃避或拖延不想回答的问题或不想谈论的话题（Drew，1997：95）。

话轮转换模型和修正事实的相容性具有双重特点：其一，话轮转换系统将自身所遇到的麻烦交给修正机制来处理；其二，话轮转换系统是修正机制得以发挥作用的基础机制。话轮转换系统和修正机制可以说是双重意义的"天生一对"，相互协作，共同保障会话交流的流畅进行。

附录 C   转写符号

[表示会话的话语和行为重叠的起始点。

]   表示会话的话语和行为重叠的终止点。

    01　甲：把头转过来，你是王 [强吗?]

    2　乙：　 [啊?] 我是.

=   表示前后话轮之间紧密连接，没有停顿。

    01甲：图书馆的空调的温度真的是太低了，把人冻得瑟瑟

发=

    2 乙：=就是就是.

,   表示0.2秒以内语调保持不变的停顿。

    01　甲：我今年回家，发现庄稼地里长满了草.

(0.0)   表示0.2秒以上的计时停顿或间歇。

    01甲：我觉得吧（1.0）人都不是十全十美的.

?   表示TCU结尾的明显升调，不同于问号。

    01　甲：你的衣服好漂亮呀?

.   表示TCU结尾的降调，不同于句号。

    01　甲：哎:::我把这事忘了.

::::   表示语音的延长，每个冒号都表示一拍。

    01　甲：哎:::同学:::你等一下.

……   单独一行使用，用于表示该位置是被时候剪辑、编辑或增加了

成分。

01　甲：没事没事，你该怎么处罚怎么处罚，该枪毙枪毙.

2　……

3　乙：(...) 是你吗？

-　表示喉塞音，是说话时自我修正的标记。

01　甲：在美国的华-中国人都很爱国啊？

XX　下划线表示语音加重和重读音节。

01　甲：我请你配合，不配合就上升到违法的问题了.

>XX<　表示语速较快的话语。

01　甲：是我不对，>但你有什么资格说我爸爸妈妈？<

<XX>　表述慢速度话语。

01　甲：明白了吗？(.) <不是道路上的，法律-规定-参照-道路的处理>

°XX°　轻声说话。

01 甲：°扣吧°

→表示提请注意的地方。

　　　01　甲：火车已经开了，只有退票了.

　　→ 02　乙:. hhh 那就这样吧.

. hhh　表示吸气。

01　甲：火车已经开了，只有退票了.

2　乙:. hhh 那就这样吧.

hhh　表示呼气。

01　甲：王强出院了吗？

2　乙：hhh 他已经康复了.

huh　表示笑声。

01　甲：你瞧？［hah hah］

2　乙：　　　　［hah hah］

(...)　表示根本听不清楚的话语。

01　甲：都是母亲在（…）

（XX）　　表示不确切的、好像如此的话语。

　　01　甲：那么那么在美国（的话）那些孩子吧::::

（（XX））　　表示背景描述或非言语行为描写，

　　01　甲：开花时遭了旱::::

　　2　乙：（（拿起稻穗））诶::::今年收成又好不了.